教育部人文社会科学研究规划基金资助项目（批准号19YJA760044）

| 光明社科文库 |

西南地区傩面具谱系整理研究

聂　森◎著

光明日报出版社

图书在版编目（CIP）数据

西南地区傩面具谱系整理研究 / 聂森著 . -- 北京：
光明日报出版社，2022.9
ISBN 978-7-5194-6760-9

Ⅰ.①西… Ⅱ.①聂… Ⅲ.①傩文化—面具—谱系—
研究—西南地区 Ⅳ.① K892.24

中国版本图书馆 CIP 数据核字（2022）第 160044 号

西南地区傩面具谱系整理研究
XINAN DIQU NUOMIANJU PUXI ZHENGLI YANJIU

著　　者：聂　森		
责任编辑：郭思齐	责任校对：史　宁　张彩霞	
封面设计：中联华文	责任印制：曹　诤	

出版发行：光明日报出版社

地　　址：北京市西城区永安路 106 号，100050

电　　话：010-63169890（咨询），010-63131930（邮购）

传　　真：010-63131930

网　　址：http://book.gmw.cn

E - mail：gmrbcbs@gmw.cn

法律顾问：北京市兰台律师事务所龚柳方律师

印　　刷：三河市华东印刷有限公司

装　　订：三河市华东印刷有限公司

本书如有破损、缺页、装订错误，请与本社联系调换，电话：010-63131930

开　　本：170mm×240mm

字　　数：256 千字　　　　　　印　　张：13.5

版　　次：2023 年 6 月第 1 版　　印　　次：2023 年 6 月第 1 次印刷

书　　号：ISBN 978-7-5194-6760-9

定　　价：89.00 元

目 录
CONTENTS

第一章　绪论···**001**

一、问题的提出 ······································· 001

二、价值和意义 ······································· 003

三、问题及对策 ······································· 005

四、突出的特色 ······································· 009

本章总结 ·· 010

第二章　理论与框架···**011**

第一节　谱系视域下对我国民族地区傩文化的审视与思考········011

一、回顾与反思：喜忧参半的中国少数民族傩文化研究 ··········011

二、以谱系作为切入点：深化中国少数民族傩文化研究的新进路 ··016

三、创新与探索：重识中国少数民族傩文化中的多元一体格局 ····018

四、重识傩文化整体性：谱系视角下的各族连续共同体 ··········021

五、交织与互依的关系：中国各民族傩文化的谱系格局 ··········022

六、基于宗教人类学的多方法融合：谱系研究新思维 ··········024

第二节　西南地区傩面具的谱系构建·······················027

一、现实意义与当代价值 ······························· 028

二、文献回顾与研究展望 ·························· 029

三、路径构建与理论探索 ·························· 031

本章总结 ··· 033

第三章 环境与土壤 ································· **034**

第一节 西南地区傩面具的生存环境 ············· 034

一、复杂多样的自然地理环境 ················ 034

二、大分散、小聚居的社会经济环境 ············ 039

第二节 西南地区的傩面具文化土壤 ············· 045

一、原始宗教的遗留 ······················ 046

二、巴蜀文化的影响 ······················ 052

三、楚巫文化的浸染 ······················ 054

四、移民文化的渗透 ······················ 056

本章总结 ··· 058

第四章 形成与演变 ································· **059**

第一节 西南地区傩面具的发生与形成 ············· 059

一、西南地区傩面具的发生 ················ 060

二、西南地区傩面具的形成 ················ 065

三、西南地区傩面具的演变 ················ 069

第二节 西南地区傩面具的演变及成因 ············· 073

一、西南地区傩面具的演变特征 ·············· 074

二、西南地区傩面具的演变成因 ·············· 077

本章总结 ··· 084

第五章 分布与规律 ·· **086**

第一节 西南地区傩面具的地理空间分布格局 ···················· 086
一、西南地区傩面具的地理空间分布状况 ···················· 088
二、西南地区傩面具的地理分布格局分析 ···················· 118

第二节 西南地区傩面具的族群空间分布格局 ···················· 121
一、西南地区傩面具的族群空间分布状况 ···················· 122
二、西南地区傩面具的族群分布格局分析 ···················· 135

本章总结 ·· 137

第六章 类型与特征 ·· **139**

第一节 傩面具结构内涵分析 ···································· 139
一、西南地区傩面具的分类模式 ···························· 140
二、西南地区傩面具的类型结构 ···························· 146

第二节 傩面具工艺及审美特征 ···································· 164
一、西南地区傩面具的制作工艺 ···························· 165
二、西南地区傩面具的审美特征 ···························· 171

本章总结 ·· 186

第七章 功能与演变 ·· **188**

第一节 西南地区傩面具的功能演进 ···························· 188
一、西南地区傩面具的社会功能 ···························· 189
二、西南地区傩面具的文化功能 ···························· 193

第二节 西南地区傩面具的发展趋势 ···························· 196
一、娱乐化 ·· 197

二、工艺化 ……………………………………………… 198

三、数字化 ……………………………………………… 199

本章总结 ………………………………………………… 200

参考文献 ………………………………………………… **201**

后　记 …………………………………………………… **207**

第一章　绪论

在远古的洪荒年代，原始社会的人们由于生产力发展水平极端低下，他们除了对已经掌握了规律的四季寒暑、播种收获以外，将大自然中的风雨雷电、毒虫猛兽都视为巨大的威胁，在面对大自然无法解释的现象或承受自然压力时，往往感到十分恐慌，对雷电、风雨、地震、山崩等无法理解的自然现象，他们相信有一种超自然力量在主宰这一切，在他们的心中，自然万物都有某种神秘的神灵在控制。于是，为了生存，他们必须祈求冥冥中的超自然力量（诸神灵）来保佑、庇护。伴随舞蹈祈祷和膜拜自然万物中的诸神灵等，原始宗教意识、各类巫术仪式应运而生。他们笃信巫术的超自然威力，认为通过巫术活动能沟通神灵、驱鬼逐疫，这种祛除疾疫、禳祭鬼神的仪式，便是最初的巫傩。《荆楚岁时记》："驱傩之事虽原始于黄帝，而大抵系周之旧制。周官岁终命方相氏率百隶，索室驱疫以逐之，则驱傩之始也。"[1]随着傩文化的发展，在傩祭傩仪中最重要的精神道具——傩面具也经历了从原始神灵崇拜到娱神、娱人的演变，从原始的图腾符号到祛灾纳祥的吉祥象征，逐渐成了具有特殊意义的艺术符号。

一、问题的提出

中国是一个拥有悠久历史和灿烂文化的文明古国，中华优秀传统文化源远流长、博大精深、丰富多彩。在悠久的历史长河中，中华民族创造了灿烂辉煌的传统文化，其中傩文化就是中华传统文化的重要组成部分，在中华文化发展史上占有十分重要的地位。傩文化是一种远古的原始宗教信仰文化，

---

① 叶大兵，乌丙安. 中国风俗辞典［M］. 上海：上海辞书出版社，1990：777.

起源于原始的农耕社会，远古先民在改造自然、征服自然中为了获得生息、繁衍后代，希望通过超自然力量的帮助实现超越自我的目的，达到驱鬼逐疫的精神寄托，是神灵信仰、自然崇拜、民间民俗和多种技艺相融合的一种文化形态，包含了傩歌、傩舞、傩仪、傩戏、傩艺、傩技等。长期以来，傩文化所承载的丰富的人文、历史、科学、艺术等信息尤为珍贵，这种巫风傩俗所负载的文化现象曾被戏剧家协会主席曹禺赞叹为又一道"文化艺术长城"。即便在现代，这种巫风傩俗也并未消亡，仍保持着上古巫风的鬼神崇拜特质，这种鬼神崇拜的神灵观念以形象化和具象化的傩面具表现出来，并以面具艺术形态广泛留存于民间，充满勃勃的生命力，生生不息。

（一）研究缘起

党的十八大以来，党中央高度重视中华优秀传统文化的传承与发展，并且多次强调要传承和弘扬中华优秀传统文化，以增强国民文化自信和价值观自信。傩文化是中国传统文化重要组成部分，历史悠久，影响深远。伴随傩祭、傩戏而产生和发展的傩面具，源远流长、丰富多彩。但随着社会的发展，古老的傩祭日趋衰亡。然而，在偏僻的西南少数民族地区，生产力水平低下，交通闭塞，长期处于相对封闭的社会文化环境，为傩文化的存在和滋长提供了肥沃的原生态土壤，这里信巫崇祀而尚鬼，巫傩祭祀盛行，成为傩戏最多、品种最全、特色最为显著的傩文化富矿区，由此派生出了种类繁多的傩面具。

傩面具在傩事活动中地位突出，它不仅是神灵的凭依之物，还是神祇的具象化，是傩祭活动必不可少的道具，每一种面具代表着一定的人物。在西南少数民族地区，傩面具遗存极为丰富，种类更是繁多，造型千变万化，因地域和民族的不同而异彩纷呈、独具特色，并掺杂着形形色色的功利目的和五花八门的民俗意象。傩面具不仅仅因沟通神灵而被赋予神秘的宗教、民俗内涵，还是傩文化中最精彩和最重要的艺术造型手段，具有很高的研究价值和艺术鉴赏价值。

近年来，随着对傩文化研究的日益深入，涌现出大批的研究性、记叙性的研究成果，由于资料发掘与成书时间相对集中，所以在傩面脸谱的资料整理、认定、梳理、分类等方面难免有所疏漏。再者，对傩的研究具有跨学科、多元化、多层次、综合性的特征，难免将其范畴扩大化，将戏剧表演、歌剧舞会的脸谱、面具统称为傩面具，存在"泛傩化"现象。还由于不同地区不同民族文化审美差异的原因，对傩面具的起源、发生、发展、演变及原生地的认识和把握缺乏清晰的内在逻辑分类体系，这种知识体系的混淆已被许多学者所诟病。

尤其是党的十九大报告提出了"铸牢中华民族共同体意识"的重要任务，再次强调传承和弘扬我国各民族优秀传统文化，加强推进各民族交流交往交融，加强多元一体中华文化认同。因此，就很有必要对中国少数民族民间文化的谱系进行梳理，进一步厘清各少数民族在民间文化上的共生共融关系，从而揭示中华民族共同体的民间文化艺术发生谱系及内在逻辑。

（二）研究意义

党的十九大报告提出了"铸牢中华民族共同体意识"的重要任务，再次强调传承和弘扬我国各民族优秀传统文化，加强推进各民族交流交往交融，加强多元一体中华文化认同。因此，就很有必要对中国少数民族民间文化的谱系进行梳理，进一步厘清各少数民族在民间文化上的共生共融关系，从而揭示中华民族共同体的民间文化艺术发生谱系及内在逻辑。

当前，对西南少数民族傩面具谱系的整理和研究，探讨在中国傩文化的历史演变过程中，中国西南少数民族地区傩面具衍化历程和渊源关系，对促进各民族文化之间的交流交融，增进中华传统文化认同，无疑具有十分重要的学理价值和现实意义。

二、价值和意义

（一）学术价值

第一，厘清民间信仰与巫傩文化之间的关系。民间信仰伴随着对神灵的信奉和精神的寄托自发留存民间，由于缺乏统一信仰体系，崇拜对象纷繁复杂，组织形式松散无序，功利性强，傩文化是发源于农耕时代的一种社会意识形态，曾作为周代宫廷傩礼与宗教礼俗并存，在杂糅各种民间信仰习俗后渐渐沉入民间，成为民间传统文化最重要的一部分。傩面具是源于原始宗教的傩文化活动，是一种跨越不同时代的传统文化现象。今天的戏剧脸谱，其造型多脱胎于傩戏面具。通过西南少数民族傩面具谱系整理，发掘傩戏艺术形式，并对其形式进行解析，可以厘清民间信仰与巫傩文化之间的关系，再现巫傩文化在当代的演变及发展趋势，展现古代审美与当代审美之间的形式链条，为傩戏艺术形式纵向延续提供现实基础。

第二，梳理并建立西南少数民族民间优秀传统文化的体系。西南各少数民族有着厚重而丰富的民间优秀文化，汇集成反映中华民族特质和中华民族风貌的优秀传统文化，但这些少数民族文化在传承的时间维度和扩散的空间维度又各有不同，体系复杂，在认知度和认可度上呈现"泛众化"。通过对西南少数民族傩面具谱系的整理研究，不仅能丰富傩面具艺术造型的理论研究，有助于梳理巫傩文化发生演变的轨迹，还有利于少数民族传统文化传承体系的构建，丰富中华优秀传统文化传承体系的研究。

第三，拓宽巫傩面具艺术的多维度研究思路。傩文化是一种跨越不同时代的传统文化现象，对西南少数民族傩面具谱系的整理研究，发掘傩面具的艺术形式，并对其形式进行解析，再现古代准艺术的发生、发展现状，展现古代审美与当代审美之间的形式链条，为傩戏艺术形式纵向延续提供现存基础。这不仅能丰富傩面具艺术造型的理论研究，还能拓展傩面具艺术的多维度研究思路，对哲学史、中国文化史、民俗史、民族宗教史以及美学艺术史等学科的史料研究，都具有不可估量的学术价值。

（二）现实意义

继承和弘扬中华优秀传统文化。党的十八大以来，习近平总书记多次强调要传承和弘扬中华优秀传统文化。他指出，优秀传统文化是中华民族永远不能离开的精神家园。而傩文化作为中国传统文化重要的组成部分，在民间有着强劲的生命力和渗透力，可以说傩文化是中华文明的文化基因。对傩文化面具谱系的整理研究，就是去伪存真，清除阻碍社会发展的文化基因，筛选出促进社会发展的有益文化，对继承和弘扬中华优秀传统文化具有较强的应用价值。

以文化振兴助推乡村振兴战略。傩文化根植于民间，是广大乡民的精神寄托和智慧结晶，而广大的乡村是滋养和培育傩文化的根源和基因。党的十九大报告还提出了"坚定文化自信，推动社会主义文化繁荣兴盛"的新要求，乡村文化建设已成为当前我国文化发展的主战场。因此，对西南少数民族傩面具的谱系整理研究，传承农耕文明精髓，让优秀传统文化延续，以传统价值观促进社会和谐发展，有助于乡村振兴战略向纵深推进，对继承和弘扬中华优秀传统文化具有重要的现实意义。

以传统价值观促进社会和谐发展。傩文化倡导尊老爱幼、和睦相处的价值观，有助于构建和谐的家庭社会氛围。傩文化追求人与自然和谐共处的价值观，倡导祭祀灵物，敬奉灵物，与之和谐相处，以求得人与自然万物的和谐统一，有利于构建友好型的环境氛围。对西南少数民族傩面具谱系的梳理和研究，不仅有助于推动和构建社会主义和谐社会，而且对于保护地域性的民间传统文化也有极其重要的现实意义。

三、问题及对策

（一）存在的问题

在文化经济全球化和中国现代化建设的背景下，中国传统文化面临严重的挑战，对中国文化的发展产生了不可忽视的影响，尤其是民间的非物质文化遗产受到了空前的冲击。在广大的乡村，随着农村经济和家庭结构的改变，民间传统文化正在慢慢失去赖以产生、存在的土壤和社会环境，面临严重的生存危机，特别是受都市文化的影响和外来文化的冲击。年轻人外出务工后很快接受外来生活方式与娱乐方式，甚至盲目崇拜外来文化，尤其是西洋文化。他们将这些外来文化和一些生活习惯带入本地后，就对本民族、本地区的传统文化和多年的生活习惯进行选择性摈弃，这也是导致一些民间非物质文化遗产的传承出现断脉、许多珍贵的非物质文化遗产处于濒危状态的重要原因。

1. 传承文脉断层

非物质文化遗产最大的特点是不脱离民族特殊的生活方式、民族个性、民族审美习惯的"活"的显现。它总是依托于人本身而存在，以声音、形象、记忆为表现手段，并以身、口、耳相传得以延续，是"活"的文化及其传统中最脆弱的部分。① 因此，对于非物质文化遗产的保护和传承来说，人或传承者就显得尤为重要。如果民间艺人日益减少，可能面临后继无人的境况，那么，非物质文化遗产的传承就会断脉，甚至消失。

然而，随着社会的发展，城镇化进程加快，工业化和现代化对传统农耕文化产生了颠覆性的冲击，大量青壮年外出务工，留守在农村的是大量的老人和儿童，人们生活消遣方式和娱乐方式正在发生改变，田园牧歌式的传统乡村家园正逐渐消失。特别是数字化时代的到来，网络媒体的普及，外来文化的冲击，使人们在享受时尚文化和都市文化的同时，思维方式和价值观念也逐渐发生变化，这些都大大地动摇了传统文化的生存土壤，传统文化生存空间遭到极大的破坏。在非物质文化遗产的传承与保护中，人起到决定性的作用，传承人是非物质文化遗产的主要载体，没有传承人，其非物质文化就难以延续，传承人在，非遗就在。当前，傩文化及傩的技艺正面临"人亡歌息""人去艺绝"的文化传承危机。

2. 成果烦冗杂乱

对中国土生土长的傩来说，面临的境况一样，曾经作为原始居民的精神寄托而在中国流传数千年，也因时代的变化逐渐式微。因此，傩文化在学界得到广泛的关注和高度的重视，特别是改革开放以来，傩文化成为一门内涵古老的新兴学科，受到中外学者的广泛关注，在学界掀起了一股"傩文化热"。傩作为一种原始古老的文化现象，在三千多年的文化历史轨迹中，形成了极其丰富的文化积淀和丰厚的文化底蕴，成为融合多元宗教文化、民俗文化和艺术文化的复合体。傩面具是傩文化的傩事活动中最为重要的道具，是图腾崇拜的象征，蕴含了远古以来人们的精神力量，不仅凝聚着世代民众的审美情趣，还展现了民间传统的雕刻技艺，在文化人类学、宗教学、民族学、

---

① 张仲谋. 非物质文化遗产传承研究［M］. 北京：文化艺术出版社，2010：120.

民俗学和艺术学等方面都有着巨大的学术研究价值。

学界对傩面具的研究也随着对傩戏的广泛关注而越发受到重视，随着傩文化研究日益深入，涌现出了大批的研究性、记叙性的研究成果。比如《东方傩文化概论》《傩戏面具艺术》《傩戏面具》《中国脸谱艺术·傩面具》《傩面具》《戴着面具起舞——中国傩文化》《中国傩戏面具艺术》《傩来傩去——中国傩戏——傩面具艺术展》《傩戏、傩文化——原始文化的活化石》《中国面具史》等大批研究记叙性的成果，特别是在傩文化比较集中的一些省份，专门就傩面具进行了搜集整理和专题研究。比如《贵州傩面具艺术》《贵州少数民族面具文化》《赣傩面具艺术研究》《西南民族地区面具文化与保护利用研究》等纪实性研究成果。

但是，由于资料发掘与成书时间相对集中，可参考的资料也过于庞杂，散落在民间的各种祭祀仪式和民俗活动繁杂，难免在各地傩面具的整理、认定、梳理、分类方面有所疏漏。特别是在中国少数民族地区，傩面具遗存极为丰富，种类更是繁多，造型千变万化，并掺杂着形形色色的功利目的和五花八门的民俗意象，各地的傩面具有不同的精神象征，各民族的傩面具也有不同的民俗文化内涵。面对种类繁多、数量庞大，各地各民族不同表述的傩面具，要厘清傩及傩面具的内在逻辑关系和演变轨迹，就需要利用谱系关系。

3. "泛傩化"现象

戴着面具是傩事表演的重要特征，而傩又是古代民间的一种原始祭祀活动，这种傩仪活动在民间祭祀仪式的基础上吸取各地各民族的歌舞、戏剧，演变为酬神还愿的傩戏，在民间的发展过程中，经历了逐疫、酬神、世俗化等阶段，同时在驱鬼逐疫的鬼神信仰中融入了大量的儒道释等宗教文化，特别是在西南少数民族地区，还受到中原文化、荆楚文化和巴蜀文化的影响和渗透。对傩文化的研究以及对傩面具的梳理，就具有跨学科、多元化、多层次、综合性的特征，难免将其范畴扩大化，正如中国傩戏学研究会副会长麻国钧先生提出的傩学研究存在的泛傩化问题，这种"泛傩化"的现象不利于整体了解傩文化的传承和发展，更不利于对这种民间非物质文化遗产的有力保护。

4.知识体系混淆

傩原本就是依靠民间艺人口传相授的方式代代相传存留于民间，人是傩文化得以延续传承的主体，依托人的本身而存在，是以傩事活动中的声音、形象和技艺为表现手段，并以人的身、口、耳相传作为文化链而得以延续。而人与人之间的交往、各民族之间的文化交流，使傩在各地各民族流传过程中受到当地民俗文化的深刻影响，并杂糅各种民间文化，在此消彼长中相互融合。傩面具也随着不同地域、不同民族以及文化审美方面的不同而各有差异，在造型艺术、材料选择、色彩运用、功利目的、民俗意象等方面形成千差万别、多彩多姿的艺术风格。但由于对巫傩面具的发生、发展及演变成因等都缺乏清晰的内在逻辑分类体系，对巫傩面具的起源、分布、种类及艺术特征等方面缺乏明晰的整体建构知识体系，这种知识体系的混淆已为许多学者所诟病。因此，就需要用人类学的谱系方法，建构傩面具演变发展的传承谱系。

（二）对策与建议

从谱系的研究角度，在掌握前人成果、田野调查搜集、整理资料的基础上，对当下西南各少数民族在傩祭、傩仪、傩戏等文化事象活动的面具进行分类整理，回溯其发生、发展的演变历史，厘清傩面具发展的复杂现象中隐含的内在文化逻辑，建立傩面具不断演进的具有历时性的综合动态系统的发生、发展机制。在此基础上，建立西南少数民族傩面具的发展谱系，并分析该谱系演变轨迹对傩文化的影响，利用图谱将傩面具的发生发展置于文化变迁和思想发展的脉络中，在特殊历史文化时期和社会重大变革的背景下，探究其嬗变中的历史价值和现实意义。

1.建立傩戏面具谱系的发生、演变机制

每一个事物都存在一个规定它发生、发展的机制。傩戏面具纷繁复杂，利用谱系研究的方法，寻找傩戏面具谱系的生成机制，厘清傩戏面具发展的复杂现象中隐含的内在发展规律，建立傩戏面具不断演进的具有历史性的综合动态系统的发生、发展机制，系统地揭示傩文化发生发展的规律，从而推动和引导非物质文化遗产的传承和发展。

2. 建构西南少数民族傩戏面具的谱系

傩文化是一个庞大复杂的民间文化事象，涉及社会、宗教、政治、道德等多方面，系统梳理傩面具的成因及发展规律，建构一个最能反映傩面具发展演变的谱系架构，有助于在当今中西文化融合大背景下，保持中华优秀传统文化的独特魅力。

四、突出的特色

（一）研究领域的新开拓

党的十九大报告提出了"铸牢中华民族共同体意识"的重要任务，强调传承和弘扬我国各民族优秀传统文化，加强并推进各民族交往、交流、交融，加强多元一体中华文化认同。通过西南少数民族傩面具谱系整理，发掘傩戏面具的艺术形式，并对其形式进行解析，可以厘清民间信仰与巫傩文化之间的关系，再现巫傩文化在当代的演变及发展趋势，展现古代审美与当代审美之间的形式链条，从而揭示中华民族共同体的民间文化艺术发生谱系及内在逻辑。

（二）研究理论的新思路

利用谱系研究的方法，以西南少数民族傩面具的历史发展脉络为纵坐标、以其所受诸多文化带影响为横坐标、以其思维演变和思想衍化进行深度探源，运用三维立体式研究策略，建立西南少数民族傩面具谱系，清晰分辨出西南少数民族傩面具流变的方向和轨迹，分析出傩文化在当今的社会背景下的文化变迁规律，有助于保持中华优秀传统文化的独特魅力。

（三）研究方法的新探索

本成果在传统研究方法的基础上，采用了空间格局分析法，该方法对于把握西南少数民族傩文化的整体分布特点和规律十分有效，有助于建立由点、线、面立体构成的少数民族傩面具空间格局谱系。采用了谱系分析方法，注意各少数民族民间信仰文化的共性和个性，关注其生成过程以及在历时演变中的断裂、转折和转向，从而构建出西南地区各民族在傩及面具之间的关系格局和文化共同体谱系。

本章总结

　　傩面具源于原始宗教的傩文化活动，是一种跨越不同时代的传统文化现象，今天的戏剧脸谱，其造型多脱胎于傩戏面具。对西南少数民族傩戏面具谱系进行整理，发掘傩戏艺术形式，并对其形式进行解析，再现古代准艺术的发生、发展现状，展现古代审美与当代审美之间的形式链条，为傩戏艺术形式纵向延续提供现存基础。这不仅能丰富傩面具艺术造型的理论研究，还能拓展傩面具艺术的多维度研究思路，对民族宗教史、中国文化史、民俗史、哲学史以及美学艺术史等学科的史料研究，都具有不可估量的学术价值。

　　党的十八大以来，以习近平同志为核心的党中央高度重视民族民间文化的传承发展，习近平总书记指出，在五千多年文明发展进程中，中华民族创造了博大精深的灿烂文化，要使中华民族最基本的文化基因与当代文化相适应、与现代社会相适应。将民族民间文化的繁荣与中国社会的现代化进程紧密相连，有助于形成更加丰富和完备的社会文化生态。对傩戏面具谱系的整理研究，可以探寻长期处于封闭社会环境的西南少数民族地区，受中原文化、荆楚文化、巴蜀文化的渗透融合影响而形成特有的西南民族文化个性，以此展示中华优秀民间文化的独特魅力，这对于落实科学发展观，实现可持续的经济、文化全面协调发展意义重大。

　　对傩文化面具谱系的整理研究，去伪存真，清除阻碍社会发展的文化基因，筛选出促进社会发展的有益基因文化，不仅有利于优秀传统文化延续，以传统价值观促进社会和谐发展，有助于乡村振兴战略向纵深推进，还有利于保护好人类共有的精神财富，有利于促进文化繁荣和发展，有利于社会文明和人类社会的可持续发展，有利于社会主义核心价值体系的建设，对继承和弘扬中华优秀传统文化具有较强的现实意义和社会影响。

第二章　理论与框架

近30余年来，国内外学术界都对中国各少数民族地区傩文化开展了大量调查研究。然而，纵观这些研究成果，不难发现，以往不少的中国少数民族傩文化研究或多或少地存在"过于民族化""碎片化"和"泛傩化"等问题。将我国少数民族地区傩文化的共时形态关系和历时演变关系放置到中华傩文化多元一体格局体系视域中进行"整体性的（holistic）"研究，进而厘清各少数民族之间以及少数民族与汉族之间在民间信仰上的共生共融关系，建构更符合历史和现状的中国少数民族傩文化谱系，以此促进中华民族共有精神家园建设，为构建和谐民族关系提供强劲的精神动力。

第一节　谱系视域下对我国民族地区傩文化的审视与思考

一、回顾与反思：喜忧参半的中国少数民族傩文化研究

傩文化是中国传统文化中多元宗教、多种民俗和多种艺术相融合的文化形态，在长期的历史演变历程中，形成了极其丰富的文化积淀和深厚的文化意蕴，在中国民间信仰的体系格局中占据着举足轻重的地位，自远古以来，傩文化一直深刻地影响着乡民们的信仰习俗和精神生活。近30余年来，随着国内外学术界对中国傩文化调查研究的日渐深入，涌现出了大批的记叙性、研究性成果。然而，纵观这些研究成果，我们不难发现，以往不少的中国傩

文化研究尤其是针对少数民族地区的傩文化研究或多或少地存在"过于民族化""碎片化"和"泛傩化"等问题。部分论著由于在研究中过于强调研究对象的"特殊性"或"民族性",而忽视了各少数民族之间以及少数民族与汉族之间在傩文化方面存在着的千丝万缕的关系,明明是一个区域多民族共有的一些傩文化事象,却被打上单一民族(或族群)特有文化的标签,而且学者之间还不时出现某些文化事象的族属之争;其中很大一部分论著囿于对各地各种傩俗的互不关联的论述,缺乏语境分析或跨时空的比较,呈现出某种程度的"碎片化"倾向;而不少研究则将傩与其他民间宗教或文化事象混为一体、界缘不清,存在刘锡诚先生(2002)批评的"泛傩化"[①]倾向。如果放任这样的研究倾向长期存在和生长,将不利于正确理解中国少数民族傩文化的共性与个性的关系(特别是傩文化中的中华民族多元一体格局),也可能会对全面深刻认识中国傩文化的本体形态及其在全国或区域层面上的整体性和系统性产生一定的不良影响。尤其是一些过于"民族化"或"族群化"的研究将许多区域性的、具有多民族共性的傩文化切割成了族别标签化的傩文化碎片,既不利于傩文化的学术研究向纵深发展,更不利于中华民族共有精神家园的建设和中华民族共同体意识的建构。

在党和国家高度强调"铸牢中华民族共同体意识"和"传承中华优秀传统文化"的当下,很有必要利用宗教人类学的相关理论和方法,对我国少数民族地区傩文化进行一番全面系统的钩沉耙梳和谱系建构。正如金哲先生在《宗教人类学学术史纲要》开篇所提到的,"宗教人类学是追问宗教现象背后的社会功能与文化诉求及其演变的轨迹,可以运用各种调查研究和理论分析,来比较和解释不同文化群体中宗教事象的相似性和相异性,从而使人们能够更清晰地认识、理解和把握宗教文化。"[②]将中国各民族各地区傩文化的共时形态关系和历时演变关系放置到中华傩文化多元一体格局体系视域中进行"整体性的(holistic)"研究,进一步厘清各少数民族之间以及少数民族与汉族之间在民间信仰上的共生共融关系,整理和建构出一个更符合历史和现状的中国少数民族傩文化谱系,无论对于中国民间信仰文化研究的深入发展还是对

① 刘锡诚.象征:对一种民间文化模式的考察[M].北京:学苑出版社,2002:292.
② 金泽.宗教人类学学说史纲要[M].北京:中国社会科学出版社,2010:6-7.

于"打牢中华民族共同体的思想基础",都无疑具有十分重要的学理价值和现实意义。

可喜的是,党的十八大以来,党中央高度重视中华优秀传统文化的传承与发展,多次强调要传承和弘扬中华优秀传统文化,以增强国民文化自信和价值观自信。傩文化作为中国传统文化重要组成部分,历史悠久,影响深远。特别是在中国少数民族地区,傩文化遗存极为丰富,种类更是繁多,掺杂着形形色色的功利目的和五花八门的民俗意象,在长期的历史演变历程中,形成了极其丰富的文化积淀和深厚的文化意蕴。尤其是近30年来,随着国内外学界对中国各少数民族地区傩文化开展了大量调查研究,涌现出了大批记述性、史料性、研究性的学术资料和研究成果。就国内外研究现状来看,虽然其中一些成果也对中国传统民间信仰的深入研究和增强中华民族文化的认同具有十分重要的意义和参考价值,但是,在这些丰富庞杂的研究成果当中,仍然存在某些研究倾向我们不得不去关注,有些研究中存在的偏颇现象我们不得不去反思。

国外学术界对中国傩文化的关注已有百余年,19世纪末期以来西方传教士(如利玛窦、罗明坚等[①])的旅华文献中就有不少关于傩俗的记述,20世纪初以来西方和日本等海外学者在我国开展田野调查研究过程中则从学术角度对中国南方省份的某些傩仪做了较为翔实的记录和初步的探讨,美国学者葛维汉、日本学者鸟居龙藏为其中的主要代表。

随着我国改革开放后国际学术交流的发展,20世纪80年代至90年代中期国外对傩文化的研究达到了一个新的高潮,主要有日、德、法、韩等国学者参与其中。其中成就最为突出的是日本学者,他们比较重视田野调查和比较研究,如田仲一成《中国巫系演剧研究》(1993)[②]《中国祭祀戏剧研究》(2008)[③]等著作都是对中国傩戏进行实地考察的研究成果,而有泽晶子《作

---

① 利玛窦,金尼阁.利玛窦中国札记 传教士利玛窦神父的远征中国史[M].何高济,等译.桂林:广西师范大学出版社,2001:45-69.

② 参见,田仲一成.中国巫系演剧研究[M].东京:日本东京大学东洋文化研究所,1993.

③ 参见,田仲一成.中国祭祀戏剧研究[M].北京:北京大学出版社,2008.

为面具文化的傩与能的异同论》（1990）①、广田律子《中国江西省与日本大分县的追傩仪式》（1997）② 等则体现了比较研究者特有的宽阔视野和理论眼光。法国学者斑文干的《中国的傩戏与欧洲的狂欢节》③、德国学者布朗德尔的《傩——人类早期文化的共生现象吗？》④ 等研究则明显带有其民族国家所特有的学术传统和思维模式烙印。此外，韩国学者金宗植《韩国假面剧与西藏戏剧的比较研究》⑤、朴广浚《中国傩戏与韩国假面剧比较研究》⑥、金学卞《傩礼与杂戏》⑦ 等论著也有一定的参考价值。

从国内傩文化的研究情况来看，有关傩的记载最早见于《周礼·夏官》⑧，后世渐多，至清末民初时已有较为丰富的积累，为我们研究傩文化的源流提供了重要的历史资料。近现代学术意义上的傩文化研究，可谓启端于20世纪30年代初期，著名学者王国维、岑家梧、胡朴安、凌纯声等都对傩戏、傩仪有过研究，但民国时期却并未出现过专门以傩为题的学术论文或著作。1953年王兆乾在《文艺月报》上发表的《谈傩戏》⑨ 被学界认为是最早专门以傩为题的研究论文，但傩文化研究的真正兴起却是改革开放后才出现的事情。20世纪80年代以来，随着文化研究热的到来，傩的研究也得到全面展开，涌现出了以曲六乙、庹修明、萧兵、康保成、朱恒夫、徐新建、钱茀、陈跃红等为代表的一大批傩文化研究者，形成了以庹修明《傩 傩戏 傩文化——原

① 有泽晶子.作为面具文化的傩与能的异同论［J］.戏剧杂志，1990（2）：20-28.

② 广田律子.中国江西省与日本大分县的追傩仪式［J］.中华戏曲，1997（1）：48-81.

③ 斑文干.中国的傩戏与欧洲的狂欢节［M］//中国戏曲学会，山西师范大学戏曲文物研究所.中华戏曲（第十二辑）.太原：山西人民出版社，1992：91.

④ 布朗德尔.傩——人类早期文化的共生现象吗？［M］//中国戏曲学会，山西师范大学戏曲文物研究所.中华戏曲（第十二辑）.太原：山西人民出版社，1992.

⑤ 金宗植.韩国假面剧与西藏戏剧的比较研究［A］//中国傩戏学研究会.祭礼·傩俗与民间戏剧——98亚洲民间戏剧民俗艺术观摩与学术研讨会论文集［C］.中国傩戏学研究会：中国傩戏学研究会，1998：3.

⑥ 朴广浚.中国傩戏与韩国假面剧比较研究——安徽省缟溪曹村与庆尚北道河回村的田野考察［D］.北京：北京师范大学，2004.

⑦ 金学卞.傩礼和杂戏——以中韩之比较为中心［J］.中华戏曲，1996（1）：58-87.

⑧ 姬旦.周礼［M］.钱玄，等注译.长沙：岳麓书社，2001：252.

⑨ 王兆乾.谈傩戏［J］.文艺月报，1953（7）.

始文化的活化石》(1990)①、曲六乙《东方傩文化概论》(2006)②、陈跃红《中国傩文化》(2008)③、朱恒夫《中国傩戏剧本集成》(2017)④等为代表的大批学术专著和资料著作。

此外，在中国傩文化研究热潮中，我国台湾民族学专家王秋桂教授牵头组织海峡两岸和英、美等中外学者，实施"中国地方戏与仪式之研究"的考察、研究计划，取得了累累硕果，完成的许多调查报告成为研究中国傩学、傩文化史、戏剧学等领域的宝贵资料。

具体就我国少数民族傩文化的研究而言，早在民国时期凌纯声、芮逸夫、石启贵等人的田野调查研究就对苗傩有所涉及，20世纪80年代以来国内学术界更是取得了比较突出的成果。迄今，北方少数民族傩文化研究论著仅集中于蒙古族和土族等民族（以邢莉、波·少布、祁进玉、董波、马光星、刘凯、任丽璋等学者的论文为代表）；而有关南方少数民族傩文化的论述和研究则十分普遍，几乎所有南方世居少数民族都有涉及，其中土家、仡佬、彝、藏、苗、瑶、壮、侗、布依、哈尼、白、傣等民族的傩文化研究论著数目最多。譬如，庹修明、陈玉平、聂森等人的土家族傩文化研究，唐楚臣、庹修明、李子和等人的彝族傩文化研究，顾朴光、吴秋林、冉文玉等人的仡佬族傩文化研究，过竹、张子伟、刘兴禄等人关于苗傩文化的研究，顾乐真、蒙光朝、李路阳等人关于壮族傩文化的研究，刘芝凤、潘年英、秦秀强等人关于侗族傩文化的研究，等等，都是这方面较有深度的代表性成果。

然而，总体来说，对傩文化的研究发展态势向好，但仍然喜忧参半。

从国外学者对傩文化的研究来看，无论是从内容还是学术影响而言都比较有限，其论著主要局限于南方傩戏和个别地区傩仪的描述或分析，早期的记述多从基督教眼中的异教风俗角度进行负面评述，后期的分析则主要是将其与本国民间仪式（或仪式剧）进行比较，学术视角和观点上的偏颇显而易

① 庹修明. 傩　傩戏　傩文化——原始文化的活化石［M］. 北京：中国华侨出版社，1990.

② 曲六乙，钱茀. 东方傩文化概论［M］. 太原：山西教育出版社，2006.

③ 陈跃红，徐新建，等. 中国傩文化［M］. 北京：新华出版社，1991.

④ 参见，朱恒夫. 中国傩戏剧本集成［M］. 上海：上海出版社出版，2017.

见。由于研究面狭窄，他们对中国傩文化这一庞杂文化事象的本体内涵和多重意义缺乏整体的观照，难免对中国土生土长的民间傩文化事象的发生发展、来龙去脉挂一漏万，其认知仍然不成体系。

反观国内研究现状，刘锡诚先生指出的"泛傩化"问题在不少的少数民族傩文化研究中也同样存在。尤其值得注意的是，一些论著由于在研究中过于强调研究对象的"特殊性"或"民族性"，而忽视了各少数民族之间以及少数民族与汉族之间在傩文化方面存在的千丝万缕的关系，使得少数民族傩文化研究除了存在"泛傩化"和"碎片化"的倾向之外，还存在一种"过于民族化/族别化"或"族群化"的倾向：明明是区域多民族共有的一些傩文化事象，却被打上单一民族（或族群）特有文化的标签，而且学者之间不时出现某些文化事象的族属之争。这种状况不仅不利于中国少数民族傩文化研究的整体深入发展，而且对于中华民族共有精神家园建设和中华民族共同体意识建构也可能产生潜在的不良影响。

二、以谱系作为切入点：深化中国少数民族傩文化研究的新进路

傩文化源于原始宗教活动，是一种跨越不同时代的传统文化事象，要确切理解傩文化发展的演变历程，就得从人类学的角度来整体观照傩文化事象，正如张紫晨老先生所说："任何文化现象，割断其发展源流，都是不可理解的。"[①]将谱系作为傩文化研究的切入点，优势就在于"在纵横交错、四方融汇、相互关联之中，清晰地梳理着事物发展的流脉，准确地把握着事物之间的互动关系，立体地观照着事物多层面的复杂关联，深刻地揭示着事物自身的本质"[②]。根据福柯对谱系学的解释，就是要"将一切已经过去的事件都保持在它们特有的散布状态上；它将标示出那些偶然事件，那些微不足道的背离，或者，完全颠倒过来，标识那些错误，拙劣的评价，以及糟糕的计算，而这一切曾经导致那些继续存在并对我们有价值的事情的诞生；它要发现，真理或存在并不位于我们所知和我们所是的根源，而是位于诸多偶然事件的外

---

① 张紫晨.中国傩文化的流布与变异[J].北京师范大学学报（社会科学版），1991（2）：19.
② 刘勇.谱系学视野与文化发展[N].中国社会科学报，2014-02-19（B04）.

部"①。不难理解，傩文化滥觞于史前，以顽强的生命力流传了几千年，其文化内涵丰富、表现形式多样、体系庞杂而不系统，特别是在中国少数民族地区，受到各民族信仰习俗的浸润影响，呈现出多元化、多层次、综合性的特征。这就需要从谱系学的视角进行审视和考量。②

这是因为，中国各地区各民族民间信仰文化之间交错重叠，异同情况十分复杂，在各地区各民族之间的傩事象也存在千丝万缕的关系，相互间对于这些交错异同的认知各有不同，就会过于强调本民族本地区的"特殊性"或"民族性"，这种"过于民族化／族别化"或"族群化"的倾向，往往导致自古以来就在华夏大地流传了数千年的傩文化分别被贴上不同民族不同属地的"文化标签"，这非常不利于对中华民族传统文化整体形貌的认识，而且人为地在不同民族不同地域的傩文化事象之间划"边界"、树"壁垒"，这对中华民族共有精神家园建设和中华民族共同体意识建构都会产生潜在的不良影响。针对这些现实情况，显然，以谱系作为切入点，是厘清中华傩文化与各少数民族傩文化事象之间的共生共融关系，整理和建构出一个更加符合历史和现状的中国少数民族傩文化谱系，是避免"过于民族化""碎片化"和"泛傩化"现象的关键所在。

因此，将谱系作为切入点，可深化中国民间信仰文化领域多元一体格局的研究，为夯实中华民族共同体思想基础提供学术理论支撑。民间宗教信仰是伴随着对神灵的信奉和精神的寄托自发留存于民间的，由于缺乏统一信仰体系，崇拜对象纷繁复杂，组织形式松散无序，崇拜的功利性、目的性强，甚至利用人们的迷信心理来迷惑民众，民间宗教信仰虽有其积极性的一面，但由于体系庞杂，内容繁多，也难免混杂封建糟粕，各地各民族之间的信仰习俗与迷信思想混杂糅合、交织不清。而傩文化则是发源于农耕时代的一种社会意识形态，曾作为周代宫廷傩礼与宗教礼俗并存，在杂糅各种民间信仰习俗后渐渐沉入民间，成为民间信仰文化最重要的一部分。对于中国少数民

① 福柯.尼采·谱系学·历史学.苏力，译［M］//汪民安，陈永国.尼采的幽灵：西方后现代语境中的尼采.北京：社会科学文献出版社，2001：121.
② 聂森，秦艮娟.西南山地民族傩面具谱系论纲［J］.贵州师范学院学报，2018（10）：20-23.

族傩文化谱系进行整理，不仅有利于去伪存真，更好地挖掘民间信仰文化的精华，清除阻碍社会发展的文化元素，筛选出促进社会和谐发展的文化基因，还可以加深学界和社会各界对我国民间传统宗教文化领域多元一体格局的认识，可为中华文化认同的思想基础研究和中华民族共有精神家园建设提供实践案例与理论参考。

而且，以谱系作为切入点，梳理并建立中国少数民族民间传统文化的体系，是厘清不同地区不同民族因文化审美差异而造成对巫傩的起源、发生、发展、演变及原生地的认识和把握缺乏内在清晰逻辑分类体系的关键所在。中国各少数民族有着厚重而丰富的民间优秀文化，这些文化汇集成反映中华民族特质和中华民族风貌的优秀传统文化，但它们在传承的时间维度和扩散的空间维度又各有不同，体系复杂，在认知度和认可度上呈现"泛众化"。通过对中国少数民族傩文化谱系进行整理研究，不仅有助于梳理巫傩文化发生、发展、演变的轨迹，还有利于中国少数民族傩文化整体形貌和分类体系的谱系构建，从而为支持和促进中华民族共有精神家园建设、"打牢中华民族共同体的思想基础"做出贡献。

显然，以谱系作为切入点对傩文化资料进行收集和整理研究，还是拓宽巫傩文化的研究领域和研究范围的一种新思路。傩文化是一种跨越不同时代的传统文化现象，根植于民间，广布于乡土，流传于各民族之间。将谱系研究作为一种民间研究的新思路，是对中国少数民族傩文化的整理研究，发掘傩文化的艺术形式，并对其形式进行解析，再现古代准艺术的发生、发展现状，展现古代审美与当代审美之间的形式链条的新进路，为傩文化纵向延续提供现存理论基础。这不仅能丰富傩文化艺术造型的理论研究，还能拓展傩文化艺术的多维度研究思路，对中国文化史、哲学史、民族民俗史、宗教史，以及美学艺术史等学科的史料研究，都具有不可估量的学术价值。

三、创新与探索：重识中国少数民族傩文化中的多元一体格局

"中华民族多元一体的格局"是著名社会学家和人类学家费孝通先生于1989年提出来的。他认为"中华民族多元一体格局的形成，是由许多分散存

在的民族单元，经过接触、混杂、联结和融合，分裂和消亡，形成你中有我，我中有你，而又各具个性的多元一体"①。中华民族文化同样具有多元一体的特点，中国社会科学院民族学与人类学研究所的何星亮研究员认为："从历史发展趋势来看，中华民族文化具有多元化与一体化的特点。从现实状况来看，中华民族文化具有多样性与同一性两大特征。"②他从多方面揭示了中华民族文化的多样性和统一性。中国傩文化是中华民族最古老的文化，是中华民族最为珍贵的文化遗产之一，中国少数民族傩文化是中国少数民族的精神文化产物，张泽洪教授也在多篇文章中有论述，他认为少数民族傩文化是在中华民族多元一体政治格局下文化涵化的结果，③历史上多元族群与多元宗教砥砺共生、相互融摄互动，是中华民族多元一体格局影响所致。④基于所述观点，将中国少数民族傩文化放置在中华傩文化一体格局的体系视域中进行"整体性的（holistic）"审视和考量，厘清各少数民族之间以及各少数民族与汉族之间在民间信仰上的共生共融关系，对于"打牢中华民族共同体的思想基础"无疑是一种创新性探索和尝试。这主要体现在以下几方面。

第一，在学术思想上。与以往的中国傩文化研究有所不同，本书在学术思想上强调的是整体论、本体论和谱系学的路线，力避以往研究实践中存在的某种"碎片化""泛傩化"和"过于族群化"的倾向，力主将少数民族地区傩文化的共时形态和历时演变放置到中华傩文化多元一体格局视域中进行梳理，从而构建出一个以时空为坐标、以本体结构特征和以关系格局为内核的中国少数民族傩文化谱系，这不仅有利于少数民族傩文化得到更为全面、正确的认知，也可为开创中国特色的宗教谱系学理论研究做出有益的尝试。

第二，在学术观点上。首先，以往一些过于"民族化"或"族群化"的傩研究将许多区域性的、具有多民族共性的傩文化切割成了族别标签化的傩

---

① 费孝通.美好社会与美美与共——费孝通对现时代的思考［M］.北京:生活·读书·新知三联书店, 2019: 208.

② 黄忠彩，张继焦.世界的盛会 丰硕的成果 国际人类学与民族联合会第十六届大会最新学术成果概述［M］.北京:知识产权出版社, 2012: 317.

③ 张泽洪.中国西南少数民族傩文化与道教关系论略［J］.贵州民族研究, 2010, 31（2）: 162-169.

④ 张泽洪.滇西北多元宗教研究的文化意义［J］.宗教学研究, 2018（3）: 134-141.

文化碎片，不利于傩文化研究的纵深发展，也不利于中华民族共有精神家园建设和中华民族共同体意识建构。其次，中华傩文化是多样一体的文化系统，少数民族傩文化之间以及它们与汉族傩文化之间相互杂糅、交织共融、多元共生，整理构建中国少数民族傩文化中的"类世系性"的关系格局和中华傩文化共同体谱系，具有重大学术价值和现实意义。最后，基于少数民族傩文化谱系的整理，探寻傩文化的发生学机制，厘清傩文化与其他相关文化体系及其要素之间的界缘，有助于认清傩文化的本体、规避既有研究中的"泛傩化"倾向，也有利于把握傩文化在当今社会背景下的变迁规律，使其实现更为有效而合理的传承。

第三，在研究方法上。除了将以往宗教文化研究中常用的文献法和田野调查法有机结合起来，使之更加行之有效，还在国内学术界首次将宗教人类学中的宗教谱系分析法、地理学的空间格局分析法、文献学的文本内容分析法等新的研究方法运用到傩文化的研究中，这对于我国傩文化研究领域乃至整个宗教学学科的研究方法创新是有积极意义的。

基于格尔兹、卓新平、金泽等国内外著名学者都长期一致倡导的"宗教是一种文化形态或文化体系"这一学术理念，借鉴尼采和福柯等思想家提出的谱系学理论，特别是阿萨德（Talal Asad）和博厄克霍芬（Jeroen W. Boekhoven）等宗教人类学家发展出来的"宗教谱系学"研究方法，将我国各少数民族傩文化放置到中华傩文化多元一体格局的语境中进行整体观照。但是，对于谱系整理分析而言，中国少数民族傩文化在时间上源远流长、空间上分布区域宽广，只有在时空双重维度上把少数民族傩文化的内涵结构特征和关系结构格局梳理清楚，一个有骨架、有血肉的谱系才能历历可见，也只有这样的谱系才能全面反映中国少数民族傩文化的核心内容和整体形貌。

同时，我们也要认清这样一个事实：中国少数民族傩文化历时悠久、内容繁杂，而且各族傩文化实践之间异同交错、扑朔迷离，致使无论是内涵体系的梳理还是关系格局的分析，都有较大难度。譬如，各民族关于傩及其内涵元素的名称就极为复杂，同物异名、同名异物的情形比比皆是，须花大力气甄别；少数民族地区的傩与其他民俗活动或文化要素之间相互杂糅和渗透，不易厘清，给傩文化本体内涵结构的谱系构建带来一定难度；而各少数民族之间、少数民族与汉族之间在傩文化方面的相互关系就更为错综复杂，梳理起来难度更大。只有充分掌握和参透现有各种资料并佐之以田野调查，综合运用主位客位相结合的多种方法，才能克服这些难点。

四、重识傩文化整体性：谱系视角下的各族连续共同体

中共中央办公厅、国务院办公厅印发的《关于全面深入持久开展民族团结进步创建工作　铸牢中华民族共同体意识的意见》指出，要加强中华民族共同体教育，引导各族群众不断增强对伟大祖国的认同、对中华民族的认同、对中华文化的认同。[1] 近20年来，经过众多的专家学者对傩文化进行深入细致的调查研究，行走乡间，露宿乡野，走乡串寨，执着于民间，将各地各民族的傩文化汇聚成集，让下里巴人的民间文化渐入学者视野，成为老百姓日常生活密切相关的民间文化艺术。随着社会的进步，文化自觉的增强，从非物质文化遗产的保护角度，对傩文化的传承越来越受到重视，成为学术界和政界都广为关注的文化事象。李泽厚在《说巫史传统》中谈道："中国文明的两大征候特别重要，一是以血缘宗法家族为纽带的氏族体制，一是理性化了的巫史传统。两者紧密相连，结成一体，并长久以各种形态延续至今。"[2] 所谓"理性化了的巫史传统"，是指远古的"巫"到殷周时期凭借天文、历法知识和经验进行卜筮，直至周公"制礼作乐"最终完成理性化过程。[3] 不管是最初野性化的巫还是理性化的巫史传统，都是早期先民文化发展的重要纽带，是联系各民族的一种共同文化现象。对这种巫傩文化现象进行重新审视和思考，有利于铸牢中华民族共同体意识、增进各民族文化认同，是在中华民族多元一体格局的视角下，值得探索和认真思考的问题。

首先，对各民族各地区的傩文化进行整体性认识和把握，是继承和弘扬中华优秀传统文化的需要。党的十八大以来，习近平总书记多次强调要传承和弘扬中华优秀传统文化。他指出：优秀传统文化可以说是中华民族永远不

---

① 中办、国办印发《关于全面深入持久开展民族团结进步创建工作　铸牢中华民族共同体意识的意见》[N].人民日报，2019-10-24（02）.

② 李泽厚.李泽厚旧说四种·说巫史传统[M].上海：上海译文出版社，2012：1.

③ 李泽厚.历史本体论·己卯五说（修订本）[M].北京：生活·读书·新知三联书店，2006：156-179.

能离别的精神家园。而傩文化作为中国传统文化重要的组成部分，在民间有着强劲的生命力和渗透力，可以说傩文化是中华文明的文化基因。对傩文化谱系的整理研究，就是去伪存真，清除阻碍社会发展的文化基因，筛选出促进社会发展的有益基因文化，对继承和弘扬中华优秀传统文化具有较强的应用价值。

其次，对流传在民间的傩文化进行整体性认识和把握，是以文化振兴助推乡村振兴战略的需要。傩文化根植于民间，是广大乡民的精神寄托和智慧结晶，而广大的乡村是滋养和培育傩文化的根源和基因。党的十九大报告还提出了"坚定文化自信，推动社会主义文化繁荣兴盛"的新要求，乡村文化建设已成为当前我国文化发展的主战场。因此，对中国少数民族傩文化的谱系整理研究，传承农耕文明精髓，让优秀传统文化延续，有助于乡村振兴战略向纵深推进。

再次，有助于强化文化自信、维护民族团结和社会和谐。党的十九大报告提出"坚定文化自信，推动社会主义文化繁荣兴盛"的任务，要求"讲好中国故事，展现真实、立体、全面的中国，提高国家文化软实力"。我国宗教理论界公认"宗教文化也是一种文化软实力"；而傩这样的本土民间宗教文化，就是典型的"中国故事"和文化软实力建设的重要资源之一。以共生共融关系格局为核心的少数民族傩文化谱系整理研究，对于正确认识民族关系、加强民族团结、增进中华认同、维护社会和谐则更是有着不言而喻的积极作用。

最后，对傩文化中有价值的文化基因进行识别和掌握，是传统和谐价值观促进社会和谐发展的需要。尊老敬老是中华民族的传统美德，也是全面贯彻落实科学发展观、构建和谐社会的重要内容。傩文化倡导尊老爱幼、和睦相处的价值观，提倡勤俭持家、邻里团结的家庭美德，有助于构建和谐的家庭社会氛围。傩文化追求人与自然和谐共处的价值观，有利于构建友好型的环境氛围。傩文化蕴含的价值观不仅推动构建社会主义和谐社会，而且对于保护地域性的传统文化也有着极为重要的现实意义。

五、交织与互依的关系：中国各民族傩文化的谱系格局

傩是极其特殊的文化现象，在中国从史前萌起，到商周盛行，在漫长的

历史中，随地域变换、时光变迁而衍生出不同的名称和内涵。特别是在一些边远的少数民族地区，受到当地本土文化的深深影响，流传的各种祭祀仪式相互交织混合，很难说是"巫"还是"傩"，因此一些学者干脆统称为"巫傩文化"，一些巫仪和傩仪本身就很难分辨，巫仪中带有明显的傩仪要素，傩仪活动中也掺杂一些巫术成分。比如一些地方在驱鬼逐疫的仪式活动中既包含了驱赶邪魔鬼怪以求人畜平安的巫术活动，又有祈求自然力或鬼神以实现某种愿望的傩祭仪礼。尤其是在少数民族地区，因各民族生活习惯的差异、对文化理解的不同，信仰诉求千差万别，导致傩与各种民俗活动、民间信仰及民间宗教相互杂糅、相互渗透，在各民族之间，傩事活动随同各自的信仰习俗和精神追求相互交织、相互融合，并与各种民间宗教信仰形成了多元共生、交织共融的中国各民族傩文化的谱系格局。这种交织互依的格局不啻构筑了中华民族传统文化之大同，实乃中华民间文化遗产中的璀璨瑰宝。

加之，傩文化原本就是根植于民间，依靠民间艺人口传相授从而代代相传的。人是傩文化得以延续传承的主体，傩文化依托人本身而存在，以傩事活动中的声音、形象和技艺为表现手段，并以人的身、口、耳相传作为文化链得以延续。而恰恰是人与人之间的交往，各民族之间的文化交流，在不同民族不同地区之间因生活习惯的差异和生活方式的不同，以及对文化的理解和接受总会吐故纳新、自我扬弃，造成了各地方文化现象在保持共同性的基础上的千差万别。这也造成了傩文化在各地各民族流传过程中，受当地民俗文化的深刻影响，杂糅各种民间文化，在此消彼长中相互融合，汇入华夏文化，形成文化共同体。

诚然，就傩文化在各民族之间相互杂糅、交织共融的局面，可以通过构建中国少数民族傩文化谱系，清晰分辨出中国少数民族傩文化流变的方向和轨迹，正如张紫晨先生所言："任何文化现象，割断其发展源流，都是不可理解的。"[①]因此，不难理解，时空坐标就是谱系的基础支架，历时性的演变关系和共时性的空间格局乃是傩文化谱系整理研究的两大主轴。对当下中国各少数民族的傩祭、傩仪、傩戏等文化事象活动进行分类整理，搜集中国各少数

---

① 张紫晨.中国傩文化的流布与变异［J］.北京师范大学学报（社会科学版），1991（19）.

民族傩文化的文献资料信息，并在此基础上展开补充性的田野考察，运用宗教地理学研究方法和地理信息系统（GIS）等分析手段，对各少数民族傩文化的分布现状进行底盘性的空间研究，摸清其在自然地理和人文地理维度上的分布特征，回溯其发生、发展的演变历史，厘清傩文化发展的复杂现象中隐含的内在发展规律，建立傩文化不断演进的具有历时性的综合动态系统的发生、发展机制，建立由点、线、面多维立体构成的中国少数民族傩文化空间格局谱系。

换言之，我们可以利用宗教人类学的理论，从历史的线性维度，将中国少数民族傩文化置于文化变迁和思想发展的脉络中，在特定历史文化时期和社会风貌大背景下，以中国少数民族傩文化的历史发展脉络为纵坐标，以其所受诸多文化带影响为横坐标，以其思维演变和思想衍化进行深度探源，探究中国少数民族傩文化从宗教到艺术，从酬神到娱人的嬗变过程。甚至，我们可以从谱系学的角度分析傩文化的起源和发展，解读其文化背景，建立中国少数民族傩文化发生发展和演变的谱系，分辨中国少数民族傩文化流变的方向和轨迹，分析傩文化在当今的社会背景下的文化变迁规律，将有助于保持中华优秀传统民间文化的独特魅力和时代风采。

六、基于宗教人类学的多方法融合：谱系研究新思维

傩文化以傩礼、傩仪为中心，包含傩戏、傩舞、傩俗、傩技等文化事象，在数千年的发展演变中，融合多元的原始宗教文化和地方民俗文化，蕴藏着丰富的民间信仰和原始宗教意识。而宗教人类学恰恰关注的就是早期的宗教现象的起源、进化、特性以及宗教与其他形式的文化之间的联系，这个观点早在金泽先生的《宗教人类学导论》一书中就指出，"宗教人类学聚焦于宗教这种特殊的社会实体和文化形态，从发生学的角度研究整个人类文化的起源、成长、变迁和进化过程，比较各部族、各民族、各国家、各地区的文化异同，借以发现和归纳人类文化事象的起源、结构和功能，并着重探讨宗教事象的发生或起源，及宗教事象所具有的文化意义。"[①] 利用宗教人类学的研究方法，对厘清傩文化这种原始宗教现象的发生、发展以及内在文化事象有极大的帮

---

① 金泽．宗教人类学导论［M］．北京：宗教文化出版社，2001：2.

助。宫哲兵在《现代宗教人类学的方法》一文中，也提出了宗教人类学应具有独特的研究方法，比如由传统的田野调查、实地参与等研究方法向宗教变迁及其动力的动态研究方法延伸，综合运用客观方法和主观方法的辩证把握等的观点。[①] 这都为傩文化谱系的构建和研究提供了新的思路。

而对于中国少数民族傩文化谱系整理分析而言，共时态的内涵结构体系和历时态的关系结构体系，无疑是其探索的重点。谱系的形成或建构必须以时空坐标作为其体系的基本支架。中国少数民族傩文化在时间上源远流长、空间上分布区域宽广，只有在时空双重维度上把少数民族傩文化的内涵结构特征和关系结构格局梳理清楚，一个有骨架、有血肉的谱系才能得以构建，也只有这样的谱系才能全面反映中国少数民族傩文化的核心内容和整体形貌。

具体而言，首先，采用文本内容分析方法。这是对傩文化文献资料进行文本内容的深度挖掘分析，也是课题研究的关键，包括文本中的显性内容和隐性内容。显性内容是字面上可见的表面语义内容；而隐性内容则是指字面或图像背后所隐含的意义，往往最能体现事物现象或过程的本质和主要特征，将语句单位与文本背景和上下文语境结合起来分析是发掘隐性内容的主要途径。其次，采用空间格局分析法。这一方法在地理学和生态学中较为常用，近年来在文化地理学和宗教地理学中得到了广泛应用。需要依托 ArcGIS 等空间信息分析工具来进行，主要是围绕文化事象的宏观和微观分布特征展开的。该研究方法对于把握全国少数民族傩文化的整体分布特点和规律十分有效，有助于建立由点、线、面构成的少数民族傩文化空间格局谱系。最后，还需要用到谱系分析方法。主要是借鉴尼采、福柯的"谱系"方法论，特别是阿萨德在《宗教的谱系》、博厄克霍芬在《萨满教的谱系》等著作中提出的宗教谱系分析法，注意各少数民族傩文化的共性和个性，关注其生成过程以及在历时演变中的断裂、转折和转向，从而构建出各民族傩文化之间可能存在的"类世系性（quasi-lineage）"的关系格局和文化共同体谱系。通过多种研究方法的综合运用，并借鉴前学关于神话、仪式和戏剧的相关理论，对中国少数民族傩文化的历史成因、艺术价值、文化因素、保护传承展开研究，试图建

① 宫哲兵.现代宗教人类学的方法 [J].武汉大学学报（人文社会科学版），2000（5）：655–659.

立中国少数民族傩文化发生发展的演变谱系。

对中国少数民族傩文化谱系进行整理研究，在尽可能掌握前人成果的基础上，首先，通过田野调查来补充现有文献资料上的不足或充实一些文献资料的相关背景信息。其次，对当下中国各少数民族在傩祭、傩仪、傩戏等文化事象活动进行分类整理，回溯其发生、发展的演变历史，厘清傩文化发展的复杂现象中隐含的内在发展规律，建立傩文化不断演进的具有历时性的综合动态系统的发生、发展机制。然后，围绕中国少数民族傩文化的空间分布格局、历时传播与演变、本体结构内涵、族际相互影响等方面，综合运用谱系学的理论方法和其他相关研究方法，建构中国少数民族傩文化的演变谱系。最后，分析谱系演变轨迹对中国傩文化产生的影响，利用图谱将傩文化的发生发展置于文化变迁和思想发展的脉络中，在特殊历史文化时期和社会重大变革的背景下，探究其历时嬗变中的历史价值和现实意义。

总而言之，傩文化种类复杂，承载着丰富的历史信息和文化内涵，尤其是少数民族傩文化纷繁复杂、盘根错节。需要从历史的线性维度，将中国少数民族傩文化置于文化变迁和思想发展的脉络中，在特定历史文化时期和社会风貌大背景下，探究中国少数民族傩文化从宗教到艺术、从酬神到娱人的嬗变过程，研究其发生发展之历史，分析傩文化的艺术形态，解读其文化背景，梳理其设计智慧，厘清其发展演变规律，构建一个最能反映傩文化发展演变的谱系架构。

然而，以往一些过于"民族化"或"族群化"的傩研究将许多区域性的、具有多民族共性的傩文化切割成了族别标签化的傩文化碎片，不利于傩文化研究的纵深发展，也不利于中华民族共有精神家园建设和中华民族共同体意识建构。费孝通先生在"中华民族多元一体格局"的论述中提到，多元一体是由许多分散存在的民族单元，经过接触、混杂、联结和融合、分裂和消亡，形成你中有我，我中有你，而又各具个性的多元整体。[①] 中华傩文化是多样一体的文化系统，少数民族傩文化之间以及它们与汉族傩文化之间相互杂糅、多元共生，整理构建中国少数民族傩文化中的"类世系性"关系格局和中华

---

① 费孝通. 美好社会与美美与共——费孝通对现时代的思考 [M]. 北京：生活·读书·新知三联书店，2019：208.

傩文化共同体谱系，具有重大学术价值和现实意义。因此，基于少数民族傩文化谱系的整理，探寻傩文化发生学机制，厘清傩文化与其他相关文化体系及其要素之间的界缘，有助于认清傩文化的本体、规避研究中的"泛傩化"倾向，也有利于把握傩文化在当今社会背景下的变迁规律，使其实现更为有效合理的传承。

同时，发掘和利用民间宗教文化谱系的积极内核，构建中国少数民族傩文化谱系框架，要力避以往研究实践中存在的某种"碎片化""泛傩化"和"过于民族化"的倾向，力主将少数民族地区傩文化的共时形态和历时演变放置到中华傩文化多元一体格局视域中进行梳理，从而构建出一个以时空为坐标、以本体结构特征和关系格局为内核的中国少数民族傩文化谱系，这不仅有利于少数民族傩文化得到更为全面、正确的认知，也可为开创中国特色的宗教谱系学理论研究做出有益的尝试。

宗教人类学的宗教谱系分析方法，以及地理学的空间格局分析方法，是一种全新的、多维立体的谱系研究方法。将从宏观视野出发审视研究对象、处理复杂事物脉络系统的优势，应用于驳杂广泛的文化研究，将进一步拓展文化的发展源流与脉络、整体格局和框架。[1] 借鉴尼采、福柯的"谱系"方法论及阿萨德、博厄克霍芬的宗教谱系分析法，以中国少数民族傩文化的历史发展脉络为纵坐标、以其所受诸多文化带影响为横坐标，将其思维演变和思想衍化进行深度探源，关注其生成过程以及在历时演变中的断裂、转折和转向，运用三维立体式研究策略，建立中国少数民族傩文化谱系，分辨出中国少数民族傩文化流变的方向和轨迹，分析傩文化在当今的社会背景下的文化变迁规律，从而构建出各民族傩文化之间可能存在的"类世系性"的关系格局和文化共同体谱系。

第二节　西南地区傩面具的谱系构建

傩面具在整个傩文化系统中起着十分重要的作用，它不仅因沟通神灵而

---

① 刘勇. 谱系学视野与文化发展 [N]. 中国社会科学报，2014-02-19（B04）.

被赋予神秘的宗教和民俗含义，还是傩文化中最精彩和最重要的艺术造型手段。西南民族地区由于长期处于封闭的社会文化环境，为傩文化的存在和滋长提供了肥沃的土壤，成为傩戏最多、品种最全、特色最为显著的傩文化富矿区，由此派生出了种类繁多、形形色色、五花八门、各式各样的傩面具。因此，有必要对西南民族地区的傩面具谱系进行梳理，探讨西南地区不同地域的傩面具演变历程和渊源，分析傩面具的艺术形态，探索其设计智慧，解读其文化内涵，试图建立傩面具发生发展的演变机制。以此探寻中国远古文化发生发展的历史渊源，搜集其重要的历史文化信息资源，对实现经济、文化全面协调可持续发展，具有极其重要的意义。

一、现实意义与当代价值

在傩文化系统中，傩面具存在各式各样的造型、种类繁多的质料、千变万化的色彩，以及形形色色的功利目的和五花八门的民俗意象等，还因不同地域、民族、文化、审美等差异，表现得异彩纷呈。尤其在西南少数民族地区，傩面具又是保存得最为丰富，品种也最为齐全的。这是因为，西南地区特别是西南的山地少数民族地区，长期处于交通闭塞、科学技术落后、生产力水平相对低下的社会文化环境中，这就为傩文化的存在和滋长提供了肥沃的土壤，成了傩戏最多、品种最全、特色最为鲜明的傩文化富矿区。

鉴于此，就很有必要对西南民族地区的傩面具谱系进行整理，去探讨不同地区傩面具演变历程和渊源关系，分析傩面具的艺术形态，解读其文化内涵，以此探寻中国远古文化发生发展的历史渊源，搜集其重要的历史文化信息资源，对实现可持续的经济、文化全面协调发展，具有极其重要的意义。

随着社会的快速发展，文化发展的多元化、全球化日趋明显，给民族传统文化带来空前的冲击和影响，不可避免地与其他文化发生交流和碰撞，引起急剧复杂的变异，导致传统文化的变迁或消失。随着党的十八大胜利召开，实现"中华民族伟大复兴"提上了国家议事日程，如何在新的形势下加强各民族间的认同，以增进民族团结和融合，从而走上中华民族伟大复兴的光明大道，是摆在当今社会的一项重要任务。党的十八大以来，以习近平同志为核心的党中央，高度重视民族民间文化的传承发展。习近平总书记指出，在

5000多年文明发展进程中，中华民族创造了博大精深的灿烂文化，要使中华民族最基本的文化基因与当代文化相适应、与现代社会相协调……（习近平总书记在中共中央政治局第十二次集体学习时的讲话）。将民族民间文化的繁荣与中国社会的现代化进程紧密相连，有助于形成更加丰富和完备的社会文化生态。

僧文化具有悠久的历史，具有独具特色的艺术魅力和深厚的民众基础。对民族民间优秀传统文化的挖掘和整理，有助于民族民间传统文化的传播和弘扬，提升文化自觉、增强文化自信，推动社会主义文化生态的建设。因此，对傩戏面具谱系的整理研究，探寻长期处于封闭社会环境的西南少数民族地区，受中原文化、荆楚文化、巴蜀文化的渗透融合影响而形成特有的西南民族文化个性，以此展示中华优秀民间文化的独特魅力，这对于落实科学发展观，实现可持续的经济、文化全面协调发展意义重大。

同时，傩文化内容丰富，是人们在长期的劳动生产和社会生活中反映出来的生活态度和精神追求，负载着当地人民的价值取向，并深刻地影响着他们的生活方式。因此，对西南少数民族傩戏面具谱系的整理，发掘傩戏艺术形式，并对其形式进行解析，再现古代傩艺术的发生、发展现状，展现古代审美与当代审美之间的形式链条，为傩戏艺术形式纵向延续提供现存基础。这不仅能丰富傩面具艺术造型的理论研究，还能拓展傩面具艺术的多维度研究思路，对研究民族地区的历史和现状，弘扬民族优秀传统文化都具有不可估量的学术意义和史料价值。

二、文献回顾与研究展望

傩作为一种文化现象很早就有大量的记载和传说，但真正作为一门"显学"被研究也是近代才开始。在中华人民共和国成立初期就有一批学者对傩文化进行零星的调查和初步介绍，但囿于当时的历史条件未引起足够的重视。直到改革开放后的近30余年，对傩文化的研究才出现了前所未有的热潮，并取得了丰富的研究成果，其中部分成果还为傩文化的深入研究和拓展奠定了坚实的理论基础。

从现有的研究成果来看大致可分为以下方面：傩面具的历时演变路径方

面：主要以顾朴光的《面具》一书为代表，他的著作论述了面具产生及发展演变的历史，认为面具起源于远古先民之生活需要，而后发展为娱乐及欣赏艺术的历史过程。此外庹修明的《贵州傩戏与傩面具》一书从地域文化和考古学角度研究详细论述了贵州的傩戏和面具的产生过程及演变。傩面具的空间分布格局方面：以刘芝凤的《戴着面具起舞——中国傩文化》一书为代表，对遍布24个省市地区的傩祭祀礼仪活动进行梳理，描述了傩文化的形成与发展的过程。傩面具的本体内涵结构方面：有古遇春、郑英杰的《从湘西傩堂戏面具看其宗教文化特色》、赵长治的《道教对渝东南傩戏的影响——以秀山余家傩戏面具开光咒语为例》、冉文玉的《道真冲傩与傩戏之比较——以三桥镇接龙村坛班为例》等文从宗教的角度揭示傩戏面具所蕴含的意义。还有安燕的《安顺地戏面具》一书，以面具艺术为研究支撑点，从安顺地戏面具的制作对傩戏进行解析，以工艺艺术为研究脉络对安顺地戏进行了阐述。傩面具的装饰艺术审美方面：张明月、衡潇的《地戏面具的装饰造型研究》一书，从美术学视角对地戏进行研究，对地戏面具进行了美术学方面的阐释与解析。王科本、杨坤合著的《福泉傩戏的艺术特征》，从艺术与文化学方面对傩戏进行了阐释。此外还有邱志涛的《地戏面具装饰美探源》，汪鸿的《赣傩面具的艺术符号探微》，王兰英、王娟、吴小静的《贵州傩面具的色彩运用研究》等。

上述表明，关于傩戏及傩戏面具的研究已有很多成果，归纳起来大致从艺术学、宗教、符号学、文化学、历史学、文学等学科进行研究，在一定程度上对傩戏的发展演变历程及渊源进行了研讨。但是，从研究范围来看，现有研究大多注重傩戏面具起源、面具艺术及其文化的研究。从研究方法来说，现有成果多侧重于聚焦式、单一性研究，多集中于傩戏文化研究和傩戏面具艺术及傩戏概况的研究，而将聚焦式研究方法和发散式研究方法结合起来的尚不多见。换言之，对西南民族傩戏面具谱系的研究，就是要着重以傩戏面具的历史发展脉络为纵坐标，以其所受诸多文化带影响为横坐标，对其思维演变和思想衍化进行深度探源，对傩戏面具谱系进行全方位的整理研究，试图解析傩戏面具纵向演变的历时过程和在共时社会状况下的文化变迁现状，探寻隐藏在傩文化现象背后的内在文化逻辑。

三、路径构建与理论探索

傩面具源于原始宗教的傩文化活动，是一种跨越不同时代的传统文化现象，但傩面具毕竟不是傩的全部，只是一种傩祭表演形式，要确切理解傩面具发生发展的过程，就得从文化发展的角度观察傩文化的整体活动，正如张紫晨老先生所说："任何文化现象，割断其发展源流，都是不可理解的。"[①] 谱系学研究的优势就在于，"在纵横交错、四方融汇、相互关联之中，清晰地梳理着事物发展的流脉，准确地把握着事物之间的互动关系，立体地观照着事物多层面的复杂关联，深刻地揭示着事物自身的本质"[②]。根据福柯对谱系学的解释，就是要"将一切已经过去的事件都保持在它们特有的散布状态上；它将标示出那些偶然事件，那些微不足道的背离，或者，完全颠倒过来，标识那些错误，拙劣的评价，以及糟糕的计算，而这一切曾经导致那些继续存在并对我们有价值的事情的诞生；它要发现，真理或存在并不位于我们所知和我们所是的根源，而是位于诸多偶然事件的外部"[③]。主要是因为傩文化滥觞于史前，以顽强的生命力流传了几千年，其文化内涵丰富、表现形式多样、体系庞杂而不系统，这就需要从谱系学的视角进行审视和考量。

（一）建立傩戏面具谱系的发生、演变机制

毫无疑问，每一件事物都存在一个规定它发生、发展的机制。傩戏面具纷繁复杂，形态万千。利用谱系研究的方法，对当下西南地区各少数民族在傩祭傩戏上使用的傩面具进行分类整理，回溯其发生、发展的演变历史，寻找傩戏面具谱系的生成机制，厘清傩戏面具发展的复杂现象中隐含的内在发展规律，建立傩戏面具不断演进的具有历时性的综合动态系统的发生、发展机制。在此基础上，建构西南地区少数民族傩戏面具的发展谱系，系统地揭示傩文化发生发展的规律，从而推动和引导非物质文化遗产的传承和发展。

---

① 张紫晨.中国傩文化的流布与变异［J］.北京师范大学学报（社会科学版），1991（2）：19.

② 刘勇.谱系学视野与文化发展［N］.中国社会科学报，2014-02-19（B04）.

③ 福柯.尼采·谱系学·历史学.苏力，译［M］//汪民安，陈永国.尼采的幽灵：西方后现代语境中的尼采.北京：社会科学文献出版社，2001：121：145-148.

（二）建构西南民族地区傩戏面具的谱系

众所周知，傩文化是一个庞大复杂的民间文化事象，"多元杂糅的信仰体系契合了民间信仰兼容并包的价值取向"①，涉及社会、宗教、政治、道德等多方面。通过系统梳理傩面具的成因及发展规律，建构一个最能反映傩面具发展演变的谱系架构。与此同时，分析该谱系演变轨迹对傩面具的影响，利用图谱将傩面具的发生发展置于文化变迁和思想发展的脉络中，在特定历史文化时期和社会重大变革的背景下，探究其历时嬗变中的历史价值和现实意义。显然，这将有助于在当今中西文化融合大背景下，保持中华优秀传统文化的独特魅力。

鉴于傩面具形式多样、种类复杂，承载着丰富的历史信息和文化内涵，但又造型繁杂、形态万千、盘根错节，这就需要从历史的线性维度，将西南少数民族傩戏面具置于文化变迁和思想发展的脉络中，在特定历史文化时期和社会风貌大背景下，去探究西南少数民族傩戏面具从宗教到艺术，从酬神到娱人的嬗变过程，研究其发生发展之历史，分析傩面具的艺术形态，解读其文化背景，梳理其设计智慧，厘清其发展演变规律，构建一个最能反映傩面具发展演变的谱系架构。

谱系学具有从宏观视野出发审视研究对象、处理复杂事物脉络系统的优势，将其应用于驳杂广泛的文化研究，将进一步拓展文化的发展源流与脉络、框架和整体格局。② 可以利用谱系研究的方法，以西南少数民族傩戏面具的历史发展脉络为纵坐标、以其所受诸多文化带影响为横坐标，对其思维演变和思想衍化进行深度探源，运用三维立体式研究策略，建立西南少数民族傩面具谱系，分辨出西南少数民族傩戏面具流变的方向和轨迹，分析傩面具在当今的社会背景下的文化变迁规律。

当然，由于西南少数民族傩戏面具的图谱纷繁复杂，种类繁多，加之原始图像资料缺失，为寻找面具图谱的本真面目带来较大难度。同时，由于西南少数民族傩戏的仪式活动和面具雕刻工艺大都没有文本整理和图谱记载，

---

① 周永健.论贵州傩文化的生态空间［J］.四川戏剧，2016（2）：145-148.
② 刘勇.谱系学视野与文化发展［N］.中国社会科学报，2014-02-19（B04）.

大多是靠老艺人口传心授流传下来的，但这些艺人年事已高，记忆减退，这也给原始资料的收集和整理带来困难。综上诸多的困难，都需要在研究实践中通过田野考察和文献梳理加以解决。

本章总结

傩面具艺术作为傩文化最具代表性的艺术表现形式，是傩文化的重要物化载体。要梳理西南地区傩面具的发展及变化情况，就必然要对我国西南民族地区傩文化的研究现状进行分析和审视。通过文献梳理发现，以往的傩文化研究尤其是对民族地区傩文化的研究或多或少存在"过于民族化""碎片化""泛傩化"的研究倾向。针对这些现实问题，以谱系作为切入点，可以厘清各地区民族傩文化事象之间的共生共融关系，破除人为地在不同民族不同地域的傩文化事象之间划"边界"、树"壁垒"的现象，重新认识我国少数民族傩文化的多元一体格局，在交织互依的傩文化事象体系中构建我国各民族傩文化的谱系格局。

我国西南地区少数民族众多，傩文化遗存丰厚，为傩面具的传承和发展提供了肥沃的土壤。鉴于西南地区傩面具丰富多样，本书利用谱系研究的方法，将西南地区的傩面具艺术放置于文化变迁的历史发展脉络中，在特定的社会风貌大环境下去窥探傩面具从宗教到艺术、从酬神到娱人的嬗变历程，分析傩面具艺术形态，解读文化背景，梳理造型规律，探索发展演变的规律，构建一个最能全面反映傩面具艺术发展演变的谱系架构。

第三章　环境与土壤

　　任何一种文化事象的产生和长期存在，总是离不开特定的自然环境和社会环境。所处生存环境的特性孕育了文化的个性。反之，文化也因个性化的张力而得以再生、繁衍和发展。我国的西南地区，地理环境复杂、地势崎岖险峻；生活在这里的民族众多、历史悠久、风俗各异、信仰复杂。西南地区复杂的地理环境为傩面具艺术的盛行与发展创造了条件；西南地区多民族多元共生的民间信仰文化更是傩面具艺术得以生存和发展的肥沃土壤。在特定的自然环境和文化生境下，傩面具艺术在这里得到繁荣和发展并流传至今，形成了品类最多、数量最大、风格各异的西南傩面具艺术形态。

　　西南地区复杂的地理环境和多元的文化生态为傩面具艺术形态的多样化、多元化和区域化创造了一个十分有利的生存环境和文化土壤。

第一节　西南地区傩面具的生存环境

一、复杂多样的自然地理环境

（一）以山地、高原为主的地形地貌

　　西南地区包括重庆、四川、贵州、云南、西藏共五个省区市，地理范围主要包括四川盆地、云贵高原、青藏高原的南部和两广丘陵西部等地区，总面积达250万平方千米。西南地区地形结构复杂，以高原和山地为主，区域内河流沟壑纵横，峡谷峻岭广布，广泛分布喀斯特地形，以及河坝、盆地等地

形地貌。且地势起伏大，海拔最低点位于云南河口县，仅为76.4米，而最高峰是位于四川省甘孜州的贡嘎山，海拔为7556米。而本书界定的西南地区涵盖了重庆、四川、贵州、云南的广大少数民族地区，主要涉及范围是以贵州和湘黔渝毗邻地带为中心，覆盖四川、云南、贵州、重庆、西藏的广大民族地区。

重庆地处中国的西南部，长江上游地区，在四川盆地的东南部，跨东经105°11'~110°11'，北纬28°10'~32°13'，面积为8.2万平方千米，是青藏高原与长江中下游平原的过渡地带。重庆的东部邻湖北省、湖南省，南靠贵州省，西接四川省，北连陕西省。[①]重庆地势地貌由南北向长江河谷逐级降低，西北部和中部以丘陵、低山为主，东北部靠大巴山，东南部连武陵山两座大山脉。东部及南部分别为大巴山、巫山、武陵山、大娄山所环绕。重庆的地势地貌以丘陵、山地为主，丘陵的海拔在200~500米，坡度较缓，主要由低矮的山地组成。山地的坡地起伏较大，海拔都在500米以上，坡度陡峭，沟谷幽深，呈脉状分布。重庆的山地占整个地貌的76%，构成了以山地为主的地形特征，因此，有"山城"之称。

四川省位于中国西南的腹地，处于长江的上游。东接重庆，南靠云南、贵州，北连青海、甘肃、陕西，西衔西藏。西南大致介于东经97°21'—108°33'和北纬26°03'~34°19'，面积为48.6万平方千米。四川地形地貌复杂，主要以山地为主，分布着山地、丘陵、平原和高原四种地形地貌。东部为丘陵和盆地，有川东平行岭谷和川中丘陵，海拔在500~2000米。中部是广阔的成都平原。西部为川西高原和绵延起伏的山地，海拔多在3000米以上。四川是承接华南华中、连接西南西北、沟通中亚南亚东南亚的重要交汇点和交通走廊，是连接西南的重要桥梁、承东接西的重要纽带。自古就是"汉藏走廊"，具有十分重要的战略地位。

贵州地处中国西南的云贵高原东部，东靠湖南，南临广西，西接云南，北抵川渝。地势呈西高东低状，自中部向北、东、南三面倾斜。平均海拔为1100米，总面积有17.6万平方千米。贵州境内山脉众多，山峦起伏，丘陵密

① 冯维波.重庆民居（上）传统聚落［M］.重庆：重庆大学出版社，2017：2.

布，沟壑纵横。大娄山自西向东北斜贯北境，横亘在贵州中南部的苗岭将贵州山水一分为二。南为珠江流域，北属长江流域，东北部有武陵山由湘蜿蜒入黔，西部是高耸的乌蒙山。四条山脉构成了贵州东部武陵巍峨、西部乌蒙磅礴、中部苗岭秀丽、北部娄山雄险的地理格局。贵州地形基本上为高原、山地、丘陵和盆地四种类型，其中山地和丘陵占总面积的92.5%，山地众多，素有"八分山水一分田"之说。

图 3-1-1　贵州黔东南州雷山县达地水族乡

资料来源：作者自摄

　　云南位于中国西南的边陲，东与贵州、广西接壤，西与缅甸相邻，南部与老挝、越南接壤，西北与西藏相连，北与四川交界。总面积39.4万平方千米。地形总体属于高原地带，有广袤的平原，地势由西北向东、南、西等多方向倾斜，形成阶梯状扇形分布格局。全省范围内，海拔相差极大，最高处为梅里雪山的卡格博峰，其主峰海拔为6740米；最低处则在河口县，海拔仅为76.4米，全省海拔相差达6663.5米，在全国罕见。总体来看，云南省是一个多山的省份，盆地、河谷、丘陵、低山、中山、高山、山原等类型的地貌相间分布，各种地貌之间差异很大，类型复杂多样，山地面积约占全省总面积的94%。[1]

综上所述，西南地区的地形地貌复杂多样，地形多是山地和高原，形成较为显著的三个地形单元：巴蜀盆地及周边山地地形、云贵高原的高山山地丘陵地形、青藏高原的高山山地地形。从地理自然环境来看，西南山高林密，大小坝子相互阻隔，即使在相似的生活空间内，因山地、峡谷、丘陵、河谷、高坡、坝子等自然环境不同，也呈现出彼此分割的小区域，所谓"望山走死马""五里不同天，十里不同俗"。西南这种多样性的地理环境使得西南地区历史上长期处于相对孤立和封闭的状态。难怪古人也嗟哦、喟叹西南之奇险："噫吁嚱，危乎高哉，蜀道之难，难于上青天！"（《蜀道难》）

（二）立体多变的气候条件

西南地区位于秦岭之南，常年受东南季风和西南季风的影响，大部分地区为亚热带湿润季风气候带和热带季风气候带。雨量充沛，年降雨量在1000毫米左右，热量也丰富，大部分地区积温在10℃以上。西南地区的地形以山地为主，横断山区海拔高，使得气候垂直差异十分显著，山谷中气温较高，山地气温低。还受地形的影响，各地气候差异明显，四川盆地海拔低，冬季受秦岭的阻挡，冬季风影响小，较为温暖，夏季受夏季风影响大，高温多雨，湿度较大，多云雾；云贵高原海拔高，冬天受冬季风影响较小，比较温暖，夏季比较凉爽，全年温差较小。

四川属于亚热带季风气候，受复杂的地形和不同的季风环流交替影响，气候类型复杂多样，主要分属三大气候类型。东部的四川盆地及周边山区属于亚热带湿润气候。这里冬暖、春早、夏热、秋多雨，多云雾、少日照；川西南部属于亚热带半湿润气候区。该区全年气温较高，早寒午暖，四季不明显，但干湿分明；川西北部则属于高原高寒气候区。该区海拔高，气候立体变化明显，从河谷到山脊依次呈现亚热带、暖温带、中温带、寒温带、寒带和永冰带。川西高原地区垂直气候变化大，河谷干冷，山地湿冷。

重庆位于北半球副热带内陆地区，属于亚热带季风性湿润气候，冬暖夏热，无霜期长，雨量充沛，常年降雨量达1000~1450毫米。雨季集中在春夏，

---

[1] 吴连才.清代云南水利研究［M］.昆明：云南人民出版社，2017：1.

尤以夜雨为多，因此有"巴山夜雨"一说。秋末春初多雾，每逢雾日，云雾缠绕，恍若仙境，因此重庆又有"雾都"之称。夏季炎热，7月至8月气温最高，可达43.8℃，被称为"三大火炉"之一。重庆地处长江流域上游，属于"夏热冬冷"的典型气候特征，日照都集中在夏季，冬日几乎没有日照，夏季酷暑，冬季湿寒，恰如谚语所称：春早气温不稳定，夏长酷热多伏旱，秋凉绵绵阴雨天，冬暖少雪云雾多。

贵州属于亚热带湿润季风气候，大部分地区气候温和，冬无严寒，夏无酷暑，四季分明，平均气温在14℃~16℃。由于受季风气候的影响，冷暖气流交汇频繁，常年雨量充沛。贵州地处低纬度地区，地势高低悬殊，地形起伏较大，导致气温垂直变化十分明显，常常有"一山有四季""十里不同天"的气候差异。但光照条件较差，降雨日数也较多，全年多数是阴天，素有"天无三日晴"之说。

云南地处低纬度的高原，地理位置特殊，地形地貌复杂，气候也复杂多样，跨越了多个气候带。其中季风是云南气候的一个主要特征，受多种季风系统交叉影响，冬季既有来自西伯利亚的寒冷干燥的偏北季风，又有来自西南亚大陆的干热气团，还有来自青藏高原的高原冬季风。夏季则主要受印度夏季季风系统与东亚夏季风系统的影响。云南兼具低纬度气候、季风气候的特点，所以大部分地区冬暖夏凉，四季如春。还具有典型的垂直变化明显的山原气候，也就是山顶气候寒冷，雨量最多；山腰气候温和，降水较多；山麓河谷地带气候炎热，雨量较少。

综上所述，西南地区自然环境复杂，气候类型多样。在史料上多有记载，唐代岑参在《招北客文》对蜀地气候描述："二江双注，群山四蔽，其地卑湿，其风胜脆。蛮貊杂处，滇焚为邻，地偏而两仪不正，寒薄而四气不均。花叶再荣，秋冬如春，暮夜多雨，朝旦多云。阳景罕开，阴气恒昏，以暑以湿，为瘵为疠。"[①]蜀地因地理环境复杂多样，形成了复杂多样的气候特征。对贵州气候特征的描述，可见康熙《贵州通志》中载："黔处万山从谷中，地窳而气诊""大抵黔地气候不齐，一日之间乍寒乍暖，百里之内此燠彼凉，稍一不慎，

---

① 陈铁民，侯忠义．岑参集校注［M］．上海：上海古籍出版社，1981：450.

易生疾疹"①。同治末年，徐家榦对贵州清水江流域的气候也有描述，"地多瘴疠，夏秋为甚，雾霾沉濛，感其气者多患疟痢"②。由于山高地狭，树密林茂，烟瘴弥漫，一日之间，乍寒乍暖，稍有不慎，易生疾疹，这样的气候环境对人口繁衍生息是不利的。对云南气候的描述，清代地理学家王士性在《广志绎》中谈到滇地形地貌时说，"滇中长川有至百十余里者，纯是行龙，不甚盘结"；在描述气候特点时说"行东西大路上，不热不寒，四时有花，俱是春秋景象"。③

　　以上论述，都对西南地区的地形环境和气候特征进行了准确概括。事实上，特定的地理环境和气候条件对民间传统文化的影响是至关重要的。俗话说，"一方水土养一方人"，一方水土也孕育一方文化。可以这样说，大量的民间文化艺术创造实践既是当地老百姓长期的劳动实践中的智慧结晶，还是在特定地理环境下孕育的产物。同时，较为封闭的地理生活单元，成为民间文化的富集和留存的天然容器。西南地区傩面具正是在这样的"容器"中才得以生存延续和发展，并形成了特色鲜明的个性特征。

二、大分散、小聚居的社会经济环境

　　社会经济的繁荣能够为文化艺术的繁荣和发展提供物质条件和基础保障，因此，傩文化能在西南地区盛行上千年，成为傩文化保存最为完整的地区，形成了数量众多、类型多样、极具特色的傩面具艺术，是脱离不了当时的社会经济背景的。基于此，对西南地区的社会经济环境作简要论述，以便对西南地区傩面具的演变规律进行整体把握。

（一）巴蜀地区的社会经济环境

　　据专家考证，远在旧石器时期，今四川境内就有人类活动。④春秋战国

---

① 贵阳市方志编纂委员会办公室.道光贵阳府志校注［M］.贵阳：贵州人民出版社，2005：822.
② 林芊.明清时期贵州民族地区社会历史发展研究——以清水江为中心、历史地理的视角［M］.北京：知识产权出版社，2012：246.
③ 顾炎武.肇域志（第4册）［M］.上海：上海古籍出版社，2004：2421.
④ 朱飞.四川广记（第1卷）［M］.成都：四川出版集团天地出版社，2008：292.

时期，四川属于巴、蜀两国，并由此创造了巴蜀文化。公元前316年，秦征服巴蜀后，四川地区就成为中国历朝历代所辖地区，设立巴郡、蜀郡，而今四川西部当时为羌，为西南夷所管辖。直到北宋真宗咸平四年（1001年），将川陕路分为益州、梓州、利州、夔州四路，简称四川路，至此始有"四川"之名。① 元代设四川行省，明代置四川布政使司，所辖区域还包括今贵州遵义和云南东北部以及贵州西北部。清代为四川省，并对川滇黔省界进行调整，基本确定现在的四川省界。民国时期（1939年），今四川西部分治为西康省，1955年，西康省划归四川省。1997年，四川被分为今天的重庆直辖市和四川省，形成川渝分治。②

巴蜀地区为多民族聚居地。主体民族为汉族，其渊源结构最为复杂，是由古代多民族融合而成的汉族，侧面也反映了巴蜀地区历史变迁中移民迁移的历史。其次是彝族，彝族是四川省少数民族人数最多的民族。还有藏族和羌族，主要集中在四川甘孜藏族自治州和阿坝藏族羌族自治州。

历史记载，巴蜀地区的汉民族多数都是外省移民的后裔。自秦统一巴蜀后，为了加强对巴蜀的控制，自秦惠文王至秦始皇，"移秦民万家实之"③。巴蜀地区历史上经历了七次大移民：第一次是在秦灭蜀、巴之后，秦移民万家入蜀，有四五万人；第二次是从西晋末年开始，北方400年的战乱，导致全国性的北方人口南迁，在此期间，邻近四川的陕西、甘肃移民大量从秦岭进入四川；第三次在北宋初年，又发生了全国性的北民南迁，在这个时候，陕、甘移民入川；第四次是元末明初，以湖北省为主的南方移民入蜀；第五次是清代初期十余个省的移民入川，这次以湖北、湖南（当时行政区叫"湖广省"，还辖广西一部分）移民最多，就是而今民间传说的"湖广填四川"，这次大移民前后长达100年，移民人口达100多万；第六次是抗日战争前期到中华人民共和国成立这段时间，先是有不少人逃难入川，后又有工厂学校内迁，"大军南下"定居四川；第七次是20世纪末到21世纪初的三峡大移民，有许多人落

---

① 张承隆.天府之国四川［M］.北京：中国旅游出版社，2015：1.
② 陈季君.清代中国西南戏曲时空流变研究［M］.北京：中央民族大学出版社，2017：17.
③ 杨宽.战国史［M］.上海：上海人民出版社，2019：384.

户四川。①

巴蜀地区大规模的经济开发，是从秦汉时期开始的。②当时移民分布的地域主要集中在适于耕种的平原地区、丘陵山区以及部分河谷地带。据《史记·货殖列传》记载："巴蜀亦沃野，地饶卮、姜、丹砂、石、铜、铁、竹、木之器，南御滇、僰，僰僮，西近邛、笮，笮马、旄牛；然四塞，栈道千里，无所不通，唯褒斜绾毂其口，以所多易所鲜。"③巴蜀地区农业开发历史相当久远，早在夏商时代，成都平原及周边丘陵山地也得到发展，至西周时已为当时的富庶之地。据《汉书·地理志》记载："土地肥美，有江水沃野，山林竹木疏食果实之饶。南贾滇、僰僮，西近邛、笮马旄牛。民食鱼稻，亡凶年忧，俗不愁苦。"④

春秋战国，蜀地水利灌溉大规模修建，促进了农业的发展。自秦统一四川后，大量移民融入蜀地，使得巴蜀社会经济得到了飞跃性的发展，其中秦代蜀守李冰整理岷江水系和修建都江堰，为蜀地农业的发展带来了显而易见的效益。人们不仅"俗不愁苦"，而且"其山林泽渔，园囿瓜果，四季代熟，靡不有焉"⑤。

汉代，蜀郡工管就已大量生产中耕农具铁锄，有的器型上还铸有"蜀郡成都"字样。⑥铁制农具的使用，说明巴蜀地区的农耕技术已达到较高水平，促进了巴蜀社会经济文化的迅速发展。南北朝至隋唐，四川的经济、文化更有长足的发展，中唐有"扬一益二"的说法，此时的成都已与最繁华的扬州不相上下。⑦至此，巴蜀地区在中央王朝统治下，社会稳定，经济发达，文化繁荣。隋唐五代时期，以成都为中心形成了我国西南地区的文化中心，社会稳定、经济发展带来了文化艺术的繁荣。表现在：隋唐宫廷乐舞的传唱传

① 潭元亨.客家文化史（上）[M].广州：华南理工大学出版社，2009：290.
② 尹建东.汉唐时期西南地区的豪族大姓与地方社会[M].昆明：云南大学出版社，2013：194.
③ 司马迁，杨燕起.史记[M].长沙：岳麓书社，2019：296.
④ 贾大泉，陈世松.四川通史·卷一·先秦[M].成都：四川人民出版社，2010：191.
⑤ 常璩.华阳国志[M].济南：齐鲁书社，2010：26.
⑥ 陈世松，《四川简史》编写组.四川简史[M].成都：四川省社会科学院，1986：45.
⑦ 王春淑.四川旅游汉语言文学[M].成都：成都时代出版社，2004：166.

承、民族民间乐舞的交流传播、民间傩戏傩舞和说唱艺术的兴起，以及宗教艺术的传播和多民族艺术的融会等方面。

（二）云贵高原的社会经济环境

据史料记载，在云贵高原就生活着最古老的人类的祖先"元谋人"。新石器时代，云南地区就普遍使用双肩石斧种植水稻。战国时期至汉代，就存在部落政权的国家——滇国、夜郎国等。直到秦始皇统一中国后，在云贵地区设立了黔中郡、蜀郡、桂林郡。迁徙了50万中原移民到西南地区，与百越族杂居。同时，修建了"五尺道"，加强了中央政权对西南地区的统治和联系。汉武帝建元六年（前135年），修筑通往云南的驿道。西汉元光六年（前111年）开凿夜郎道。直到汉征服了滇王、夜郎以及邛、筰等部落后，设置益州郡、牂牁郡、犍为郡，加强了对云贵高原地区的管辖，对中原先进的生产技术和文化的流入发挥了重要的作用。至此，中原地区先进的生活技术传播到云南，文化也随之得到传播。

《史记·西南夷传》记载汉代滇西氐羌的生产活动时描述道："皆编发，随畜迁徙，毋常处，毋君长，地方可数千里。"[1]这一时期，游牧还是当地主要的经济方式。但这期间，云贵高原地区的金属冶炼技术也较为发达，在贵州普安青山出土的铜制器具，据鉴定为春秋战国至西汉初年间。

宋元时期，云贵高原地区同时存在宋朝、大理国。这一时期一些汉族人口流入云南。到元代，蒙古族军队进入云南，使得大量的北方人迁入。在当地积极发展畜牧业，云南成为元朝时期全国所设14处大型养马场之一。

明清时期，在元代的基础上大力推广儒学，发展交通，发展农业，使得云贵高原上的畜牧业得到了进一步发展。直至清朝在云贵地区设立云贵总督，这一时期社会动荡，人口流动加剧，大量的汉族人口不断涌入云贵地区，汉族逐步成为多数的民族，旱地耕种农业得到了较好的发展。道光年间，在贵州省与云南省的边远山区也开始大量种植农作物，发展农业经济。

民国时期，在云贵地区大量种植烤烟，烤烟成为云贵高原的经济支柱。直到中华人民共和国成立后，通过民族解放运动和民族区域自治制度，为社

---

① 司马迁. 史记汇纂 [M]. 北京：商务印书馆，2017：383.

会主义民族工作打下基础，改革开放也为云贵高原地区经济社会发展提供了强劲的动力，尤其是国家加大对西南少数民族地区的扶贫和对口支援，以及长江经济带的建设和西部大开发战略的实施，使得云贵地区的经济社会得到快速发展。

总之，历史上，西南地区的云贵高原一直处于社会经济发展的边缘地带。尽管中国迄今发现最古老的人类祖先"类人猿"在云贵高原地区，在建立第一个封建专制集权王朝前，西南地区就已经出现滇、夜郎、巴、蜀等政权。但是，历代中央王朝对西南边疆的经济发展、文化建设、人民生活状况往往重视不够，很难与主流社会保持同步发展，一直处于边缘化状态。即便有汉武帝开发西南夷，元世祖经营云南，明初派重兵屯戍云贵，清朝雍正、乾隆致力于"改土归流"等发展边疆的活动，其在很大程度上还是为了边疆的稳定和皇权的稳固。

图 3-1-2 黔北道真仡佬族村寨

资料来源：作者自摄

加之，西南地区地理环境复杂，山多地少、箐深坡陡、瘴雾弥漫、阴冷多雨，众多少数民族都困于崇山峻岭之中，没有像中原地区那样的辽阔平原，也没有北方那种一望无际的大草原。西南地区很少有大片肥沃的耕地，尤其是云贵高原大多数属于喀斯特地形地貌，千峰万壑，岩石遍布。云南的北部高山巍峨，峡谷幽深，耕地几乎都是30度以上的陡坡地。四川凉山州属于典型的低温山区，川西北羌族生活区很少有平地。所以，生产规模受限，生产技术难以发挥，生产力水平总体上十分低下，社会经济的发展在历史上长期落后于中原。

图 3-1-3 黔北务川洪渡河"九天母石"

资料来源：作者自摄

图 3-1-4 贵州黔东南达地水族村寨

资料来源：作者自摄

第二节　西南地区的傩面具文化土壤

所谓"文化土壤"，一般指的是文化产生、发展的背景。这个背景包含几个方面。首先是自然环境。任何一种文化事象都离不开自然环境的怀抱，俗话说："一方水土养一方文化"，不同的地理环境和气候条件可以为塑造不同文化特征提供其内在的物质基础，并彰显出鲜明的地域文化特征。当然，自然地理环境并非决定文化的存在，自然环境决定论是有偏颇的，因为不能解释为何在地理条件不变的情况下文化却是随着世易时移，不断发展、变迁。但是，我们应当承认地理环境和气候条件给文化创造了存在与发展的客观条件，是一种文化事象存在的物质"容器"。其次，是社会环境这个重要的因素，也就是我们说的社会性。文化与社会、经济、政治紧密相连。一方面，文化受社会、经济、政治的制约和影响。"尤其在社会转折时期，社会矛盾复杂多变，必然使反映各阶级、阶层和社会集团的不同思想文化百家争鸣，更呈现文化的复杂多样性"[1]。另一方面，文化又促进了社会、经济、政治的进步与和谐发展，不同文化之间的交流、互补、融合、共存，带来了思想观念的广泛认同、经济的交流发展、社会的价值共识。

西南地区的文化土壤是在独特的自然、历史、制度、观念等多种因素影响下逐渐形成的，具有"多元、包容、杂糅"的文化特征。首先，西南地区是我国民族分布最为多样化的地区。在56个民族中，四川省分布了52个民族，贵州分布了48个民族，云南省分布了46个民族。[2] 这充分说明该地区民族分布众多，各民族大都"聚族而居"，形成"大杂居、小聚居"的分布格局。各民族在不同的生活空间，形成了西南地区文化的多元性。其次，西南地区的巴蜀文化与云贵高原的夜郎文化、古滇文化相互交融、共存，还受到中原

---

[1] 上海市高校《马克思主义哲学基本原理》编写组.马克思主义哲学基本原理（第9版）[M].上海：上海人民出版社，2005：191.

[2] 李红梅，周英.中国西部地区对外开放战略研究[M].北京：中央民族大学出版社，2007：23.

文化、荆楚文化等多种外来文化的渗透，也使得西南地区文化具有很强的包容性。最后，西南地区在历史上有多次的移民南迁，大量移民迁入使得多种民族的土著文化集合与各种移民文化发生交流碰撞，在相互交流、激荡、整合的过程中也使得西南地区文化具有鲜明的融合杂糅特征。

西南傩面具作为一种特定文化氛围的产物，在西南地区的文化土壤里，既有原始宗教信仰遗留，还受巴蜀文化的影响、楚巫文化的浸染、移民文化的渗透。西南傩面具就是在这样的文化土壤中发生、形成、发展并传播的，形成了西南民族地区独有的文化风采和艺术风格，成为了解西南地区民族民间文化艺术的"活化石"。

一、原始宗教的遗留

西南地区地域广阔，处于西部边陲，加之山高路险，在历史上，一直被视为"荒远蛮服，烟瘴之地"。由于生存环境恶劣，在封闭的环境、频繁的自然灾害以及恶劣的气候条件下，人们往往祈求神灵，希望得到庇护，以至于巫觋泛滥，巫风盛行，逐渐形成了西南地区"信鬼神，重淫祀"的民风。从西南地区原始宗教遗留来看，主要有鬼神信仰、自然崇拜、图腾崇拜和祖先崇拜等原始信仰宗教习俗。

（一）鬼神信仰

在我国鬼神信仰传统中，人们对自然界中不可抗拒的自然力量怀有深深的恐惧，"鬼"就成了邪恶的代名词，人们将人畜的疾病、瘟疫和死亡，生平的不顺，以及自然灾害等自然界发生的各种异常现象，都统统归为各种各样的精灵鬼怪作祟为害。因此，人们为了获得健康、求得生命，为了人丁兴旺、生产顺利，就自然地产生控制这些鬼怪的想法。这种想法一旦存在就必然伴随着宗教行为的产生，人们认为通过各种法术、巫术和祭祀才能控制住鬼怪，往往幻想有比鬼更大的力量来战胜鬼怪，驱除一切鬼祟邪恶。人们依据想象塑造了各种各样无所不知、无所不能的神灵，构成了"人、鬼、神"三元世界。想要处理好人、鬼、神三界之间的关系，以求得人与大自然的和谐相处，必然通过仪式来沟通三界的关系，于是傩这种祭祀鬼神的仪式就产生了，而傩舞傩戏就是一种祭神跳鬼、驱瘟避疫的仪式。在傩的仪式中往往需要用各种面具来装扮各路神灵鬼怪,傩面具就是法师手中最重要的通灵法器,是神灵鬼魂借居的载体,是傩祭仪式中最重要的道具。傩面具的产生象征着远古时代人们的精神力量,人们认为通过面具装扮各路神灵可获得超自然的力量。《周礼·夏官》载:"方相氏掌蒙熊皮,黄金四目、玄衣朱裳、执戈扬盾,帅百隶而时傩,以索室逐疫。"[①]记录了西周时期,方相氏身披熊皮,头戴黄金面具,身穿黑衣着红裤,手拿戈、盾等法器,率领上百人,沿门举行驱鬼逐疫仪式。四川广汉三星堆出土的大量青铜礼器、面具、神树等,也证实了西南地区浓厚的鬼神信仰祭祀习俗。

在西南地区,由于封闭的自然环境和恶劣的气候,旱灾、水灾、冰雹、虫害频频发生,生活在这里的人们经常遭受自然灾害的侵袭,给当地民众带来了深重的灾难。人们期盼风调雨顺、人畜平安,往往通过祭祀以求神灵庇护。大山阻隔也导致了人们目光短浅与愚昧无知,一旦风调雨顺,人们往往认为是神灵显灵保佑的结果,便会焚香祭拜以感谢神灵的恩赐。倘若自然灾害降临或遭遇不顺,便认为是鬼怪作害,会通过祭祀求助神灵,以驱鬼除祟,确保生活太平、风调雨顺。所以,傩的仪式就成为人们生活中重要的组成部分。

此外,西南少数民族众多,多数都聚居在边远的山区,形成相对独立的生活空间,各地巫觋信仰、巫术法术也层出不穷。《元一统志·思州军民安抚司》记载,西南的播州、思州(今贵州境内)的风俗:"蛮有仡、僙、仡佬、木瑶、苗、质数种,疾病则信巫屏医,专事祭鬼,客至则击鼓以迎;山箐险恶,则芟林布种,俗谓之刀耕火种……惟夷地则椎髻披毡,俗以射猎山伐为业,信巫鬼,重淫祀。"[②]各少数民族大都聚居在偏僻的山区,医术普遍较为落后,往往是有病信巫不信医,宁愿通过巫师祈愿求平安,他们坚信神灵的庇护更有利于人的康复。这也就不难理解西南地区尤其是边远山区的人们为何对神灵和巫鬼如此崇拜和信服了。

---

① 陈戌国.周礼[M].长沙:岳麓书社,1989:85.

② 孛兰肹,等.元一统志[M].赵万里,校辑.北京:中华书局,1966:774.

（二）自然、图腾崇拜

由于西南地区特殊的地理环境和气候条件，人们对自然崇拜的现象极为普遍。层峦叠嶂、沟壑交错、瘴雾弥漫、阴冷湿气的复杂环境，往往带给远古先民一种神秘和恐惧的感觉，远古的先民将自然界的存在都归于超自然的神秘力量，他们对自然怀有深深的敬畏，从而也就产生了万物有灵和自然崇拜的观念，天地日月星辰、山川河流、山石草木等都成为崇拜的对象。

云南、贵州等地的彝族有重要的三大祭祀：祭天、祭地、祭祖宗。他们认为天有天神、地有地神，每年的十月或二月都会择期祭祀天神和地神，彝语称为"米色洛弭社洛"，意为"祭天神祭地神"[1]。彝族祭天神，一般会在寨子周边人迹罕至的山顶选一棵长势茂盛的树作为天神的象征，人们都敬畏这棵神树，并敬而远之。"敬天神"实际就是祭祀这棵神树，彝族所有家庭都有自己的神树。

在贵州地区水族的自然崇拜中，山石占据重要位置。"人们把石头封为'哥散'、'尼缪'或'菩萨'，向它祈求子嗣、钱财并免除灾祸，在水族社会的信仰观念中，恶鬼'脚钉'是个满身长着魔爪般石针的怪石，虽然也作祟，但也能为人们判定是非曲直，是自然神与社会神的混合体，水族村寨也多以坐相的人形石头作为供奉的寨神菩萨。"[2] 水族把山石当成神灵进行供奉，这是因为西南地区多是喀斯特地形地貌，山泉、溪水大都从山涧溶洞和山石缝中流出，人们将山石视为大自然对人类的恩赐，认为其为具有灵性的自然物。山石崇拜在西南地区是较为常见的一种自然崇拜形式。因石头在生活中可产生巨大的作用，可被制为生产工具或猎兽的武器。在云南的少数民族家庭中，还有供奉石神的习俗，被视为小孩的保护神予以祭奉。在贵州石柱的土家族也流传着祭供石头的习俗，如小孩体弱多病，往往会认一块巨石为"宝爷"来保佑小孩健康成长，并且每逢节日都要祭供。在西南的仡佬族、土家族、纳西族、布朗族、哈尼族、彝族、羌族等少数民族中普遍存在石崇拜这种原始自然崇拜现象。

---

① 王秀旺.彝族元文化典论［M］.北京：民族出版社，2016：298.

② 贵州省民族宗教事务委员会，贵州省科技教育领导小组办公室.贵州世居少数民族文化史［M］.贵阳：贵州民族出版社，2018：180.

图腾崇拜是对自然界各种动植物的崇拜，源于自然崇拜，将动植物或其他自然物进行人格化，成为一种抽象化的符号予以崇拜。实际是对自然崇拜的物象化、符号化和人格化。在西南地区流行众多的图腾崇拜中，各种花草树木、猛禽鸟兽、山水树木都可成为崇拜对象。其中苗族、瑶族、畲族就流传着对狗的崇拜。还如，黔北的仡佬族就以神鹰和葫芦作为崇拜对象，在民居建筑及各种物件上都可见各式各样的鹰和葫芦的图案。在云南，以虎为图腾崇拜的民族较多，彝族、白族、纳西族、傈僳族、哈尼族等都把虎作为崇拜的对象，并流传着虎为万物之源的创世说故事。云南双柏县的彝族每年定期还要祭祀"虎神""跳虎节"。祭时，毕摩或朵觋戴上虎头面具，披上虎皮，跳"虎舞"，挨家挨户去驱鬼逐疫。

西南地区自然崇拜与图腾崇拜现象多与当地山高谷深、山石险峻、树木茂密的复杂自然环境和变幻莫测的气候有关。通过对自然环境及各种动植物的想象、臆造出崇拜对象，把希望寄托在这样的超自然的神灵上，期望通过尊崇这些自然神灵来遏制各种自然灾害的发生，达到风调雨顺、人畜平安的心理愿望。

（三）祖先崇拜

祖先崇拜是继图腾崇拜、鬼神崇拜之后普遍被西南少数民族虔诚信奉的一种原始信仰，这是在万物有灵、敬天法祖思想影响下产生的祭祀崇拜现象。"祖宗崇拜是在鬼魂崇拜的基础上产生的以祖先'灵魂'为崇拜对象的一种宗教形式。"[1] 主要是对祖先的功绩加以纪念和歌颂，并凭借祖先崇拜来加强族群共同的血缘观念，以此巩固族群内部的团结、增进族群认同、增强族群凝聚力。最终目的就是通过共同祖先来确定血缘的同一来源来巩固和凝聚族群内部的共同体。

西南地区的苗族、侗族、布依族、哈尼族等都保持着共同的祖先崇拜。其中贵州黔东南的苗族祭祖仪式"牯藏节"最为隆重，仪式的主要内容就是杀牛敬祖，将牛的内脏祭供他们共同的祖先，并将牛角取回挂在堂屋，向祖先祈祷保佑平安。贵州毕节地区苗族杀牛祭祖仪式被称为"打嘎"；贵州中

---

① 陈荣富 . 宗教文化概览［M］. 北京：文化艺术出版社，1999：71.

部地区的苗族杀牛祭祖活动为"敲巴郎","巴郎"即水牯牛。尽管各地的仪式称呼不一样,但其实都是以杀牛来祭祀共同的祖先。贵州黔东南的侗族也保持着原始宗教的"萨岁"祖神崇拜传统。传说侗族历史上出现过的一位叫"婢奔"的女英雄,人们尊称其为"萨岁"或"萨玛",意为始祖母。侗族崇拜共同的"萨岁",仍保留着母系氏族形成的祖先崇拜传统;云南地区的哈尼族则供奉的是护寨神"昂玛",哈尼族人往往会在寨子附近选择一棵高耸挺立的神树作为保护寨子的神灵,"昂玛突"意为"祭祀寨神林"。哈尼族将"昂玛"神视为始祖,成为哈尼族共同信仰的祖先神。祭"昂玛"神,实际是糅合了祖先崇拜和树神崇拜的祭祀活动。云南的拉祜族也保存着祖先崇拜的习俗,将祖先尊奉为家神,每家每户均设有祭祀家神的神位,称为"页尼",逢年过节或重大活动都要向"页尼"祭祀,如遇家人生病也向"页尼"磕头祈祷,祈求家神保佑。

云贵地区布依族的祖先崇拜也源于灵魂不灭的观念。布依族对祖先灵魂的信仰十分虔诚,他们认为,祖先开荒垦地,修路搭桥,有功于子孙后代,为布依族开创了基业,故希望通过祭祖仪式祈求祖先的灵魂保佑整个族群的兴旺发达。云南布依族"二月二"的祭祖活动共三天,在专设供祭祖的"老人房"进行。"老人房"放有牌位、香位,挂有皮鼓或铜鼓,平时不许人进出,有的还有专人值守。祭时敲响皮鼓,众人聚拢商议祭祀事宜,当天晚上是各家祭祖,然后各家各户把祭祀的供品集中到"老人房",祭后,全寨人聚餐,热闹非凡,但外寨人不得进入。

贵州的仡佬族在家里堂屋都设有神龛,中供"天地君亲师位"的牌位,左右两边分左昭右穆的宗法辈分秩序。在仡佬族所有祭祀仪式中,都离不开祭祖。云南文山仡佬族会特意为祖先设立单独的神龛,称为"家仙",并进行供奉。

"祖先崇拜是中国宗教信仰的基石。"[1]在西南地区,几乎每个家庭都在正房上方都摆放祖先牌位,凡岁寒节庆、生老病死、红白喜事都要祭祀祖先,祈求祖先护佑家庭兴旺,免受鬼祟侵扰。可以说,祖先崇拜是西南地区各民

---

① 许烺光.美国人与中国人[M].杭州:浙江人民出版社,2017:218.

族普遍存在的原始宗教信仰现象，他们相信万物有灵，相信祖先灵魂不灭，并将其作为信仰和崇拜对象进行祭祀和膜拜。

总之，历史上，西南地区信仰复杂，既有原始民间信仰，又有各种原始宗教的不断介入。自然崇拜、鬼神崇拜、图腾崇拜、祖先崇拜等原始宗教信仰形式几乎在所有少数民族中都普遍存在。比如，苗族、瑶族地区盛行自然崇拜和祖先崇拜。壮族则从自然崇拜发展到祖先崇拜和多神信仰。侗族的原始宗教信仰包含自然崇拜、祖先崇拜和鬼神崇拜，但祖先崇拜占据更重要的地位，几乎家家都有祖先牌位，而且大多供奉女神，是侗族同胞共同的老祖婆，如"萨祥""雷婆"等。概括地讲，西南地区各少数民族普遍存在原始宗教信仰习俗，并且多种信仰形式都仍有保留。这些民间宗教信仰在漫长的历史时期不断渗透、融合，逐渐形成了西南地区独具特色的宗教信仰文化。

综上所述，西南地区的"万物有灵、万物崇拜"的原始宗教信仰观念和民风习俗在西南的各少数民族地区都有广泛影响。长期生活在这里的人们受此风浸染，巫鬼祀神之风长期盛行，历久不衰。作为民俗事象的傩，是指人们希望借助傩的神秘力量以达到族群平安、宗族繁衍、驱灾辟邪，使得西南地区的傩祭、傩舞、傩戏等活动伴随原始宗教信仰习俗得到不断传播、发展，并经久不衰。在傩的活动中，表演者装扮各种服饰和面具，模仿和扮演各类神灵鬼怪，假借神灵之法力，以驱鬼逐疫，祈福求愿。傩面具随着傩祭、傩仪的出现而诞生，通过面具进入宗教意识领域，成为"通灵"的媒介、神灵的载体。在巫祭之风盛行的西南地区，人们将各种自然物视为有生命、意志和超自然力的对象加以崇拜，通过模仿各种自然物并加以想象来制作面具，或者在面具上雕刻、绘制自然图案符号，并在各种祭祀中使用。这种原始的自然崇拜、图腾崇拜和鬼神信仰的巫风习俗，作为西南地区傩面具的艺术本源，伴随着傩面具的发展而不断产生影响。也就是说，傩面具作为多元宗教、多种民俗、多种艺术的复合文化载体，一直深受西南地区原始宗教信仰遗留的影响。

二、巴蜀文化的影响

巴蜀文化源远流长，在中国上古三大文化体系中占有重要位置，与三晋文化、齐鲁文化等地域文化构成辉煌灿烂的中华文明。古时的巴蜀地区主要指四川盆地、重庆及周边的部分地区。巴主要是以重庆为中心，覆盖到湖北西部、四川东部、贵州北部等广大地区。蜀是四川盆地西部，以成都为中心，包含川西、陕南、滇北一带。巴蜀文化主要指以重庆、四川为中心的地域文化。战国之后，巴、蜀交融，逐渐汇聚融合形成巴蜀文化，至今已有5000多年的发展历史，一直深刻地影响着南方广大地区。

古时巴蜀地区交通不便，基本处于封闭状态。巴蜀地区四周皆被高山和高原所环抱，东部是地势较低的四川盆地，西部则为险峻的川西高原。封闭的地理环境和独特的地形特征给巴蜀的农业文明带来很大的影响。但是，高原和山地之间有若干的河谷成为巴蜀对外的交通走廊，成为西南丝绸之路的出发点和主经之地，为巴蜀地区与西南各地和南亚各国保持交往提供了通道，与西南各地和南亚各国保持密切的交往，使得巴蜀文化冲破地理环境的限制，辐射并影响到西南广大地区和南亚诸国，并在长江流域文化中占具有重要的地位。

巴蜀文化因受特殊地理环境的影响，具备兼容并收、包容开放的特性。除了与中原文化、湘楚文化相互渗透以外，还自北向南流入滇黔地区，并辐射整个西南地区，甚至远及东南亚大陆地区，对西南地区的文化产生深刻而久远的影响。

巴蜀地区自古以来就是多民族聚居之地，在古蜀就有蚕丛氏、柏灌氏、开明氏、杜宇氏等主体氏族。历史上有多次大规模移民：战国时就有大量的移民入川；秦灭巴蜀后，"移秦民百万家以实之"；汉唐以后，移民活动更为频繁，直到清初"湖广填四川"。大量的移民对巴蜀本土文化产生了巨大的影响。如今的四川重庆既有古代多民族融合而成的汉族，同时还有彝、藏、羌、回、苗、土家、蒙古、傈僳等众多的少数民族在这里繁衍生息。另外，巴蜀文化除了与中原文化、荆楚文化相互渗透以外，亦辐射至夜郎文化、古滇文化及其他族群文化，充分说明了巴蜀文化具有较强的渗透兼容性。

巴蜀文化向外辐射主要体现在古巴蜀先民向外开拓的多条通道。巴蜀文化孕育于四川盆地,受特殊地理环境的限制,但巴蜀文化并不是封闭、自我循环的文化,必然要冲破群山的封锁,主动与外界开展广泛的交流。古巴蜀先民开拓了多条通道,史上称为"蜀身毒道"[①],又叫"南方陆上丝绸之路"。南方陆上丝绸之路就是巴蜀文化向外传播和辐射的重要通道,由成都向南有东、中、西三条主通道,东线为"零关道",中线是"永昌道",西线是"牂牁道"(又称为"夜郎道")。通过向外的通道,各民族各地区的文化在这里交流、交汇、交织、交融,反映出了巴蜀文化对丝绸之路沿途中滇黔文化的辐射、交流、汇融的关系,这也说明了巴蜀文化包容开放的特征。

巴蜀文化对西南地区影响至深。一方面,巴蜀文化孕育于四川盆地,独特的地理优势有利于四周的人员、经济、物资和文化沿河谷向盆地中心汇聚,使得四川盆地成为西南地区最大的经济文化中心,成为长江上游的古代文明中心。其中以三星堆青铜文化为代表的古巴蜀文明,表明可以与中原殷商文明相媲美的高度发达的奴隶制文明形态。[②] 它作为西南地区的"文化高地"辐射并深刻地影响着西南地区的文化发展。另一方面,南方陆上丝绸之路为古巴蜀文化向滇黔传播并辐射整个西南地区提供了重要通道。丝绸之路向南有三条主线:西线经今四川双流、邛崃、雅安至云南大姚,西折至云南大理,被称为"零关道"。中线经今四川乐山、宜宾,沿五尺道经云南邵通、曲靖,西折经昆明抵达大理。两条线在大理汇合后,继续西行,过澜沧江,出腾冲,至缅甸,被称为"永昌道"。东线经四川进入贵州,经广西、广东至南海,被称为"牂牁道"或"夜郎道"。可以看出,南方陆上丝绸之路不仅带动了经济的繁荣和发展,还给文化的交流和辐射创造了条件,对西南周边地区及东南亚地区的文化影响巨大,尤其是对西南地区的影响尤为明显。

巴蜀文化对西南傩面具的影响极大。不仅在于其悠久深厚的文化内涵和鲜明的文化特质,还可以追溯到三星堆青铜面具文化。三星堆出土的青铜面具中,既有眼球外凸的纵目人面具、龇牙咧嘴的兽面具,还有青铜人头像等

---

① 王文光,朱映占,赵永忠.中国西南民族通史 [M].昆明:云南大学出版社,2015: 161.

② 段渝,范小平.三星堆与南方丝绸之路 [M].成都:四川科学技术出版社,2016: 158.

面具,这些青铜面具不仅被用于祭祀图腾、祭祀祖先,还被用于驱鬼逐疫的傩祭傩舞,属于早期傩文化的面具系列。三星堆青铜面具对后来的川剧脸谱、阳戏面具、傩戏面具都有很大影响。

三、楚巫文化的浸染

楚巫文化历史悠久,源远流长。楚人信巫觋,重淫祀,据《列子·说符》记载:"楚人鬼、越人礼。"[①]不仅民间信巫好祀,皇室也经常举行盛大祭祀典礼。据《汉书·郊祀志》记载:"楚怀王隆祭祀,事鬼神,欲以获福助,却秦师,而兵挫地削,身辱国危。"[②]《汉书·地理志》就有楚人"信巫鬼,重淫祀"的记载,记载楚人信鬼尚巫的文献较多。对楚地巫傩仪式的记载,可见《荆楚岁时记》:"村人并击细腰鼓,戴胡头作金刚力士,以逐疫。"[③]这对巫师行傩时戴面具扮作金刚力士进行了详细的描述。对楚人信巫鬼不信医的记叙有《宋书·刘清之传》载,南北朝时期,"鄂俗计利尚鬼,病者不药而听信于巫";《楚书》也载:施州保靖、永顺之俗,"疾病则击铜鼓沙锣以祀鬼神";《崇阳县志·序》也称:当地"病者事师巫不重药饵"。[④]从文献记载来看,自汉代以降,楚地先民信巫不信医,凡疾病多延请巫师作法,而不请医,治病不用药。直到近代,楚地之湖北的方志仍有记载信鬼崇巫的习俗。

南方的楚巫文化不仅弥漫着浓厚的神话色彩,还孕育了浪漫惊艳的想象和清秀诡奇、褥丽的巫音乐舞。《尚书·伊训》记载:"敢有恒舞于宫,酣歌于室,时谓巫风"[⑤],记述了殷商时期举行巫祭祝歌舞表演的生动场面。在《楚辞·九歌》中,王逸解释道:"昔楚国南郢之邑,沅、湘之间,其俗信鬼而好祠,其祠必作歌乐鼓舞以乐诸神。"[⑥]这也说明了楚人好祭祀,祭祀必以乐歌乐舞来取悦神灵,用舞蹈祛除鬼魅。因此,信巫鬼、重淫祀、轻医药、重巫卜占术是楚巫文化的主要特征。

---

① 列御寇. 列子 [M]. 上海:上海古籍出版社,1989:56.

② 班固,赵一生. 汉书 [M]. 杭州:浙江古籍出版社,2000:445.

③ 宗檩,姜彦稚. 荆楚岁时记 [M]. 长沙:岳麓书社.1986:53.

④ 宋公文,张君. 楚国风俗志 [M]. 武汉:湖北教育出版社,1995:383.

⑤ 陈戍国. 尚书 [M]. 长沙:岳麓书社,2019:42.

⑥ 余琳.《诗经》《楚辞》与礼俗 [M]. 广州:暨南大学出版社,2017:57.

西南地区长期受楚巫文化的浸染和影响，尤其是对西南少数民族地区的影响极深，主要表现在以下方面：

首先，是巫鬼与淫祀。巫鬼之风对西南地区影响较大，尤其是在西南边远的少数民族地区更为盛行。如在苗族生活中有各种各样的祭祀活动，比如祭山神、祭祖先、祭亡灵等，称为"做鬼事"，主持祭祀的法师，称为"鬼师"。据清人严如煜《苗防备览·风俗上》记载："苗中以做鬼事为重事，或一年三年一次，费至百金或数十金，贫无力者，卖产质衣为之。"[①]清人吴有兰在《楚岗志略》也有描述，苗族人有"做鬼"之俗，"苗性畏鬼"。从文献中可知，古代苗族人相信人世间的祸福全由鬼控制，所以，畏鬼特甚，尤其注重"做鬼"之事。

其次，是重巫轻医。楚地信鬼轻药的巫风习俗对西南地区产生极大的影响，至今在边远的少数民族地区仍有遗存。据文献记载，古时的苗族重欢悦、轻生死，逢病则重巫轻医。刘介在《苗荒小纪》序引中描述："苗人崇信神巫，尤甚于古。婚丧建造，悉以巫言决之，甚至疾病损伤，不以药治，而卜之于巫，以决休咎。"[②]信巫不信医的习俗在西南少数民族地区均有，只是在古代苗族聚居区中尤甚，他们凡遇疾病一切听鬼师决断，不信医、不吃药，后来逐渐演变为"神药两解"，既信鬼神也用药治病。

最后，是占卜断吉凶。卜筮迷信在西南少数民族地区仍很盛行。如木瑶人在传统节庆和婚事上都会用鸡骨来占卜，称为"鸡挂"。在各种祭祀仪式的最后，木瑶人都要用"鸡挂"来断吉凶，看一年的收成好坏。哈尼族除了鸡卜，还有草卜、猪肝卜、米卜、蛋卜等多种占卜形式。其中鸡卜和草卜尤其盛行。哈尼族人认为，人们未知的事物，"骨知草知，鬼知神知"[③]。哈尼族人凡事都要占卜，不管是出门经商，还是上山打猎，都要用鸡卜预测一下，判定吉凶。占卜在苗族地区也盛行，凡出行无论远近，都要用草卜来确定是行或止。如今，木挂、竹挂仍时兴，为了预告吉凶，除了打茅草挂，往往还以抛木挂和竹挂来决断，用竹木挂的阳、阴、顺来断吉凶祸福。卜筮之风之所

① 杨庭硕. 苗防备览 风俗考 研究 [M]. 贵阳：贵州人民出版社，2010：142.

② 刘介. 苗荒小纪 [M]. 上海：商务印书馆，1935：13.

③ 王进. 中国西南少数民族图腾研究 [M]. 上海：上海三联书店，2016：339.

以在西南地区盛行，很大原因是荆楚巫风对西南地区的渗透和影响。

总之，西南地区受楚巫文化的浸染，在边远的少数民族地区中尤甚。在云南的彝族毕摩，就是专事驱鬼逐疫的巫师。在毕摩驱鬼送神的祭祀中，杂糅了楚地巫觋中的"跳神"傩舞等文化因素，这与楚俗的"每淫祀鼓舞，必歌俚辞"，用歌舞取悦鬼神的习俗极为相似，说明了楚巫文化对滇地彝族文化的交融和浸染。楚人信鬼不信医的习俗对土家族、苗族聚居区的信仰习俗也产生了影响，其流行的祈祷鬼神、咒语祛疾、画符神水等一套巫术治疗方法，与楚巫的"信鬼不信医"是一脉相通的。

楚巫文化种种的巫风遗俗在西南地区渗透杂糅，深深地影响着西南地区的傩祭、傩舞、傩戏等巫傩活动，伴随跳傩行傩的巫祭之风得以流传。神秘浪漫的楚巫文化通过最直观最形象的傩面具得以精彩展现，并以不同方式在西南土地上演变和发展。

四、移民文化的渗透

秦汉前，西南地区基本上处于闭关自守、各自发展的状态，虽然有僰人被迫游迁到滇中[①]，带来了原住地的部分文化，但毕竟还属于极少数。中原文化对西南地区的影响应该肇始于秦。公元前310年，秦灭蜀后，以蜀为中心，开始经营西南夷，在川滇交界的僰道地区开拓通往西南夷的"五尺道"。此道路的修通对中原文化在西南夷的广泛交流和沟通起到了十分重要的作用。自秦代开始就迁徙人口充实西南地区。据《华阳国志·蜀志》载："临邛县，郡西南二百里，本有邛民，秦始帛（迁徙）上郡（民）实之。"[②]移民从僰道进入西南滇地和牂牁地带，农耕技术和汉移民文化的流入，促进了西南夷的经济文化的发展。

汉晋至唐宋时期，据记载有三次移民潮：历史上称为"永嘉南迁"，以及安史之乱和靖康之乱的汉人南迁。但这时期主要集中在蜀汉一带，进入云、贵地区的移民虽有但还不具规模。史上两个阶段的大规模移民，主要是在元代以后。一次是发生在元、明间的强制性移民。中央王朝通过军事方式

① 李晓明.古国旧邦［M］.武汉：长江出版社，2019：2.

② 常璩.华阳国志［M］.济南：齐鲁书社，2010：35.

向西南边疆地区移民垦地屯守戍边，一大批中原地区的军队士卒及家属留守西南边疆地区，这一时期主要得于明朝的屯边政策，直接导致不少于20万军队移民西南，再加上随军家属的人口，数量远远超过这个数字。还有逃避赋税者或经商者以及仕宦的迁徙。大量的移民来到西南，带来迥然不同的生活习俗和生活方式。另一次是清代的自发性移民，但这次的移民规模和数量都远远超过了前代。这一时期主要归功于清朝对西南边疆地区实行的"改土归流"政策。据《圣武记》载："欲安民，必先制夷；欲制夷，必改流，而苗疆多与邻省犬牙错交，必归并事权，始可一劳永逸。"①在西南地区实行"改土归流"以保证中央政策的贯彻执行，对移民采取了更加明显的鼓励政策，在客观上也有利于大量移民的迁入。随着大量移民进入西南，必然会带来一方文化。不同地域的移民承载着不同的文化，一个地域的移民来源越多，整个地区的移民文化就越丰富，多种文化在这里相互冲击、碰撞，并发生渗透和融合，形成兼收并蓄、包容开放的移民文化。

移民与西南各少数民族共同生活，将中原文化习俗带入西南地区，对少数民族地区的社会经济形态、生产生活方式、文化观念和风俗习惯都产生了巨大的影响。《酉阳州志·风俗总论》就有记载："风俗与化移易，酉阳旧杂蛮戎，家自为俗，然自改土以来，沐浴四十年之教，农安稼穑，士习诗书，风气断断乎一变。"②

中原傩文化随着移民引入西南地区，与当地的原始宗教信仰杂糅渗透，形成了用于战争征伐的"跳神"地戏，还有用于农事祈祀避灾的傩祭傩戏，以及用于民事驱鬼逐疫的傩愿戏、傩堂戏。既有以征战武事为内容，反映战争题材，具有中原军傩性质的安顺地戏，也有富含戏剧因子，集宗教、文化、艺术为一体的地方阳戏，还有杂糅了儒、释、道三教合流的民间冲傩还愿戏，等等。

西南地区巴蜀文化源远流长，民风崇巫觋重淫祀，信仰原始宗教，受中原移民文化、荆楚巫鬼文化的影响，成为傩文化生存和发展的肥沃土壤，为傩文化的发生、发展提供了充足的营养，使得西南地区成为傩文化遗存最为

---

① 魏源．圣武记（卷7）［M］．北京：中华书局，1984：2.

② 邵陆．酉阳州志·风俗总论［M］．成都：巴蜀书社，2010：26.

丰富、保存最为完整的地区。同时，也深刻地影响了西南地区傩面具的发生、发展和演变。

本章总结

西南地区群山密布、交通不便，地理环境相对封闭，且大部分少数民族世居高原山地及偏远山区，各少数民族之间交往受限，多在限定的几个村寨之间走动，形成了"十里不同风，百里不同俗"的多个生活小单元。正如明朝的钱古训在《百夷传》里所说："里路险远，山川阻修，风殊俗异，此乃天造地设也。"[①] 地理环境影响着一个地区的经济和文化，文化是在一定的地理环境和历史条件下形成和发展的。自然环境必然会对一个地区的文化产生重要影响，这无须赘述。西南地区复杂的山地环境和封闭的地理格局导致西南地区文化具有多元性、封闭性的典型特征。所谓多元性，是因多种文化在西南地区冲击、渗透、交杂、融合，形成多元共生的文化特征。具体而言，一是巴蜀文化与夜郎文化、古滇文化的交融共生。二是楚巫文化在西南地区的浸染。三是历史上移民文化对西南文化的渗透。所谓封闭性，是指在西南地区历史上长期存在的原始宗教遗俗，以及各少数民族之间相异的风俗信仰在各自相对独立的生活单元空间里生存、发展和演变，形成了"风俗十里相异，文化百里不同"的"文化孤岛"现象。但是，正因为西南这个巨大的文化容器具有较强的包容性、渗透性、适应性，才使得这种"文化千岛"景观构成了西南文化多元共生、杂糅共融的文化特性。

独特的地理环境、多元的文化习俗孕育了西南地区独具特色的傩仪、傩戏和傩面具。其中，傩面具可以说是西南地区物质文化和精神文化相结合的产物，是民族民俗文化和宗教艺术的综合载体。西南傩面具艺术就是在西南地区丰沃的文化土壤滋养下，在独特的生存环境养育下，不断生发衍化、发展创造，形成了特色鲜明、内涵丰富的西南傩面具艺术形态。

---

① 钱古训，江应樑.百夷传校注［M］.昆明：云南人民出版社，1980：128.

第四章　形成与演变

　　傩面具是发轫于上古时期，源于远古祭祀活动，跨越不同时代的传统文化事象，以顽强的生命力流传了几千年，其文化内涵丰富、表现形式多样、体系庞杂。特别是在西南民族地区，受到各民族信仰习俗的影响，呈现出多元化、多层次、综合性的文化艺术特征。通过梳理西南地区傩面具的形成和发展流脉，准确地把握傩面具在西南民族地区的互动关系，从谱系视角对傩面具的历时演变关系和共时形态关系进行审视和考量，以此揭示出中华民族文化多元一体和共生共融的关系。

第一节　西南地区傩面具的发生与形成

　　面具源自上古时期，产生于狩猎或祭祀活动，人类用面具把自己装扮成各种奇禽怪兽或妖魔鬼神，以表示对自然力的崇拜或在想象中对自然力的征服。随着傩祭活动的兴起，戴上面具驱魔除邪显得更加神秘可畏。据《周礼·夏官》记载："方相氏掌蒙熊皮，黄金四目，玄衣朱裳，执戈扬盾，帅百隶而时傩，以索室逐疫。"[①]面具就成为傩祭活动中最为重要的象征，戴上面具就是神，是人类沟通神灵的重要工具，被赋予了神秘的宗教、民俗含义。

　　傩面具源于原始宗教的傩文化活动，是一种跨越不同时代的传统文化现象，但傩面具毕竟不是傩的全部，只是一种傩祭活动沟通神灵的重要载体。要确切理解傩面具发生与形成，就得从文化发展的角度来观察傩文化的整体

---

① 杨天宇. 周礼译注 [M]. 上海：上海古籍出版社，2016：599.

活动。正如张紫晨先生所说："任何文化现象，割断其发展源流，都是不可理解的。"[①] 傩文化滥觞于史前，以顽强的生命力流传了几千年，其文化内涵丰富、表现形式多样、体系庞杂，它融合了宗教、民俗、历史、语言、民族、艺术等学科的文化信息，具有丰富的文化沉积，是诸多文化因子的复合体。傩面具在傩文化中占据着重要的地位，是"傩文化宗教意识化的凝聚物"，从傩面具的发生及其蕴藏的文化内涵中去探寻和把握内在规律，是理解傩文化的发生与形成，钩沉稽古、发微抉隐，发掘傩文化的价值所在。

中国西南地区的云贵高原是中国古人类的发祥地和中国古文化的发源地之一，又是迄今傩文化遗存最为丰富、最为完整的地区。这里古为"南荒蛮夷之地"，长期生产力落后，人烟稀少，地势险峻，交通不便，社会环境封闭，加上少数民族众多，具备特有的文化个性，民风崇巫觋，信仰原始宗教，历史上还受中原文化的渗透，荆楚、巴蜀文化的影响，这些都为傩面具艺术的滋生、生存和发展提供了肥沃的土壤。

一、西南地区傩面具的发生

（一）众说纷纭的面具"起源说"

面具作为一种世界性的古老的文化现象，并非源于巫术，也不是首先用于祭祀。然而，对于面具的滥觞、形成和发展，学界存在很多观点，出现了百家争鸣的局面。

当前，学界普遍比较认可的是，曲六乙和钱茀在《东方傩文化概论》对面具的起源归结为五种说法：一是源于狩猎。从考古学家在洞穴壁画发现的面具进行推测，认为与狩猎有关。二是源于图腾崇拜。据史料记载先民们在祭祀活动中将图腾面具戴在面部，认为是祈求图腾神灵的保护。三是源于原始战争。人们迷信交战双方只要戴上不同的图腾面具，图腾神灵就会赋予他们神奇的威力以战胜对手。四是对头颅和面皮的崇拜。原始先民认为灵魂在头部，戴上头颅或面皮，象征灵魂。五是源于古代驱傩。这是王国维先生的

---

① 张紫晨. 中国傩文化的流布与变异 [J]. 北京师范大学学报（社会科学版），1991（2）：19.

观点，他认为假面源于《周礼·夏官》中所说的"方相氏掌蒙熊皮，黄金四目，玄衣朱裳，执戈扬盾，帅百隶而时傩，以索室逐疫"。除了上述五种说法以外，还提到古埃及法老死后墓葬时面部覆以金面具，以防御魔鬼的侵扰等。①虽然这些说法都有一定的历史依据，但面具的起源并不能以孤立单一的现象来判断。几种说法之间大都有某种联系，都是借助面具的威力来捕杀猎物、驱鬼逐疫、战胜敌人、消除灾难，祈求获得生存的权利和安宁的生活。

笔者认为，从面具发轫的时间来看，始于原始社会上古时期的观点，是得到学界普遍认同的。陶思炎先生在《苏南傩面具略论》中就谈道："面具文化发轫于原始社会阶段，从陶面具、玉面具到青铜面具，早期的面具作为崇拜与祭祈的对象虽不一定作佩戴之用，但'假面'之制却已由此形成，并成为后世傩面具的先型。"②面具发轫于原始社会阶段，而非商周。但是，如果认可王国维先生将方相氏视为"面具之始"的说法，就会将面具起源于史前社会向后推迟到奴隶社会。因此，"面具起源于古代驱傩"的说法是值得商榷的。

在学界，还有两种比较权威的观点。③ 一种观点认为与图腾有关。 面具作为原始宗教信仰观念和巫术意识的物化手段，起源于巫术信仰和图腾崇拜。岑家梧先生在《图腾艺术史》中认为："图腾民族复由于实际经济生活之反映，成员与图腾间，发生了不可分离的信仰。成员藉赖图腾保护之热望之切，基此心理状态之要求，遂产生动物塑像的造型艺术。"④ 他将原始民族所用的假面分为十一类，其中狩猎假面、战争假面、祭祀假面涵盖了狩猎、战争、驱傩等活动用途。另一种观点认为与头颅崇拜有关。关于面具与头颅崇拜有关的说法，王胜华在《戏剧的发生与本质》中谈道，"神明的特征主要表现为其头颅的特征，因此而有'方相氏黄金四目''舜有重瞳''黄帝四面''尧眉八彩'一类的说法。当一个凡人戴上神灵的面具时，他就被认为已获取了神灵的力量"⑤。假面艺术起源于头颅崇拜，认为头颅具有和神灵同等的性质，是灵

① 曲六乙，钱茀.东方傩文化概论［M］.太原：山西教育出版社，2006：126.
② 陶思炎.苏南傩面具略论［J］.地方文化研究，2014（2）：1-12.
③ 李路阳，吴浩.广西傩文化探幽［M］.南宁：广西人民出版社，1993：210.
④ 岑家梧.图腾艺术史［M］.上海：学林出版社，1996：51.
⑤ 王胜华.戏剧形态研究［M］.北京：中国文联出版社，2001：328.

魂和生命的象征。叶明生在《中国傀儡戏史》中有过论述："魁头所以存亡者之魂气也"，魁头就是戴着驱鬼的面具，是由驱鬼逐疫的傩仪面具向傀儡转化的衍化物（见图4-1-1）。[1]

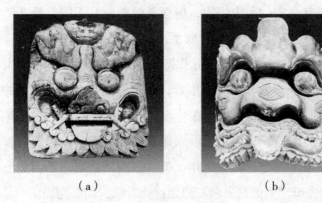

（a）　　　　　　　　　　（b）

图4-1-1 魁头，搜集于贵州省黔东南州岑巩县平庄乡

资料来源：作者自摄

在民间，关于傩面具的起源也流传许多传说。相传，古时候，从岐山飞来了一副能够显灵的傩面具，当地百姓因这副面具能够保佑一方平安，建造傩神庙供奉。也有传说古时候有三位大将军，在杀尽邪鬼后升天，万民惧怕邪鬼再来，跪求三位将军留下。将军们立于半空，抛下牛角号说："请杨吴祖师雕刻我们三个人像，一旦有什么事情，吹三声仙号，我们三人会立刻降临。"但当时他们在雾中，只能看见三人头面，所以杨吴祖师仅仅刻出三面像。[2]这些民间传说徒然为傩面具的起源增加神秘感，反映了民众对傩面具的敬畏和崇敬，是民间乡土文化的传承，其实傩面具的起源和生发与这些神话并没有多大关系。

那么，不管傩面具起源于"狩猎说""图腾说""头颅崇拜"，还是民间神话故事，其实质是史前原始先民为了繁衍生息，在长期的自然活动中创造并产生的。不管出于狩猎的目的，还是祈求神灵庇护的祭祀活动，最终都出于在当时的生存困境的压力下，本着对神灵鬼怪的敬畏和大自然的崇拜，寄希望于获得超自然力，祈求得到神灵鬼怪的帮助和庇护，在对大自然的长期观

---

① 叶明生.中国傀儡戏史［M］.中国戏剧出版社，2017：77.

② 神秘中国创作组.国宝拾趣［M］.长春：吉林文史出版社，2008：70.

察和模仿的基础上，加上主观化的想象，模仿性地制作了各种妖魔鬼怪和动物面具而戴在脸上，最初主要还是为了保护自己，希望在冥冥中获得神灵力量，战胜困难。

（二）西南民族地区傩面具的源起

中国南方的少数民族地区是最早有人类居住的地区。据考古发现，在西南地区的很多地方都留有旧石器和新石器时代的文化遗址，这些文化遗址的存在，都有力证明了西南地区从旧石器到新石器时代就有人类最早的祖先"猿人"的生活遗迹，也充分说明了西南地区是中国最早有人类居住的地方。这在尤中的《中国西南民族地区沿革史》中就有论述，他认为，"西南各地众多的旧石器时代遗址的存在，强有力地证明了从旧石器时代初期至晚期，西南各地就有人类在这里进行劳动和生息"[1]。大量原始文化遗址被发现，大量出土文物证实，可以肯定的是，西南地区是最早有人类居住生活的地区，在这里生养繁衍的原始人，创造了丰富多彩的史前文化，为后世留下了丰厚的文化遗存。

在旧石器时期，人类过着采集和狩猎的生活，生活在西南地区的先民为了狩猎的成功，穿兽皮戴兽头，伪装成动物，以便接近猎物，发动袭击。据考古发现，云南沧源原始岩画，人物头部插戴长尾羽毛，或头戴兽角、兽牙，手持剑或盾，模拟狩猎、采集和娱神等场景，翩翩起舞。[2]据科学考证，沧源岩画产生于新石器时代晚期，画面从不同层面描绘了原始人类生产、生活的各种场面。[3]由于头戴假面在狩猎活动中更容易猎取到猎物，逐渐人们就对面具产生崇敬和敬畏感，就将假面狩猎活动与驱逐法术结合起来，在狩猎前举行狩猎祷祝祭祀仪式，人们模仿动物穿兽皮、戴兽头，进行追逐猎物或战胜野兽的唱跳表演，以祈愿狩猎成功。

随后，新石器时代的农耕和畜牧生活方式出现，人们的生产劳作常常受制于大自然，诸如风雨雷电、水旱等自然灾害，如果丰收了就要举行仪式酬

---

① 尤中.中国西南民族地区沿革史——先秦至汉晋时期［M］.北京：民族出版社，2005：6.

② 刘振华，赵翼凤.从狩猎巫术和图腾崇拜看面具起源中的戏剧质素［J］.戏剧文学，2019（1）：119-125.

③ 王晓亮.异域风情［M］.北京：中国戏剧出版社，2007：142.

谢大自然的恩惠，抑或是举行仪式祈求自然神灵的庇护。因此，鬼神崇拜、自然崇拜、巫术崇拜也就萌芽并逐渐流行开来，这种早期原始人类与自然界顽强搏斗的积极乐观精神，就逐渐演变为巫术祭祀的乐观表达。"原始的法术与后来产生的原始巫术相结合，成为装扮熊图腾神的驱逐手段，这就是周代傩礼的模式。"① 所以，就有傩"滥觞于史前，盛行于商周"的说法。据《周礼·夏官》记载，周代驱傩方相氏，身披熊皮，头戴熊头，装扮为黄金四目，执盾挥戈，借助熊的力量达到驱鬼逐疫的目的。

在西南地区，历史上的汉晋时期牂牁郡（今贵州的南部及周边等地区），"郡上值天井，故多雨潦。俗好鬼巫，多禁忌。畲山为田，无蚕桑"。南广郡（今云南昭通、楚雄及周边地区）"土地无稻田蚕桑，多蛇蛭虎狼。俗妖巫，惑禁忌，多神祠"②。这些文字记载都说明了，西南地区山高水险，山川阻隔，人们散居溪谷，土地无稻田，受蛇鼠豺狼虎豹侵扰，生活多艰辛。正是西南地区这种山高水险、密林阴森、沟壑险峻、常年云雾弥漫、阴冷潮湿的环境，为巫觋逐疫的萌芽和兴起创造了天然的条件。由于人类对大自然现象无法理解和预测，以至于怀着深深的疑惑感或敬畏感，显然，这种地理环境和原始宗教文化为巫术傩祭的发生及流行创造了必备的条件，在西南地区这种逐疫驱鬼、巫觋盛行的原始信仰就为傩祭之风的兴起和发展提供了肥沃的土壤。

如前所述，巫傩面具是傩祭活动中必不可少的道具，既是神灵的象征，又是鬼怪的特指，是神灵鬼怪的形象化和具体化，还是人们自然神灵观念的产物，是在巫觋祭祀活动中起到沟通人、鬼、神的道具，是神性的凝聚物，是原始宗教的符号，是神灵的再现。因此，随着原始巫觋逐疫之风的兴起，巫傩面具也就发轫了。

西南地区傩面具的起源既有客观自然条件的存在，也有其自身主观形成的原因。一是自然物象带来的启示，人们抵御自然灾害免遭侵扰而持有的积极态度。二是生活体验的积累，从狩猎到耕种劳作活动的体验所进行的积极探索。三是敬畏神灵的主观表达，无论是神灵崇拜还是对获得超自然力的想象，都通过傩祭面具得以寄托。王韧在《美学视域下中国西南地区傩面具蠹

---

① 曲六乙，钱茀. 东方傩文化概论［M］. 太原：山西教育出版社，2006：8.

② 常璩，任乃强. 华阳国志校补图注［M］. 上海：上海古籍出版社，1987：279.

论》一文中也有相类似的论断，认为傩面具作为巫术的法器、宗教的符号、神灵的象征、图腾的依凭、装扮的手段，以及祖先及神话、历史人物的再现等，都体现了人类自我转换和超越意识的物化。换句话说，傩面具的起源随着傩祭的发生，除了自然环境的因素，主要还是先民们在面对自然、创造和利用自然时的一种积极乐观态度。

二、西南地区傩面具的形成

（一）兴起于商周

傩面具源于上古，兴盛于商周。上古时代，先民们为了狩猎的成功，往往在狩猎活动中戴上动物面具伪装成动物，引诱猎物以便捕获。狩猎活动中的装扮道具就逐渐演变为驱疫的傩面具。发展到商周时期，傩仪渐渐兴起，面具成了傩礼必要的手段和工具，"假面驱赶无形之鬼是其基本形式"[①]。"殷人尚鬼，遍祀诸神"[②]，也就是说，在殷商时期，人们都信仰鬼神、注重对神灵的祭祀，《礼记》中"殷人尊神，率民以事神"的记载，充分说明了傩祭活动在殷商时期已经盛行。而曲六乙、钱茀对周代傩礼的特征分析，包含假面装扮、驱赶式、驱赶无形之鬼、官方索室驱疫、民间沿门逐除等特征[③]，这也充分说明假面装扮已经成为官方索室驱疫和民间沿门逐除的必要手段，人们认为戴上图腾面具，不仅可以起到防护或显示威猛的作用，还能发挥驱邪逐疫的功能。

商周时期，祭祀已经成为国家的大事。周代举国上下的傩祭活动选在冬季之月举行，据《礼记·月令》载："仲秋之月，天子乃傩，以达秋气；季冬之月，命有司大傩，旁磔，出土牛，以送寒气。"[④]古人认为，阳气为神，阴气为鬼，进入冬季阴盛阳衰，是阴鬼猖獗之时，天子必须执傩事扶阳抑阴，以保持强盛的元气，使家、国远离疫祸，国泰民安，所以全国上下共同祭祀。

① 钱茀. 傩俗史［M］. 南宁：广西民族出版社，2000：15.

② 宋坤. 诗话孤竹［M］. 北京：线装书局，2018：2.

③ 曲六乙，钱茀. 东方傩文化概论［M］. 太原：山西教育出版社，2006：250.

④ 章军华. 中国傩戏史［M］. 上海：上海大学出版社，2014：22.

据记载，周朝天子举行的祭祀为"天子之傩"，天子与诸侯依托神灵庇护，立足于国泰民安、和谐宁静的精神诉求，此傩祭活动为"国傩"，举国上下共同举行的驱鬼逐疫、祈福免灾等祭祀活动，为"大傩"。这也说明，傩已经发展到上至国家祭祀，下至黎民百姓逐疫，具备了一套完整的仪式流程。无论是方相氏执戈扬盾，索室逐疫的大傩仪，还是举行沿门逐疫的民间之傩，都离不开佩戴各种面具。面具作为一种特殊的祭祀"祭器"，被大量用于各类傩祭活动，在商周时期傩祭已经上升为国祭，并直接或间接地为维护奴隶政权服务。考古发掘殷墟多次发现青铜面具，不但有牛角兽形铜面具，还有人面形青铜面具，这些可有力证明在殷商时期已经开始使用青铜面具。王俊在《中国古代面具》中说道："商周时乡傩使用的不是青铜面具，可能是木、皮之类的面具。"说明天子与诸侯举行的国家祭祀与平民百姓进行的民间逐疫祭祀相比较，无论是在规模还是使用的器物上都有很大的不同。宫廷傩采用青铜面具，而民间乡傩多用木、皮之类的面具，这主要是宫廷傩作为国家祀典，代表了国家的威严和至高无上，仪式严肃，场面恢宏壮大。而民间傩相较于宫廷傩，形式上更自由，通过装神扮鬼，沿门逐疫，祈愿平安。

（二）鼎盛于汉唐

傩面具在西南地区的发展鼎盛时期，据文献资料记载，应该是在秦汉时期将中原宫廷傩仪随军传入西南地区之后，被当地的巫傩吸纳融会后得到了发展。[①] 史料记载，秦灭蜀国后，为了加强对西南地区的控制，"移秦民万家实之"，以改变西南地区居民的人口比例和结构，这样的移民政策一直延续到汉代。[②] 中原文化也随之流入西南地区，与当地文化交汇融合。加之，西南地区历史上就信巫崇祀而尚鬼，巫傩祭祀本来就盛行，又是巫傩文化和巴蜀文化的发祥地，远古就流行逐疫驱鬼的巫傩祭祀。当时巫觋仪式中佩戴的假面在早期大都采用石制，或兽皮、树皮、贝壳等制作，形制简单，质朴粗犷，造型夸张怪诞。随秦汉时期中原经济文化在西南地区的交流、繁荣和发展，这时的傩面具已经从原始上古时期质朴生动、天真烂漫的稚拙之美，演变为

---

①　宋继东.傩面具的渊源、发展及进化 [J].开封教育学院学报，2003（1）：49.

②　成都市地方志编纂委员会.成都市志大事记 [M].北京：方志出版社，2010：584.

庄严神秘、凝重深沉的狩厉之美。

直至汉代，傩仪发展成为规模盛大的"方相舞"和"十二神舞"，形成了一套以统治和巫术信仰相结合的皇室傩礼制度。宫廷傩仪都是以祈禳、逐疫为目的，一是以敬天封禅、敬地求仙的祈禳祭祀典礼，二是常常利用凶暴神灵的神力达到驱鬼逐疫的巫傩仪式。汉代的宫廷傩仪规模浩大，郭净在《中国面具文化》中介绍：满朝文武参与其中，驱傩队伍阵容庞大，驱疫主帅头戴黄金四目的面具，身蒙熊皮，赤裙黑衣，增加12个神兽，都戴着奇形怪状的面具，傩仪活动从宫中一直到郊外。^①民间傩虽不及宫廷大傩，但每逢岁终腊月都要进行逐疫活动。一般由巫觋戴上魌头面具，乡民跟随，组成驱傩队伍，击鼓呐喊，沿门逐疫。无论宫廷大傩还是民间乡傩，都离不开面具，面具成为神性的载体，人们迷信巫者戴上面具，就是神灵附体，拥有"神力"，无所不能。无论是民间乡傩还是宫廷大傩，最重要的道具便是面具，舍此无傩可言。^②说明了傩面具在汉代傩仪中所处的重要位置，可见，傩面具随傩仪的发展在汉代也达到了鼎盛阶段。

（三）世俗于宋代

从汉至唐宋，均要在岁末时节举行逐疫驱鬼的傩仪，宋代虽对旧的傩仪进行了改革，但仍沿袭岁末除夕的驱疫傩俗。《东京梦华录·除夕》记载："至除日，禁中呈大傩仪，并用皇城亲事官。诸班直戴假面，绣书色衣，执金枪龙旗。教坊使孟景初身品魁伟，贯全副金镀铜甲，装将军。用镇殿将军二人，亦介胄，装门神。教坊南河炭丑恶魁肥，装判官。又装钟馗、小妹、土地、灶神之类，共千余人。"^③从"装将军、装门神、装钟馗、小妹、土地、灶神"等角色，可以看出，傩面具已经千人千面，并且角色已经走向了世俗化，面具也不再狰狞可怖，出现了慈眉善目的土地、灶神公公等世俗形象。从中可看出，到了宋代，方相氏、十二神兽等驱傩神灵从傩祭中消失，随之替代的是糅合了民众审美观念和审美情感的各地民间信仰人物，傩已经从酬神仪式

① 郭净.中国面具文化［M］.上海：上海人民出版社，1992：119.
② 李锦山，李光雨.中国古代面具研究［M］.济南：山东大学出版社，1994：203.
③ 宋兆麟.图说中国传统节日［M］.北京：世界图书出版公司，2017：26.

转化为娱人形式。面具又是傩典、傩仪不可或缺之物，由此可见，宋代是傩面具向世俗化发展的重要时期。

到了宋代，方相氏驱傩仪式渐渐消歇，宫廷傩逐渐式微，民间傩仪傩舞在西南地区却得到了繁荣发展。宋人周去非《岭外代答》说："桂林傩队，自承平时，名闻京师，曰静江诸军傩，而所在坊巷村落，又自有百姓傩。"又说："推其所以然，桂人善制面具，佳者一直万钱。"[①] 不仅有闻名京师的军傩，还在流传坊巷村落的民间傩。而且桂人善于制作面具，好的面具可以售卖一万钱。又据宋范成大在《桂海虞衡志·志器》中写道："戏面，桂林人以木刻人面，穷极工巧，一枚值万钱。"[②] 由此可知，在宋代，傩面具在西南地区盛行于民间，在广西有专事面具制作的民间工匠，制作工艺精巧，面具造型丰富，千姿百态。

由于新兴的市民阶层出现，文化活动日趋活跃，北宋时期在主要商业城市出现了专门的演出区域，成为各种伎艺集中的场所，人们相互观摩切磋，这时候被人们称为"百戏""杂戏""杂剧"的民间戏剧逐渐盛行，为戏剧的发展创造了条件。古老的傩戏艺术与正在兴起的戏剧艺术相遇，而正在兴起的戏剧艺术逐渐被统治阶级认可，傩戏就自然而然地归隐于民间，走向世俗化，成为乡民自娱自乐的酬神了愿民间傩戏。这时期的傩面具随着傩戏越来越世俗化，融入民间戏剧脸谱因子，走向民间。这也说明人们的审美意识中的宗教信仰意识也在悄然发生变化。傩面具体现了普通民众的原始宗教意识和审美诉求，还反映了民众的手工技艺和劳动智慧，正好符合民间老百姓心理需要和文化需求，于是，傩面具的表演形式随着民间戏剧的出现，渐渐走向世俗化，回归到老百姓生活中。

---

① 周去非，屠友祥．岭外代答［M］．上海：上海远东出版社，1996：151．
② 范成大．桂海虞衡志校注［M］．南宁：广西人民出版社，1986：48．

三、西南地区傩面具的演变

（一）西南地区傩面具的嬗变

历史上，在西南地区具有悠久的崇巫祀鬼的习俗传统和广泛的群众基础，特别是明清以来民间戏曲的蓬勃兴起和广泛流传，使得西南各地的驱鬼逐疫的巫傩祭祀吸收了各地民间戏曲形式成分，发展成为民间傩戏。从傩礼嬗变成傩戏，傩面具也从驱鬼逐疫、沟通神灵的工具逐渐演变为世俗表演的傩戏人物面具，从神坛渐渐走向了世俗。

清同治八年刻本湖南《直隶澧州志》载："十一月。冬月'冬至'，合族祭先祖于祠。……始傩，击鼓铙锣，以迎傩神，逐疠疫。舞者歌孟姜女故事，飨以牲醴，俊其余乃罢。"[①] 可见，清朝同治年间，"舞者歌孟姜女故事"，并"飨以牲醴"既有民间故事情节的衍化，又有酬神还原的仪式，伴有娱神乐人的世俗表演。清朝道光年间《辰溪县志》也载："又有还傩愿者。至期，备牲牢，延巫至家，具疏代祝，鸣金鼓，作法事，扮演《桃源洞神》《梁山土地》及《孟姜女》等剧。"[②] 傩戏剧目也从单一的《孟姜女》增加到了《桃源洞神》和《梁山土地》。这也说明，明清时期中原文化流入西南地区后，融合了当地巫术傩仪，演变为娱神乐人的傩戏。

在明清时期，对西南傩面具的影响，显著的标志就是改土归流和移民屯田，汉族移民大量涌入西南，与当地在土著民杂居，带来了中原人文、戏剧等文化，在傩戏中大量引入中原历史人物的故事，使其傩戏内容更加丰富精彩，表演的剧目诸如《封神》和《三国》，其面具也是按照剧目中的故事人物来设定，使傩面具呈现出丰富多彩、形式多样的角色形象。尤其是明清时期多次发兵西南，在贵州要塞屯兵镇守，战时是兵，闲时为民，经过几代成为后来的"屯堡人"。屯堡人每逢节庆之际都有戴假面跳神的习俗，被称为"军傩"或"地戏"。地戏面具依据故事人物增加了许多新的类型，分为神、武官、文官、道士、丑角等人物造型，改变了傩面具色彩单调、形式单一的缺陷。地戏面具多为三维、立体造型，已经具有脸谱化特征（见图4-1-2）。

---

① 章军华.傩礼乐歌研究［M］.上海：上海大学出版社，2016：295.

② 章军华.中国傩戏史［M］.上海：上海大学出版社，2014：179.

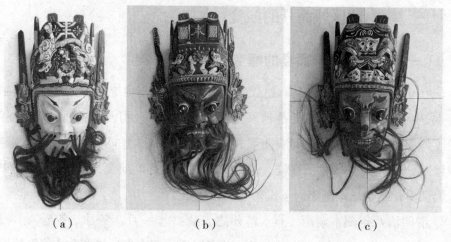

（a）　　　　　　　　　（b）　　　　　　　　　（c）

图 4-1-2　地戏面具，搜集于贵州民族文化宫博物馆

资料来源：作者拍摄（贵州民族文化宫）

（二）西南地区傩面具的泛滥

直至清朝晚期，傩礼已全面失诸乡野，转化为融入巫觋斋醮和祷祝祛病的傩愿仪式，民间傩坛戏成为主流。《思南府续志》记载："冬时傩，亦间举，皆古方相逐疫遗意。"[①] 又《贵州通志》载："凡年终腊月庚申日，民间每庆坛神必杀豕，招巫跳舞，歌唱彻夜不停，巫装女样，如戏子旦角。"[②] 由此可知，西南地区傩仪与岁时节庆相联系，既有驱邪逐疫的巫祭活动，又有"庆坛"还愿的傩戏表演，傩仪活动中吸取了戏剧中的旦角装扮，男扮女装进行巫傩表演，这时期的傩仪活动已经杂糅了一些戏剧因素，逐渐成为戴着面具演出的宗教祭祀戏剧，衍化为集巫术、原始宗教和戏剧于一体的傩戏表演形式。傩面具也从最早的鬼怪神灵崇拜衍化为深受老百姓喜爱、广为人知的英雄人物崇拜。

清代至民国时期，傩戏逐渐衍化为贯穿傩仪活动的戏剧形式，形成了以祭祀内容和百戏歌舞相杂糅的傩愿神戏。傩戏融合了酬神、歌舞、傩技表演地方戏，以敬神和娱人为目的，具有了较强的观赏性和娱乐性。在西南地区

①　丁世良，赵放.中国地方志民俗资料汇编西南卷上［M］.北京：北京图书馆出版社，1991：459.

②　邓光华.傩与艺术宗教［M］.北京：中国文联出版社，1993：25.

盛行的就有《端公傩戏》《关索戏》《地戏》《阳戏》《傩堂戏》《庆坛戏》等，每种傩戏的演出剧目较多，所演出角色多取材于历史故事、民间传说，表演的人物角色众多，在人物塑造上往往需要依托面具来烘托，一堂傩戏需要的面具少则几十面，多则上百面。因此，在清朝末年至民国时期，由于傩戏在民间广为流传，不同地方、不同民族的信仰需要和审美需求不同，加之造型方式多样、雕刻工艺的水平不一，导致傩面具呈现出了百花齐放、异彩纷呈的局面（见图4-1-3—图4-1-11）。

图 4-1-3 张飞—阳戏　　　　图 4-1-4 孽龙—阳戏　　　　图 4-1-5 钟馗—阳戏

图 4-1-6 秦童—傩戏　　　　图 4-1-7 开山—傩戏　　　　图 4-1-8 恶吏疲鬼—傩戏

图 4-1-9　猴—青海　　　　图 4-1-10　虎—西藏　　　图 4-1-11　鸡嘴道人—地戏

资料来源：作者拍摄整理

（三）西南地区傩面具的衰落

在近代，随着傩仪傩事这种古老艺术活动的逐渐式微，傩面具也就逐渐衰落了。钱茀认为："近代以来禁淫祀，使傩衰落了下去。"[①] 他认为，近代以来，巫傩涉及封建迷信，不合官方要求的祭祀通通被禁止，包括傩戏等大部分地方民间戏剧，这就导致大部分傩面具随傩戏活动隐入深山远乡，傩面具的雕刻技艺也一度消亡。虽在20世纪50年代曾活跃了一段时间，但在60年代的"破四旧"运动中，巫风傩俗自然属于被扫荡的牛鬼蛇神系列而被禁止，傩面具被视为迷信的道具被烧毁殆尽，这样很快又冷了下来。直到20世纪80年代，改革开放以来，才有所恢复，但处于活跃在学术界、冷在民间的两极状态。

傩面具式微的原因分为主观原因和客观原因。

从主观原因来看，任何事物都有其内在的发展规律，傩面具作为人们逐疫还愿的祭祀功能道具，一直和原始宗教信仰纠缠在一起，起到沟通神灵的功能。在巫风盛行的年代，傩面具在傩祭活动中起着不可替代的作用。但随着社会的发展和进步，人们的认知文化水平不断提高，傩面具已难以寄托人们的精神需求，更难以满足人们日益提高的审美需要。面具一旦离开了承载的精神实质，仅从观赏性和美观性上，就成了无源之水、无本之木。于是，

---

① 钱茀 . 傩俗史［M］. 南宁：广西民族出版社，2000：238.

就注定了傩面具的衰退和消隐，直至消亡。

从客观原因来看，一是民众信仰态度的转变。傩面具依附当时的原始宗教信仰和农耕文化，民众希望通过大自然及神灵的力量战胜困难，获得心灵的慰藉，带有浓厚的迷信色彩。但随着社会的发展，尤其是20世纪50年代，傩面具被视为"封建迷信"，政府将其列为封建迷信思想进行禁抑，特别是"文化大革命"将其列为"四旧"进行扫除。民众信仰发生了极大的转变，将傩仪傩事等活动视为封建迷信活动和旧文化进行扫除，所有傩戏等活动被禁止，傩面具被销毁。二是社会文化生态环境的影响。随着社会的进步，现代文明的发展，多元文化的冲击，傩面具所依附的土壤也不断萎缩，难以承载人们越来越复杂的精神寄托和诉求，也无法满足人们越来越高的审美需求。于是，傩面具随着文明的发展自然而然被淘汰或被改造。

总的来说，农耕文明的衰落，现代文化的高度发展，是历史发展的必然结果。但是，若说傩面具艺术会在短时期内彻底消亡，又未免过于悲观。毕竟，中国有着五千年农耕文明的传承文脉，在传统的文化土壤，或多或少还残留着可供傩面具顽强生存的养分。所以，傩面具艺术还能"衰而不亡"，直至被改造符合现代文明的需要，还可以迎来新的生机。

第二节　西南地区傩面具的演变及成因

面具是一个民族文化的集中体现，反映了一个时代文明的特征。中国的面具和中国文化一样，历史悠久，源远流长。在历史长河中，面具展现了中华民族的先民们在认识自然世界、创造灿烂的中华文明过程中付出的艰辛努力，反映了人类为改变生活境况所做出的努力，也反映了人们为精神世界的安宁而不懈追求，成为中华文化发展和演变的缩影。

傩面具源于上古，兴于商周，盛于汉唐，世俗于宋元，衰于明清。纵观傩面具的产生、发展、演变历程，虽然有傩面具本身在仪式功能上的变迁、造型审美取向上的转化等内部因素，但更多的是受外部因素的影响，诸如社会变革、生态环境、文化交流、民族信仰等因素。无论面具源于远古先民的狩猎活动、部落战争、图腾崇拜和巫术仪式，还是在商周被作为祭祀的神器，汉唐时期的精神礼器、宋元明清的世俗面具，在历史的长河中，一直延绵不绝，传承不断，既有低谷也有顶峰，从未消亡。虽然傩面具在功能、形制、材质、造型，以至于内涵、仪式、禁忌等方面随时代不断演变，但其作为中华民族文化、历史、宗教和美学思想的象征物一直未变。

　　西南地区是中国最早的文化发源地之一，在中国早期的旧石器时代文化遗址，就有"北有周口店，南有观音洞"之说。西南地区傩面具伴随着旧石器时代早期南方文化的源起而产生，经过历朝历代的发展演变至今，成为傩面具种类繁多、风格多样、造型各异，文化内涵和仪式功能都最为丰富的地区。本节试图在谱系视域下探索西南民族地区傩面具衍化的成因，有助于理解中华传统文化的文脉传承，厚植文化沃土，增进民族文化认同，坚定全民文化自信。

一、西南地区傩面具的演变特征

　　傩面具源于远古图腾崇拜时代，兴起于商周，盛行在汉唐，繁荣于宋元，世俗于明清，衰落于近现代。从傩面具的发展演变历程来看，除了纵向对于年代和历朝历代的发展观察到的文化现象以外，更应该关注傩面具背后隐藏的内在文化逻辑，以及在历时演变中动态变化所呈现的文化特征。"文化是人类的创造物，正是文化的出现使得人类与动物区别开来。但不管何时何地、由哪个民族创造的文化，都有一些基本的特征。"[①] 傩面具是伴随着中华文明产生而诞生的一种象征符号，具有中国传统文化的典型特征，只有全面认清傩面具所具有的特征，才能准确把握傩面具背后的文化内涵及发展演变的内在逻辑。

（一）精神象征的符号

　　西南地区是我国境内原始初民最早生活栖息之地，考古发现，在西南遍布大量的人类早期遗址，有贵州黔西观音洞文化遗址、云南元谋县上那蚌村元谋人遗址、四川富林遗址、铜梁旧石器遗址，这些遗址的发掘充分说明，

---

① 王晓鹏.文化学概要［M］.福州：福建人民出版社，2017：28.

西南是人类早期文化发祥地之一。在远古原始社会时期，生产力水平低下，生产资料公有，社会组织靠血缘关系维系，经济生活实行平均分配，人们一起狩猎、捕获、采集果实，在劳动过程中逐渐对自然现象产生关注，相信万物有灵，试图通过头戴面具获得超自然的神灵威力与大自然抗衡。这个时期，面具被原始人类作为狩猎工具、战争的护具或祭祀的法器。在使用上没有等级差别和礼制上的限制，仅仅作为一种精神象征工具而为氏族成员所使用，成为人类最早的精神象征符号。

（二）皇室祭祀的礼器

商周奴隶社会时期，奴隶主为了巩固奴隶制政权，发展并完善了古代礼乐制度，以便更有效地调节社会矛盾，稳定社会秩序。礼乐制度最重要的就是规范贵族的身份地位，使贵贱有差、尊卑有别、长幼有序，以礼来巩固阶级分化，从根本上奠定了中国的阶级区分。这样，傩礼就与土地等级所有权产生联系，每年举行的傩祭仪式从宗教的角度划分了严格的等级制度并加以确认。傩面具作为傩祭仪式中的特殊"祭器"，因礼乐制度被赋予了更多的社会属性。在这种森严的礼制等级下，傩面具为统治阶级所利用，被运用于国祭大礼，并被赋予了更多的文化礼俗内涵。考古发现，夏商时期地处西南的四川三星堆遗址及金沙遗址出土的金面具、青铜面具以及金面罩可以佐证，进一步说明西南地区的青铜傩面具开启了傩面艺术的新篇章，成为皇室祭祀的礼器。

（三）民间歌舞的道具

在汉唐时期，社会文明表现出了兼容并蓄的襟怀。汉代千古传诵的《九歌》描绘楚人"歌舞事神"的宏达场面。汉代的百戏兼容并包，吸纳了歌舞、杂技和幻术的综合表演形式，极大地推动了傩面具的普及和世俗发展。尤其在汉武帝时期，南向丝绸之路的开拓，为西南地区的经济文化带来快速的发展，促进了青铜铸造工艺不断进步和民间歌舞繁荣，也为傩面具的进一步世俗化提供了条件。再加上"唐朝盛世"的万邦来朝带来了远方的文明，给华夏古文化注入新的活力，周边各国以及各少数民族的面具乐舞纷纷传入中原，给傩面具的多元化发展注入新鲜的血液。更为可贵的是，在汉唐时期，统治阶级持开放的心态，曾作为国家礼典的傩祭傩仪也就打破了藩篱和禁锢，走入民间，与百戏交流杂糅。这一时期，傩面具从宗教化、贵族化、规模化逐渐向世俗化、大众化、个性化的方向嬗变，一部分融合民间巫术百戏，流入民间，成为傩祭傩戏面具。

（四）戏剧装扮的面具

宋元是戏曲繁荣的时代。两宋时期，经济的发达、市民阶级的崛起，推动了戏曲说唱等文艺活动的兴盛，面具艺术也随之得到繁荣。尤其是被称为"宋杂剧"的戏曲，利用面具装扮，结合唱、做、念、打这种新的艺术形式为傩面具的发展注入了新的元素。同时，宋代是道教发展的重大转折时期。[①]道教一方面依附于国家政权，另一方面又不断向下层社会渗透。然而，西南地区少数民族众多，历来便有"信巫鬼，重淫祀"的风俗，长期受荆楚巫风浸染。宋元时期，道教盛行，与西南地区的民间宗教信仰结合，前者找到了得以继续蔓延的土壤，后者找到了新的形势，傩面仪式融合了宋代戏剧表演因素，又吸收了道教的斋醮仪式，逐步向傩面戏演变，广泛用于傩祭以及歌舞百戏。宋代陈元靓在《岁时广记》（四十）引《岁时杂记》中云："除日作面目或作鬼神，或作儿女形，或旋于门楣，驱傩者以蔽其面，或小儿以为戏。"[②]可见，在宋代，傩祭向傩戏逐渐嬗变，成为民众参与的民俗活动，傩面具一改过去单纯的狰狞，逐渐走向符合大众审美喜好的戏剧化妆面具。

（五）世俗表演的道具

明清时期，西南地区尤其是云贵高原与中原文化之间的交流达到了高潮。中央王朝对西南实行"改土归流"，移民屯田，将数十万大军留屯垦地，让大批汉人由内地西迁进入西南。"'改土归流'始于明代永乐年间，历经数百年，中间几经周折，直到清代才最后完成。"[③]汉族移民大批拥入西南，打破了"苗

---

① 李穆文.百家争鸣的思想文化［M］.西安：西北大学出版社，2006：130.

② 陈日红.荆风楚韵——湖北民间手工艺研究［M］.北京：文化艺术出版社，2015：474.

③ 晁中辰，王春瑜，李晓.改革声中坍塌的帝国［M］.石家庄：河北教育出版社，2000：647.

不出境，汉不入峒"的封闭格局，外来移民不仅成为经济文化的交流媒介，还为民间宗教信仰输入了新鲜的血液。早先驻扎贵州的明军，素有在节庆之余戴假面跳神的习俗，称为"军傩"。大批的移民中唱戏的艺人随之进入西南，为中原戏剧输入西南边疆地区打开了通道，不论屯军跳神、巫师祭祀，还是戏人演戏都需要假面道具。由于中原文化与边疆文化碰撞交融，军傩与当地巫术活动融合，乐舞百戏流入并盛行。明清面具在继承宋元面具传统的基础上，产生了引人注目的变化。这时期，深受老百姓喜爱的世俗人物形象出现在民间傩面具中，与神祇、鬼怪妖魔等面具角色平分秋色。同时，还出现了女性角色的傩面具。一直到清末民初，跌落民间的傩面具艺术通过民间艺人的传承和发展，成为一种喜闻乐见的表演艺术形式，一度在民间广为流传。

直至近代，五四新文化运动以后，人们开始崇尚科学，用现代科学理性代替宗教、巫术、民间信仰等非理性的思想，将傩祭、傩戏等宗教信仰活动视为封建迷信进行扼制和打击，将傩面具等巫术道具一律视为封建迷信的道具进行扫除。中华人民共和国成立后，傩面具在"文化大革命"中被列为"四旧"而被销毁，导致傩文化迅速没落甚至一度销声匿迹。

二、西南地区傩面具的演变成因

（一）社会变革的影响

马克思说："社会的物质生产力发展到一定阶段，便同它们一直在其中运动的现存生产关系或财产关系发生矛盾。于是这些关系便由生产力的发展形式变成生产力的桎梏，随着经济基础的变更，全部庞大的上层建筑也或慢或快地发生变革。"[①]随着人类历史的不断演进，社会生产力水平不断提高，社会生产关系也需要不断发生改变，以适应社会生产力发展的需要。事物的进化规律是优胜劣汰、弱肉强食，这也符合大自然进化规律。历史上的侵略战争、宗教冲突、种族分裂斗争、民族迁徙融合等不同形式，或进步或倒退，或积

---

① 马克思，恩格斯.马克思恩格斯文集：第2卷［M］.北京：人民出版社，2009：591-592.

极或消极，都与生产关系严重制约了生产力的发展有关，只有通过社会变革来实现人类历史的不断演进。历史上的每一次社会变革，都深刻地影响着政治、经济、社会、文化的转型和发展。傩面具作为中华传统文化的象征符号也概莫能外，社会的每一次变革，也深刻地影响着傩面具所负载的社会功能。

在原始社会时期，生产资料公有，没有贫富分化和私有制，人们一起狩猎、捕获和采集果实，在劳动过程中，大家共同创造的面具，被作为一种崇拜器物归大家所有，主要用于狩猎、巫术灵魂崇拜等活动的仪式。而发展到奴隶社会，随着金属工具的出现，私有制的产生，便产生了奴隶阶级、奴隶主阶级和奴隶制国家。奴隶主阶级占有所有生产资料，包含奴隶的人身。这一时期傩祭巫仪演变为更加神圣、更加严格、更加系统和规范的宗教祭祀仪式，成为奴隶主阶级统治、威吓、规范被统治阶级的国家行为。因此，这一时期的傩面具得到极大的发展，出现了青铜面具，原始时期简陋、随意的面具逐渐被更为精致、逼真的傩面具替代。到了封建社会后，建立了君主专制主义中央集权制度，这有利于维护领土的完整和各民族的融合，促进各地区经济文化的交流。尤其是在汉唐时期，国力强盛，经济繁荣，文化灿烂。直到宋代，物质文明和精神文明在整个封建社会历史时期都达到前所未有的高度。在封建社会出现了"百家争鸣"的文化现象，随着文化艺术的兴盛和戏曲的蓬勃发展，乐舞百戏、杂技幻术、傩仪杂戏相继得到繁荣，这一时期的面具一改以往主要驱鬼之用途，融合百戏成为人们节庆喜闻乐见的娱乐形式。尤其是在西南地区，少数民族众多，一旦与荆楚文化及少数民族巫术祭祀活动相结合，就获得了繁衍的生机，形成极具特色的民间面具文化。

因此，经济作为基础决定着文化，社会制度更替和变革又深深地影响着文化的发展方向。社会变革深深影响了傩面具的演变历程，并左右着傩面具发展的方向。

（二）生态环境的影响

所谓生态环境，是指各种生态关系组合起来的环境，与人类密切相关，能影响人类生活和生产活动（包括人类个体或种群）的特定环境。每个民族文化在其形成和发展的过程中，都离不开特有的自然条件和生态环境。[1]生态环境对人类文化起决定性作用，直接或间接影响着人类文化的发展方向和速度。"斯图尔德认为，人类的生活方式与他们所处的自然环境之间具有相适应的关系，越是低级的文化受其特定地理环境的影响越大，人类要满足自己生存的需要就必须调整生活方式以适应环境，这就是文化的调适（adaptation）机制。"[2]人类的文化与所处的生态环境是相适应的，一旦生态环境发生改变，文化就要进行调适，直到适应所处的生态环境。因此，从傩面具的演变历程来看，其实就是傩面具这种文化艺术不断适应所处的人文自然生态环境，当所处的生态环境发生改变后，又继续调适直到适应为止，这就是傩面具不断发生嬗变、不断演进的过程。

生态环境涵盖了自然环境、社会经济环境和人文环境。经济社会环境对傩面具的影响已从社会变革的角度进行了论述，这里重点谈自然环境和人文环境对傩面具的发展演变的影响。

1. 自然环境

西南地区包括中国西南部的广大腹地，包括青藏高原的东南部、四川盆地、秦巴山地和云贵高原。这里自然环境复杂多样，地形结构立体交错，以山地为主，溪河阻隔。这种复杂的地形将西南地区分隔成相互联系较弱、封闭性较强的地域文化单元，形成"十里不同风，百里不同俗"的文化岛屿，长期生活在不同地域单元的各少数民族，保持着各自的经济活动、生活方式和文化习俗。毫无疑问，自然环境往往影响着人们的主观意识和思维方式，相应的，人们的意识观念在某种程度上决定着文化样式的兴衰。西南地区溪谷交错、山峰阻隔的环境严重地限制了人们认识自然的能力，当人们面对恶劣自然条件和频发的自然灾害时，往往显得束手无策。在求生存、求发展的强烈愿望下，人们更相信万物有灵，崇信各种巫术，倾向于借助神灵或超自然地获得战胜自然的力量，这种自然环境为巫傩面具的兴起提供了得天独厚

---

[1] 吴明海.可持续发展与民族地区环境教育［M］.北京：中央民族大学出版社，2018：245.

[2] 赵敦华，李晓南.人学理论与历史——西方人学观念史卷［M］.北京：北京出版社，2004：335.

的土壤。加之，远古时代西南地区是高山溪谷阻隔、交通不便的蛮荒之地，受外来各种因素的影响较弱，使得巫傩面具文化得以薪火相传，生生不息。

同时，西南地区在远古时代就有人类在这片土地上生息繁衍，为了适应特殊的自然环境，就需要不断调节生活方式和生活习惯。换句话说，随着自然环境的改善，人们的生产方式和生活习惯也发生变化，在这种调适过程中，人们的观念意识也在发生变化。巫傩面具本身就是人们观念意识的集中体现，是人们观念意识的具体化的有形符号。随着自然环境的改变，巫傩面具所负载的文化信息也就不断发生演变。因此，在某种程度上说，傩面具的演变及发展仍然摆脱不了自然环境的钳制，依然受自然环境变迁所带来的影响。

2. 人文环境

西南地区素有"信鬼神，崇巫觋、好祭祀"的民风民俗，"淫祀"之风盛行由来已久。民众"信巫摒医，驱鬼逐疫"，驱邪避祸、祛病祈福是普遍的心理诉求，一旦身染疾病，不信医药而迷信巫术呼魂求生。早在南北朝时期，生活在西南地区的僚人就有"尚淫祀，敬鬼求福"的祭祀活动，《魏书·僚传》记载："其俗畏鬼神，尤尚淫祀。所杀之人，美鬓髯者必剥其面皮，笼之于竹，及燥，号之曰'鬼'，鼓舞祀之，以求福利。"①在清朝嘉庆、道光年间，这种信巫摒医的习俗仍在西南地区流传。《仁怀志》：凡人有疾病，多不信医药，属巫诅焉，谓之"跳端公"。②民国年间，《贵州通志》还援引了其他地方民国年间的材料，如《都匀县志稿》云："人有疾病多不信医药，属巫诅焉。"③可见，"巫风盛行，万物皆灵"的西南地区，为巫傩面具的生存和发展提供了延绵不绝的原动力，也为巫傩面具的历史演进和广为传播提供了得天独厚的栖身之地。

同时，历史上中原文化对西南夷地区的渗透，是巫傩面具得以生存和发展的另一个原因。早在战国时期，中原文化、荆楚文化就开始传播到西南地区。秦汉时期，为了加强中原与西南地区的联系，巩固边疆的统治，在西南

① 魏收.魏书·4卷［M］.北京：大众文艺出版社，1999：1500.
② 遵义市地方志编纂委员会办公室，郑珍，莫友芝.遵义府志［M］.成都：巴蜀书社，2013：321.
③ 胡健国.巫滩与巫术［M］.海口：海南出版社，1993：185.

地区修"五尺道"，置"九郡"，派官吏进驻治理，进一步促进了西南地区和中原地区的政治、经济和文化的交流。三国时期，诸葛亮南征云南，也加速了中原文化在西南地区的传播。宋元时代，就不断有中原汉民迁入西南，直到明清，是汉族大规模移民西南的重要时期，这些中原移民到西南或屯垦戍边，或糊口谋生，同时也带来了中原的先进技术和文化习俗，与当地土著文化杂糅融合，形成了西南地区多元一体、多维立体、奇异古朴的文化特征，这种文化特征本身具有很强的包容性，这也就为巫傩面具艺术的生存提供了丰厚的土壤，而这种文化土壤又决定了巫傩文化形态长久生存并广为传播的因素。时至今日，中原一带巫傩面具在时代发展的浪潮中早已被淹没得无影无踪，而在西南地区并没销声匿迹，仍可觅到它的踪迹，这完全与西南地区多元一体、兼收并蓄、绵延不绝的文化土壤有关。

（三）文化变迁的影响

文化发生变迁的现象是在文化发展中的普遍性问题，任何文化都要经历发生、发展、变化、衰败、消亡或再生的过程。傩面具作为一种源于上古的文化现象，经过千百年来的衍化变迁，依然按照文化发展变迁的法则，从萌芽、兴起、盛行、变化到衰落，不断发展演变。这一发展演变过程中，除了社会变革、生态环境的影响外，与傩面具自身所承载的文化因子有很大的关联，属于傩面具发展演变的内因动力。从这一角度来说，傩面具所承载的文化因子发生变迁，也受到两方面的影响：一是傩面具自身所承载内生文化所发生的涵化；二是傩面具受外植文化的浸染，造成崇拜对象和祭祀空间的变化。

1. 傩面文化的涵化

所谓文化涵化，就是指两种或两种以上的文化在长时间相互接触中，由于一方或相互之间借用对方的文化特质，而造成一方或双方原有的文化形式发生较大变化，从而使双方文化相似性不断增加的过程与结果。[1] 这种文化涵化的结果，可能是双方都发生改变，成为一种新的文化形式，或者其中一种文化处于次要、附属地位与另一种文化共存，或一方向另一方趋同，最终完全丧失自身的文化特质，发生同化现象。西南地区傩面具起源、兴盛、变

---

① 张岳，熊花，常棣.文化学概论［M］.北京：知识产权出版社，2018：137-138.

迁的演变历程，其实就是西南文化与外来文化不断杂糅、扬弃、涵化的过程。

中国历史上多次大规模向西南边疆移民，修筑内地至西南边疆栈道，带来了中原文化对西南文化的广泛接触和深远影响。一是移民文化带来文化的碰撞与交融。历史上，秦汉时期和明清时期曾经有两次大规模移民进入西南地区。秦汉时期，"移民入蜀"对西南巴蜀文化产生了很大冲击。随后，明清的"军屯卫边"和移民"中原入川"，也给西南文化造成很大的影响。二是修筑中原到西南边疆的交通栈道。早在战国时期，修筑僰道，打开了南进之道。秦时，修"五尺道"，置九郡。汉武帝时期的"南夷道"打通了西南丝绸之路。历史上的开道置吏，开发西南，对西南地区的文化产生了重要的影响，深深地影响着西南文化的发展和演变。

西南巫傩面具在与中原文化接触、交融中，曾经此消彼长，在一段时期处于文化胶着状态。战国时期，随着西南夷与中原交往频繁，西南巫傩面具与中原面具文化发生交融、碰撞。但由于当时的西南夷中影响力最大的夜郎古国在经济文化等方面的发展都遥遥领先，这一时期西南文化相对强势，在与外来文化交流中处于主导地位。但随后因种种原因，经济文化的发展与中原的差距越来越大。尤其是秦汉时期的大规模移民，带来强势的中原文化，这一时期傩面具与中原面具相互影响，此消彼长。随后，经历汉唐百戏、宋元戏曲的兴起和繁荣，西南巫傩面具慢慢地融入中原面具文化中，直至被同化。西南巫傩面具文化在不同时期有着不同的文化分化、调适和整合，这种过程其实就是巫傩面具文化的涵化过程。

2. 文化空间的变迁

巫傩面具上承远古，下继当世，历经数千年演绎、扬弃，至今犹存并散布民间，正是由于傩面具还有生长的空间和生存的土壤。文化空间相当于承载傩面具的容器，如果没有这个"容器"，毫无疑问，傩面具早就消亡在历史长河中，不可能至今还有遗存。但是，"容器"会随时代的变迁、社会的发展而发生变化。文化空间的改变无时无刻不影响着傩面具的演变，以便更好地适应"容器"。对于"文化空间"的理解，2001年联合国教科文组织在《人类口头和非物质文化遗产代表作宣言》中，将"文化空间"定义为"一个可集中举行流行和传统文化活动的场所（在这些场所讲述故事、举行仪式、集市交易、庆祝节日灯），或一段通常定期举行特定活动的时间（进行日常仪式、周年庆典、定期表演等）"①。国内学者也认为，"文化空间"是按照民间约定俗成的古老习惯确定的时间和固定的场所举行传统的大型综合性的民族民间文化活动。文化空间总是以时间和空间为载体发生变化的，按照这样来理解，傩面具的文化空间就涉及"叙事对象"和"祭祀空间"两个重要因素。

从叙事对象来看，对傩面具的表现形式均可以围绕时间和空间进行理解。从时间维度来看，傩面具的演绎与崇拜对象的演变息息相关。历史上，经历了以"物"为崇拜对象的自然崇拜、图腾崇拜，到以"人"为崇拜对象的灵魂崇拜、帝王崇拜、英雄崇拜、人物崇拜的演变过程，从"敬物"到"敬人"，崇拜对象的演变直接影响到面具功能的衍化。从空间维度来看，叙事主体对象不断发生变化，包括从宫廷到民间或从民间到宫廷的双向流动，在这种流动过程中，叙事对象也在不断发生变化，官方的祭祀诉求和民间的祭祀诉求是有区别的，这导致傩面具的功能发生变化。同时，历史上，西南地区环境相对封闭，民族众多，远离传统的政治中心，在与中原文化的接触发展中往往比较滞后，这也使西南傩面具比中原傩面具更具原生性。

从祭祀空间来看，傩面具的发生发展也可围绕时间和空间来分析。从历时演变轴分析，傩面具的祭祀空间从远古时期的劳动场景，到商周的皇室宫廷，到汉唐的国祭百戏，再到明清的世俗戏剧，直到今天的民间傩戏。巫傩面具作为一种祭祀器具，同样经历国家祭祀、官府祭祀到民间祭祀的时空场景的转换。从共时发展轴来说，傩面具的祭祀空间或处于同一地域，在高居庙堂和民间堂屋间双向流动和转换，或在不同地区、不同民族之间流动，都会受到特定人群的经验感受、风俗习惯、价值观念等的影响。这是因为在某一特定区域，在一定的生活环境下，经过世世代代相传的知识积累和经验总结，总会形成一套有别于其他区域的思维模式、情感信仰和价值观念，这种长期传承、沿袭成习的行为心理和行为方式影响着这一区域的祭祀文化空间，也就造就了西南地区丰富多彩的祭祀文化。这种祭祀文化的丰富性造成了祭祀空间的地域性和流变性，在长期的历时演变过程中深深地影响着傩面具的

---

① 2001年11月第31届联合国成员国大会通过的关于非物质文化遗产决定中采用的定义。

发展。

　　总而言之，从傩面具作为精神象征的器物——皇室祭祀礼器——民间歌舞的道具——戏剧装扮的面具，直到今天的世俗表演道具的演变历程来看，叙事对象的变化和祭祀空间的变迁，是导致傩面具从内涵、外延都发生演变的重要因素。

本章总结

　　中国西南地区是我国境内最早有人类活动的地区之一，并留下了丰厚的文化遗存。傩面具伴随着狩猎需要而出现，逐渐演变为巫术祭祀和生活礼祭的客观表达载体，成为西南地区先民们的一种精神符号、神灵象征和图腾的凭依。傩面具在西南地区的兴起和盛行主要受中原傩文化的影响和渗透。在西南的巴蜀地区，这里既是巴蜀文化的发祥地，还是巫文化的发源地。历史上，西南地区的人们崇鬼尚巫，重淫祀，这为巫傩面具的发展和传播提供了丰厚土壤。四川广汉三星堆遗址出土的系列青铜面具，足以说明西南地区远在夏商时期就敬鬼神、重祭祀。宋明清后，傩面具在西南地区民间盛行并泛滥，成为巫祭斋醮和祷祝祛病的仪式法器，并逐渐杂糅一些娱乐因子，成为乡间院坝的民间傩戏道具。清末民初，形成娱神娱人的百戏歌舞相互杂糅的傩戏面具。直到近代，傩戏面具艺术逐渐式微，处于热在学术界、冷在民间的尴尬境地。

　　西南地区傩面具的形成与演变受到一系列因素的影响，一是社会变革的影响。傩面具作为人们精神的符号和图腾的凭依，必然与社会的变革息息相关，社会稳定、经济繁荣必然带来文化的繁荣。二是生态环境的因素。自然环境不同必然带来不同的心理变化，在西南地区恶劣的自然条件下，人们面对一些自然灾害，更愿意相信神灵的法力，崇巫尚鬼，重祭祀，为巫傩面具的存在提供先天的自然条件和文化土壤。三是文化变迁的影响。傩面具经历了历朝历代的洗礼，经过了数千年来的演变，从精神象征的器物到皇室祭祀的礼器，再到民间歌舞的道具，直到今天成为戏剧装扮的面具。不管是叙事对象的改变还是祭祀空间的变迁，对傩面具来说，其外延和内涵一直随时代的变迁发生着演变。

第五章　分布与规律

西南地区傩面具的分布状态与地理环境、民族分布、文化发展等因素密切相关。傩面具由于受西南地区自然地理环境、民族文化习俗以及政治经济等因素的影响，主要集中在四川盆地周围、云贵高原的山区，西藏、云南、四川交会的藏区，形成巴蜀傩面具、云贵傩面具和藏区面具的典型分布格局。对西南少数民族傩面具的地理空间分布状况以及分布特征进行分析，西南民族地区傩面具呈现出分布范围广，但整体上分布不均衡，局部相对集中，偏僻边远的山区明显高于经济相对发达的平原地区的特征。本书进一步分析傩面具的空间分布及演变与流传之间的关系，发现其既受地理空间因素的影响，还受文化交流传播及其衍化变迁的影响。

第一节　西南地区傩面具的地理空间分布格局

傩是一种古老而又神秘还极富特色的民俗文化，早在孔子时代就盛行并广为流传，据《论语·乡党》记载："乡人傩，朝服而立于阼阶"①，这说明早在春秋时期傩就已作为一种民间风俗活动而流行乡里。傩经过各个历史时期的沿袭和流传，遍布于长江流域、黄河流域、嫩江流域以及西南地区，并活跃于民间。但随着时代的变迁和社会的发展，傩在嫩江流域、黄河流域和长江中下游一带日趋衰落，直至消亡。然而，在西南地区，由于历史上长期处于政治、经济、文化的边缘地带，受中原文化影响较弱，加上地处偏僻、地

---

① 论语 [M]. 杨伯峻，杨逢彬，注译. 长沙：岳麓书社，2000：91.

势复杂、交通闭塞、经济落后，又有众多少数民族在这里繁衍生息，因而形成了独特的封闭的社会环境和少数民族特有的文化个性，这为傩的生存和发展提供了肥沃的土壤。迄今，西南地区仍然是傩俗活动最为丰富、傩戏种类最为繁多、傩面具特色最为显著的地区。

从我国傩文化资源地理分布来看，主要以黄河流域为中心，辐射到嫩江流域、长江流域以及西南地区。从空间格局的维度大致以黄河、长江为界进行划分，黄河以北为"北方傩"，长江以南为"南方傩"，黄河长江之间为"中原傩"。从傩的功用格局，又可分为宫廷傩、乡人傩、军傩、寺院傩。然而，傩面具作为傩祭傩仪的重要道具，伴随着傩的分布流传和扩散演变的空间格局，也逐渐形成了北方以萨满为特征的傩面具、南方以巫鬼为代表的傩面具和中原以神话戏剧人物为特征的傩面具的面具空间分布格局。

从傩的分布格局可以反映出傩的演变及流传之间的相互关系，既受地理空间因素影响，还受文化交流传播及其衍化变迁的影响。从商周到秦汉，以宫廷傩为主，主要分布在黄河文化区。直到汉代，宫廷傩才逐渐向四周波及，与地方习俗融合，形成独具地方特色的乡人傩。宫廷傩从都城长安传到秦中，随着汉武帝时期南向丝绸之路的开拓，一直向南流传，传至荆楚，由于荆楚之地多信巫鬼，巫风盛行，为傩在民间发展和兴盛提供了良好的土壤，千古传诵的《九歌》就有描绘楚人"歌舞事神"的民间巫祭宏大场面。又由于巴蜀与荆楚毗邻，巴蜀之地笃信巫术，惧鬼神，傩在这里得到进一步发展，继续向西南地区扩散流布。中原傩一路向西南流传，在扩散中与西南各地的巫风习俗文化相结合，得到了良好的发展，形成了特色鲜明的西南傩。秦汉时期，为了加强中原与西南地区的联系，巩固边疆的统治，以及明清时期的屯垦戍边，军队将中原傩带到西南边疆，形成了军傩，并逐渐地走向田间地头演变成地戏。而傩在历史发展过程中在黄河流域、长江中下游和嫩江流域逐渐衰落，日趋消亡。这也是傩面具在西南地区得以发展和繁荣的根本原因。

从目前西南傩面具的地理分布空间来看，主要为巴蜀傩面具、云贵傩面具和藏区傩面具三个傩面具区。这种分类不是以行政区域来划分，而是以不同特征的傩面具流传地域大致界定的，并且相互影响、相互交叠。譬如，贵州傩堂戏傩面具就覆盖了重庆酉阳、彭水和湘西等土家族地区。贵州北部的道真、正安、遵义的傩面具又受巴蜀阳戏的影响，具有明显的阳戏特征。云南傩面具涵盖了川黔交界地区及云南大部分地区的傩面具，藏区傩面具包含了西藏的藏戏面具、四川阿坝、甘孜和云南迪庆等藏区的傩面具。从族群分布空间来看，主要有四川藏区藏族的羌姆面具、藏戏面具，贵州的彝族撮泰吉面具、仡佬族的傩坛面具、土家族的傩堂戏面具、布依族的作道面具、毛南族的条套面具、云南的彝族虎面具、傣族木雕面具、景颇族的牛皮面具、哈尼族的彩绘面具，等等。

一、西南地区傩面具的地理空间分布状况

西南地区以山地、高原为主，地形结构复杂，从自然区划分来看，主要包含了巴蜀盆地、云贵高原、秦巴山地以及青藏高原南部和两广丘陵西部等地形单元，大致包括四川南部、陕西南部、湖南西部、重庆、贵州、云南、西藏东南部和广西西北部等。西南地区民族种类最为众多，分布了我国大多数少数民族，以云贵高原为中心，向周边辐射，其中云南是西南地区最多的少数民族聚居地，有23个世居民族，是我国民族种类最多的省份。西南地区崎岖险峻的地形犹如一道坚固的天然屏障，阻隔了外界的干扰和影响。崎岖复杂的地形也将西南地区分隔成众多互不连通、相互隔绝的封闭性地域单元，这些小单元也进一步延缓了各民族各地域之间文化的相互融合与同化进程，由于不同民族相互隔绝、缺少交流，形成了"十里不同风、百里不同俗"的族群生活圈。天然的地理空间为傩的生存和发展提供了先天的优势，由于民族众多，崇拜对象复杂，也为傩面具的发展和演变提供了肥沃的土壤和养分。

西南地区的傩面具的分布状态与地理环境、民族分布、文化发展等因素密切相关，主要分布在巴蜀盆地和云贵高原。由于受西南地区自然地理环境、民族文化习俗以及政治经济等因素的影响，形成巴蜀傩文化带、贵州傩文化带及四川、云南、西藏的寺院傩文化带。从傩面具的地理分布来看，主要呈现出巴蜀傩面具、贵州傩面具、云南傩面具和藏区傩面具的典型地理空间的分布格局。

（一）巴蜀傩面具

历史上的巴蜀，据《汉书·地理志》记载："土地肥美，有江水沃野，山林竹木蔬食果实之饶。"[1] 由于地处盆地，山势险峻，有高山江河，地处西南边陲，受战乱滋扰较少，同时，土地肥沃，适合耕种，历史上有"天府粮仓"的美称。自古巴蜀人向来自给自足、自得其乐，这样的地理环境和人文环境孕育了独特而鲜明的巴蜀文化。巴蜀处于长江上游，在这里孕育的巴蜀文化与中游的楚湘文化、下游的吴越文化共同构成长江文化。巴蜀文化占据着重要的地位，历史上经历灰陶时代、玉器时代和青铜时代。《华阳国志·蜀志》就有"巴蜀同囿，肇于人皇"的说法，可见巴蜀文化悠远和独特，以广汉三星堆遗址和成都金沙遗址为代表的殷商西周时期的古蜀文化，展示了巴蜀悠久的历史和灿烂的文明。三星堆遗址出土的青铜面具及祭祀器皿，也证明了古巴蜀巫祭之礼和傩祭之风。据推测，巴蜀的傩祭傩俗源于商周时期，再经过长久的岁月演变，融入了巴楚巫文化、道教文化和佛教文化以及原始宗教，由单一的祭祀仪式演变为集祭祀与戏剧于一体的傩戏表演艺术，傩面具也从最开始的祭祀面具演变为集戏剧、艺术于一体的傩戏面具。

考古工作者从三星堆遗址发现了商代的"祭祀坑"，发掘出了青铜面具四十余件，包括人面具、兽面具和黄金人面罩，其中青铜面具有二十余件，兽面具有九件，均呈夔龙形向两面展开，多做龇牙咧嘴状。[2] 出土的这批青铜面具中最引人注目的莫过于纵目面具，大嘴、鹰钩鼻，双耳硕大，像"招风耳"，向上挑出，眼球高高突出。与《华阳国志·蜀志》中记载的"有蜀侯蚕丛，其纵目"[3] 蜀人的始祖蚕丛氏的形象十分相似，这可能与古蜀先民在神庙祭祀崇拜蜀人始祖蚕丛有关。三星堆面具进一步表明了神灵偶像在古蜀地区的真实存在，古蜀先民较早地用较为昂贵的青铜材料，集中最精良的工艺技术制作图腾及神灵面具，作为神化的祭祀器物，反映了古巴蜀先民自古嗜尚祭祀，早就盛行巫觋祭祀。四川广汉三星堆遗址和成都金沙遗址青铜面具的

① 贾大泉，陈世松. 四川通史·卷一·先秦 [M]. 成都：四川人民出版社，2010：191.

② 四川省人民政府参事室，四川省文史研究馆. 巴蜀文化与四川旅游资源开发 [M]. 成都：四川人民出版社，1999：478.

③ 常璩. 华阳国志 [M]. 济南：齐鲁书社，2010：26.

发掘，揭示了西南民族地区祭祀面具早在商周时期就已出现，说明巫傩祭祀文化在西南地区源远流长，确立了西南地区巫傩祭祀面具在中国乃至世界面具文化中的不可或缺的地位。

西南地区傩面具受中原文化和荆楚文化的影响，在历经岁月的演变中融汇了戏剧成分的因素，形成最具典型的巴蜀傩面具特征。当前，巴蜀面具主要用于还愿傩戏表演和巫傩法事，其中以木质面具最具代表性。

1. 分布格局

巴蜀傩面具分布以四川盆地为中心，辐射到四川、重庆等周边地区，作为巴蜀各地区的巫觋傩祭、傩歌傩舞、傩戏仪式的重要道具而流传。巴蜀地区的傩戏，主要有流行于川东（现重庆地区）一带的傩愿戏、阳戏、庆坛戏和土地戏；流行于川南一带的端公戏、庆坛戏和师道戏；还有流行于川西一带的庆坛戏、端公戏等；在川北流行的主要是射箭提阳戏、傩坛戏和梓潼阳戏等。

川东一带主要指四川盆地东部地区，包含重庆、广安、达州、巴中及南充一带。这一地区主要有傩愿戏、酉阳阳戏、庆坛戏和土地公戏。这一类型的傩戏都是以设坛酬神还愿为目的，在还愿之日或神灵之生日，设坛祭祀，酬谢神灵，并夹杂民间花灯戏或神话戏剧进行表演，既酬神又娱人。其共同特点都是酬神还愿、病愈还愿或祭祀神灵，都要设坛祭祀，酬神娱人。信奉来自道教学说的各路神仙，有完整的仪式。川南一带主要指四川盆地东南部地区，包括自贡、泸州、内江、宜宾、乐山等地。这一地区主要有端公戏、师道戏和庆坛戏，大体可按照阴戏、庆坛与阳戏来划分。阴戏主要是与阴曹地府的鬼怪相关的法事仪式。庆坛戏主要是酬神还愿、庆贺神诞、祈福添寿、祷五谷丰登的庆坛法事。傩愿戏、师道戏等都可以归为庆坛戏。一般都有开坛、请神、放兵、土地、踏九州、收兵扎坛、请愿等法事仪式。端公戏又称"打包袱"或"对对戏"，一般为男女二人演唱，男巫为"端公"，女觋为"神婆"。端公戏吸收当地山歌和小戏，多为日常生活、精神面貌、乡土风俗和儿女私情等题材，故为阳事戏。川西主要指四川盆地西部边缘地带，包括成都、乐山、德阳、眉山、雅安等地区。这一地区主要流行端公戏和芦山庆坛等。位于川西雅安地区的芦山，民风古朴，历来就有庆坛酬神的习俗，每到年终或节令之时都要举行庆坛戏。芦山庆坛包含开坛、放兵、土地、请神、出倮倮、童子请仙娘、出二郎、踩九州、收兵扎坛等演出程序。一般都在法事中穿插民间花灯戏或歌舞小剧，有“一折灯一折坛”的习俗，达到娱神娱人的双重目的。川北主要是指以广元、巴中、南充为中心的四川盆地北部地区。这一地区主要流行射箭提阳戏、傩坛戏和梓潼阳戏等。射箭提阳戏又称“花花愿戏”，主要分布在广元市的射箭乡及川北周边地区，是酬神、娱人的祭祀表演形式，信奉道教，傩坛挂“三圣图”，即川主、土主、药王。演出分为开坛（请神）、娱人（演戏）、送神（送神灵归天界）。提线木偶、面具、人三种混合演出，有别于其他的傩戏，形成独有的艺术风格。梓潼阳戏主要分布在梓潼县及周边地区，以酬神还愿、驱邪纳吉为主旨，是集法事礼仪和戏曲表演、娱神活动与娱人活动于一体的傩戏。相传有三十二天戏和三十二地戏，表演以提线木偶为主，伴以面具和涂面装扮角色，除了天地正戏以外，还会唱花戏，逗人取乐、娱乐群众。梓潼阳戏中使用的面具不多，在“地戏”中只有扮演二郎神、灵官、土地者出场时才戴面具，其余为涂面化装。

分布在巴蜀一带的傩面具从艺术造型来看，主要分为三类，一类是以傩愿戏、傩坛戏为主体的傩面具，由于傩愿戏分为正戏和耍戏，正戏有一套严格的仪式程序，以神灵面具为主。耍戏剧目较多，以世俗面具为主，所用面具较多，各地在流传中又有所区别，所以面具的种类也最多。第二类是以扮演鬼神为主的庆坛面具，这一类面具最具特色，正神面具庄重威严，形态逼真。邪神面具夸张荒诞。第三类是以酉阳阳戏为代表的阳戏面具，戏剧化因素较浓。面具角色有文臣、武将、大王、小鬼，还有特定面具，比如关公、包公、孙悟空、和尚等戏剧面具。以下选取比较有特色的几种傩面具进行概述（见图5–1–1—图5–1–6）。

图5-1-1　秦童—阳戏　　　图5-1-2　武二郎神—阳戏　　　图5-1-3　秋姑娘—傩戏

图5-1-4　山王—傩戏　　　图5-1-5　土地公—傩戏　　　图5-1-6　先锋小姐—傩戏

资料来源：作者拍摄（贵州省美术馆）

（1）傩愿戏面具

傩愿戏，当地人亦称"傩戏"或"土地戏"，主要流传在黔江、酉阳、秀山、武隆一带，是以求子、除病、祈寿、求平安等为主旨进行许愿、显愿、还愿的一套祭祀仪式。有仙蓬小姐（开财门、扫瘟神）、开山将军（砍五方，驱疫鬼）、算匠（测吉福、避凶邪）、师娘勾愿（了愿、勾愿）等酬神还愿仪式，称为"正戏"。还有"耍戏"，表演剧目有《南山耕田》《牧童放牛》《翠香下书》《安安送米》《梅龙戏凤》《唐二别家》以及"三女戏"。① 在人物塑造上借助面具来烘托，正戏面具一般有仙蓬小姐、开山将军、先锋、算匠、土地公、歪嘴秦童等面具，面具做工精巧，形象较为写实，有较好的概括性和象征性。耍戏面具因各地剧目的差异，多为民间世俗人物形象。有神态淳朴忠厚的正面人物形象，也有专事插科打诨的滑稽角色。面具都是选用当地木材进行精细雕刻，再覆以彩绘。

（2）庆坛戏面具

庆坛戏主要分布在四川、重庆等大部分地区，在贵州相邻地区也有流传。在旧时，每逢岁末年初，都要设坛祭祀，祈求神灵庇佑，降福禳灾。在四川等地流行的师道戏、师公脸壳戏和庆坛戏都同属一类，以岁时祭祀、酬神还愿为主旨，以驱邪纳福、确保人畜平安、人寿年丰为目的。庆坛时，除了祭祀酬神以外，还要唱戏，演出若干剧目，分为正坛和耍坛。一般正坛有整套的仪式程序，耍坛则在仪式中穿插一些民间灯戏，每个地方略有不同，但基本上都是在酬神的同时演出民间小戏或地方花灯，达到既娱神又娱人的目的。庆坛跳神时大都要戴上木质面具装扮为各路神灵，其中王灵官角色是不用面具，而是涂面画脸谱，事毕将王灵官的脸谱用皮质材料拓印下来，贴于屋内驱鬼辟邪。庆坛戏的面具一般有二郎神、雷公（火神）、孽龙、财神、土地公、土地婆、蚕丝公、天丝婆、春官、保保等。面具具有强烈的装饰性，或写实或夸张。面具雕刻正邪分明，正神面具庄重和善，色彩浓淡相宜，恶神面具则狰狞凶恶，以靛蓝色为主调，营造一种阴森森的杀气。世俗神面具则分为正角和丑角，正角面具倾向于敦厚朴实，具有较高的写实性，丑角面具则夸张变形，增强怪诞性和娱乐性。面具的材质一般采用当地的杨柳木或丁香木以及笋壳和纸壳等。

（3）阳戏面具

阳戏分为开脸阳戏和面具阳戏。开脸阳戏主要流传在黔江、彭水、武隆，表演时具有丰富的面部表情，有一定的戏剧表演形态。面具阳戏主要流传于重庆酉阳、秀山等地。一般演出时，演员都要头戴木质面具，这种面具被当

① 严福昌.四川傩戏志［M］.成都：四川文艺出版社，2004：78.

地人称为"鬼脸壳"或"戏脸壳"。酉阳阳戏分为请神、正戏、送神三部分，其中正戏就是阳戏的主体部分。阳戏的面具多达几十种，一般分为正神面具、凶神面具、世俗面具、丑角面具和牛头马面等，通常必备的傩面具有山王、将军、判官等25种。面具多采用当地的柳木、白杨木雕刻。在面具造型上，注重人物性格的塑造，做工精致，表情夸张，正神正直善良，其他面具则威武、凶悍、怪异，眼球突出，龇牙咧嘴，眉毛上扬，使人感到一种神秘的威力和粗犷的美。

（4）提阳戏面具

提阳戏又称"射箭提阳戏"。提阳戏在我国乃至世界都有一定的影响，因长期流传于四川广元市的射箭乡而得名。射箭提阳戏是采用提线木偶、面具和涂面三种手段的一种傩戏表演，所以又称为"提线阳戏"。提阳戏将提线木偶视为神仙，称为"天戏"，戴面具为次之，称为"地戏"，涂面化装表演则称为"花花戏"，主要是娱人的节目表演。作为"天戏"的提线木偶一般有川主、土主、药王、开山、杨泗将军、文昌、关羽等32个神灵。"地戏"的面具有二郎神、灵官、和尚、土地公等神灵鬼怪人物形象，涂面装扮主要是配合地戏，以娱神娱人为目的，是从宗教功能向娱人功能转变的一种傩戏。射箭提阳戏以木偶、面具和涂面为表现手段，制作这些道具或绘制这些脸谱都需要高超的技艺。因此，提阳戏面具相比巴蜀其他地方的傩面具显得更精致精巧，大多是以民间传说故事或唱本提供的人物为原型进行雕刻的，使其面具形象更加符合人物性格。面具根据人物面部五官采用凹凸雕刻，立体感更强，具有较强的艺术价值。

（5）端公戏面具

端公戏分布广泛，在川、陕、渝、黔、湘、桂、滇等地均可见。在巴蜀地区主要分布在四川的巴中市、南充市、广元市，以及重庆的部分地区。四川端公戏又称"坛戏"，源于古代祭神的地方小戏，参与祭祀的人幻化成沟通神灵的使者，这些通灵者被称为"端公"，由"端公"组班进行装旦抹丑、神歌巫步、踊踏欢唱的地方小戏称为"端公戏"。面具在端公戏中非常重要，面具是端公戏的灵魂，是神灵的象征和载体，没有面具，端公戏就跳不了，因此，端公戏面具是最为引人注目的道具。端公戏面具主要用于正坛戏和耍坛戏，正坛戏主要是酬神了愿，供奉道教神仙，演出的主要神灵全是道教神灵形象，宗教色彩强烈。耍坛戏则全是娱人的剧目，多是移植当地民间小戏。四川端公戏面具一般有两类：一是神灵角色（二郎神、灵官、蘖龙、孙悟空、桃山大王、福星、寿星、龙王、土地公、土地婆等），此类面具雕刻绘制通常正邪分明，正神威武端庄和善，恶神狰狞凶恶；二是世俗人物角色（笑和尚、歪嘴和尚、李画匠等世俗人物形象），此类面具有正丑之分，正面人物敦厚朴实，丑角则滑稽扮丑，憨厚可掬。整体来看，端公戏面具雕刻多讲究写实，或表现夸张，色彩鲜明，具有强烈的装饰性。

2. 分布特征

巴蜀傩面具经过数千年，由祭祀面具、傩舞面具和地方戏剧面具融合杂糅发展演变，随傩戏的广为流传而流布巴蜀大地及周边地区。从现有的文献资料及实地调查来看，主要分布在偏远的山区和少数民族地区，这是因为在偏远的山区有广泛的群众基础，还保留着传统习俗，而少数民族地区保留着本民族的文化习俗，这些都为傩面具的发展提供了生存发展的土壤。因此，从这些因素来看，巴蜀傩面具在巴蜀地区的分布极不平衡，呈现出外围向内部逐渐缩小，川东地区明显高于其他地区的分布特点。这里的外围主要指川东（包含重庆地区）、川南、川西、川北等偏远地区及少数民族地区，内部则是以成都平原为中心的经济文化较发达地区。

表 1 巴蜀地区傩面具分布状况表

类别	地理空间分布	分类	流布地区	艺术特征
巴蜀傩面具	川东一带	傩愿戏面具、阳戏面具、庆坛戏面具、土地戏面具	重庆的黔江、酉阳、秀山、武隆一带	做工精巧，形象较为写实，有较好的概括性和象征性，戏剧化成分较浓
	川南一带	端公戏面具、庆坛戏面具、师道戏面具	四川、重庆等大部分地区，以及与贵州相邻部分地区	造型古朴，形态逼真，正邪分明，具有强烈的装饰性
	川西一带	庆坛戏面具、端公戏面具	雅安地区、芦山一带	表情夸张，色彩鲜明，具有强烈的装饰性
	川北一带	射箭提阳戏、傩坛戏和梓潼阳戏	四川广元市的射箭乡一带	采用凹凸雕刻，立体感更强，独具特色

从上表可看出，巴蜀傩面具分布具有以下典型特征。

（1）围绕成都平原向外环绕分布

从巴蜀地区傩面具的分布来看，大部分分布在川东、川西、川南、川北一带，形成环绕成都平原向外围的边远山区发散分布状况，越是偏僻的山区和少数民族地区，傩面具的遗存越丰富。这主要与傩面具作为逐疫驱邪的祭祀功用有关，越是远离政治文化中心的偏远山区和少数民族地区，越会保留着这种传统巫术祭祀活动，作为民众祭祀诉求或娱神娱人的载体而存在。

巴蜀地区包含四川盆地及其附近的地区，以成都平原为中心，包含了四川中东部和重庆大部分地区，素有"天府之国"之称，历来经济文化高度发达，孕育了巴蜀文化，为傩面具的发展提供丰富的养料，但随着社会的发展和文化的变迁，傩这一宗教祭祀氛围极浓的仪式活动逐渐散落在民间，在偏僻的山区和少数民族地区活跃。这种远离政治经济中心城市，向偏远山区和少数民族地区的分布状况，是当前所有傩面具在地理空间上所呈现的分布规律。但巴蜀傩面具主要分布在四川盆地的大部分地区，围绕成都平原向外围环绕分布，越靠外围分布越多，而内部地区分布极少，呈现出由内部向外部发散富集的分布特征。

（2）区域分布极不平衡

巴蜀地区傩面具的分布极不平衡。在四川盆地的中心地区傩面具极少见，傩面具主要分布在川东、川西、川南、川北的外围偏远地区，这些地区都是土著居民生活较多的地区。这和历史上的几次大移民有关，特别是明末清初的"湖广填四川"，大量的移民带来文化经济的繁荣，也带来外来文化对本土文化的冲击，除了边远的山区还保留部分傩面具以外，在成都平原等大部分地区很少保留傩面具。巴蜀傩面具的这种分布极为不平衡的状况，主要受经济社会的发展和现代文明的冲击，在经济越是发达的地区傩面具越是少见，反而在经济落后的偏僻山区和少数民族地区最为常见，呈现出了区域分布上极不平衡的典型特征。

（3）渝东地区明显高于其他地区

川东及渝东的大部分地区明显高于其他的地区，尤其是重庆东部的武隆、彭水、黔江、酉阳一带分布最为富集。陈季君在《清代中国西南戏曲时空流变研究》中认为："在川东地区的有师道戏、傩愿戏、阳戏、庆坛等13种，约占全部傩戏种类的46%，川南地区分布的傩戏有秧苗、赵侯坛、庆坛戏3种，约占全部傩戏品种的11%，川西地区分布有佛坛戏、芦山庆坛戏等6种，约占全部傩戏种类的21%，川北地区分布有射箭提阳戏、傩坛戏、剑阁阳戏、梓潼阳戏和苍溪庆坛5种，约占全部傩戏种类的18%。"[①] 显然，川东地区的傩戏明显高于其他地区，傩愿戏面具、庆坛戏面具、酉阳戏面具等大部分巴蜀傩面具都分布在川东的重庆大部分地区。由于这里主要是土家族聚居的地区，地处武陵山区，靠近武夷山脉，这里沟壑纵横、山高林密，受荆楚文化的影响，历来崇巫尚鬼，重淫祀，凡节日必祭祀祈禳，因此成为傩面具遗存最为丰厚的地区。

（4）各地造型特征鲜明

在川东一带，有着以酉阳阳戏面具为代表的傩面具。这类傩面具的戏剧成分较浓，面具角色有文官、武将、大王、兵卒、小鬼等，也有剧目专用的面具，如包公、关羽、和尚等，面具造型按照戏曲程式进行扮演，甚至还有戏剧脸谱。在川西、川南一带有以庆坛戏面具为代表的傩面具。这类傩面具以扮演鬼神为主，设坛祭祀，祈求神灵庇佑，降福禳灾，这类面具造型古朴，形态逼真，形象独特，装饰性强。川北一带，以射箭提阳戏面具为代表。这类傩面具以提线木偶为主体，兼具面具扮演和涂面造型等，分为三十二天戏和三十二地戏，有川主、土主、药王等三十二个神像面具，这类面具采用凹凸雕刻，立体感更强，独具特色。

总体来看，巴蜀傩面具的地理空间分布，既受地理空间格局的限制，广阔的平原极少见，而在偏僻的山区却分布较多，还受到政治经济以及地域文化的影响，在经济较为发达的地区分布非常罕见，而在经济较落后，地域文化和民族文化较浓的地区却广泛存在。

（二）贵州傩面具

贵州是史前文明发源地区之一，在旧石器时代就有人类在这片土地上活

---

① 陈季君.清代中国西南戏曲时空流变研究［M］.北京：中央民族大学出版社，2017：68.

动。考古发现贵州境内的黔西观音洞、桐梓的岩灰洞等多处旧石器时期遗址，证明古人类早就在贵州高原生息繁衍，另司马迁在《史记》中载："西南夷君长以什数，夜郎最大……此皆魋结，耕田，有邑聚"①，也说明了早在春秋时期的夜郎之地就"耕田、有邑聚"，并诞生了以夜郎文化为代表的西南民族山地文化。但由于贵州远离中原，这里山川阻隔，沟壑分割，历史上长期属于物质生产、文化交流都不发达之地，曾被视为蛮荒之地。在贵州历史上巫风盛行，崇拜鬼神，信仰巫祭，由于与巴蜀、荆楚地域相毗连，受巴蜀文化和荆楚文化的影响，形成了"信巫鬼、重淫祀"的文化氛围。"苗俗信鬼，黔地皆然"，各种各样的自然崇拜、鬼神崇拜、图腾崇拜就深入了人们的生活方方面面，凡事都要以各种仪式来规范人们的行为。因此，各种傩仪、傩礼、傩俗就发展并长期流传下来，作为傩祭中用来沟通神灵最重要的道具——傩面具，在贵州这片土壤随傩祭、傩仪流传了数千年。由于傩面具所具备的物质属性，在历史的变迁岁月中不宜长期保存和收藏，唯有通过史料构建和文献梳理，回溯才能发现傩面具在贵州的发展及流变脉络，窥探傩面具随傩祭、傩戏发展流变的"面貌"。这就是其与巴蜀傩面具的不同，巴蜀傩面具通过古遗址出土的青铜面具的考古发掘，可以推知其历史及演变历程，而贵州傩面具始于何时、最初的造型、样式等，都无实物可证，也无从稽考。只从《贵州通志》（卷十三）中插图"士人跳鬼图"看到有二人头戴面具，大致可勾勒出贵州傩面具的雏形及样式，但这也充分说明，至明末清初贵州傩面具的遗存图样及盛行状况。

1. 分布格局

贵州是一个多民族省份，世居17个少数民族，属于历史上的"百濮""百越""羌"等古民族的后裔，长期生活在贵州的崇山峻岭之中，形成"大杂居，小聚居"的村寨聚落。大山的阻隔给交往带来不便，便形成相对独立的文化单元，构成"十里不同风，百里不同俗"的贵州文化特质。在这样的文化生境中，贵州傩文化得以较好地保留下来。在贵州历史上，处于荆楚、巴蜀交汇区域，受到巴蜀文化和荆楚文化的影响，形成不同地域文化的沉积带，因

---

① 司马迁.史记（卷116）[M].北京：中华书局，2006：670.

此，贵州傩文化分布就呈现出鲜明的地域文化特征。庹修明先生在1995年举办的"贵州文化国际学术研讨会"上提出，将贵州傩划分为两大系列、三个层次。[①] 一是民间傩系列，将与川、渝、湘、鄂毗连的黔北、黔东等地的汉、苗、侗、土家、仡佬等民族地区的傩戏归于民间傩，这部分地区由于民间傩既有傩祭向傩戏过渡的傩的雏形阶段，也有傩戏中戏剧因素不断增加和发展的傩戏表演艺术的较高阶段。二是军傩系列，将黔中地区的地戏归为军傩系列，因为这类傩戏增加了古代军事题材，戏剧因素更趋完善，可以认为是傩戏发展的更高一级层次系列。三个层次主要是按地区来划分：威宁彝族傩戏"撮泰吉"，黔东、黔北的傩戏群，黔中安顺的地戏。从贵州傩面具的分布来看，较为有代表性的也主要在黔东、黔北的部分地区，黔中的安顺一带，黔西毕节威宁一带。按照庹修明先生对贵州傩戏的划分，既有贵州文化生境的因素为背景，也有中原文化植入的原因。傩面具按照两大系列、三个层次在贵州土地上分布，这样的观点也得到了其他专家学者的认可。皇甫重庆先生在《贵州傩面具艺术》绪论中，将贵州傩面具按照地域分为四类：黔西北彝族傩面具（较低的层次）；黔西南地区的民俗傩面具（次高层次）；黔北、黔东、黔南地区傩戏面具（较高层次）；黔中地戏面具（更高层次）。[②] 黔西南的吞口面具虽然也属于傩面具范畴，但不用于傩祭和傩戏活动中，所以，多数学者都没有把这种面具归到傩面具进行识别。从这四种类型傩面具可以看出贵州傩面具演变的不同遗存形态：低层次阶段的傩祭面具、较高层次的傩戏面具、更高层次的戏剧表演的地戏面具。傩面具从神化形象到人化脸谱、从娱神道具到娱人脸谱的演进，从森严庄重的神坛走向民间世俗演出舞台，成为民间雕刻装饰艺术，从而广为流传。

贵州的傩面具几乎覆盖了全省大部分地区，为了便于梳理出清晰的傩面具分布格局，按照分布地域将较为典型的面具分为三大类别。一是分布在贵州西北部的威宁彝族撮泰吉面具；二是主要分布在贵州东南部的铜仁地区的傩堂戏面具；三是主要分布在贵州中部的安顺的地戏面具（见图5-1-7—图

① 庹修明.贵州傩戏文化［J］.教育文化论坛，2010，2（3）：89-95.
② 贵州省艺术研究室，上海人民美术出版社.贵州傩面具艺术［M］.上海：上海人民美术出版社，1989：15.

5-1-12）。

图 5-1-7 威宁—撮泰吉　图 5-1-8 秦童娘子—贵州德江　图 5-1-9 周仓—贵州德江

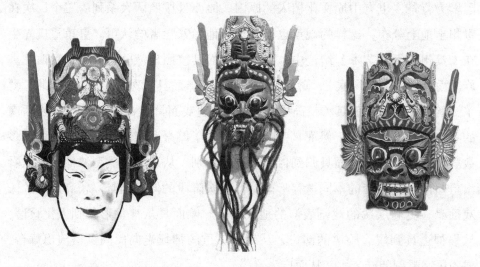

图 5-1-10 邓婵玉—贵州安顺　图 5-1-11 单雄信—地戏　图 5-1-12 盖苏文—地戏

资料来源：作者拍摄（贵州民族文化宫）

（1）撮泰吉面具

　　撮泰吉面具主要分布在贵州威宁彝族回族苗族自治县的板底乡裸戛村一带。威宁彝族回族苗族自治县位于贵州的西南部乌蒙山区，其西部、西北部和南部分别与云南接壤，东南、东北部与四川毗邻，属云贵高原东延部分的高寒山区，是珠江水系、长江水系、乌江水系及北盘江的发源地。这里山高箐密，气候寒冷，当地人民生活十分清苦，由于地处偏远，交通不便，文化落后，人们每遇天灾人祸都习惯祭山神，举行撮泰吉来驱邪纳吉，祈求平安。"撮泰吉"是根据彝语音译"约定俗成"而来，根据彝语释义应为"人类进化的游戏"，简称为"变人戏"。撮泰吉流传在一个相对封闭的彝族山寨，外人较少深入这里，因此，作为古老而原生态的傩文化，撮泰吉始于何时，彝文古籍没有确切记载，更无汉文献史料可考。撮泰吉的表演分为扫寨、喜庆、耕作、祭祀等环节，反映了彝族农耕、迁徙、繁衍的历史。由于撮泰吉是较为古老的傩戏，积淀了许多原始的成分，比如模仿史前人类的说话、走路、装扮、犁土、驯牛等劳作场景和喂奶、交媾等生活场面。演员动作粗狂，反映人类从蒙昧状态逐渐进化，解放双手直立行走的神话故事。

撮泰吉面具原始古朴，选用高山的杂硬木制作而成，工艺较为简单，在约一尺长的原木上砍成毛坯，再粗略地刻出五官。造型简单，色彩单一。面具呈长方形，四角收为圆弧，前额宽阔，眼角上挑，高鼻梁，只在眼睛和嘴的位置留出孔。用墨汁或锅烟灰涂成黑色，用石灰或粉笔随意在黑底上画出一道道的白色线条，胡须用麻线钻孔安上即可，没有过多的雕饰和彩绘，给人一种原始、稚拙、怪诞、野气十足的感觉。撮泰吉面具均有特定的角色，阿布摩戴白胡须面具，麻泼摩戴黑胡须面具，嘿布戴无须兔唇面具，阿达姆和阿安布都戴无须面具。

（2）傩堂戏面具

贵州傩堂戏面具覆盖范围广，遗存也极为丰富，主要分布在黔北的湄潭、凤岗以及黔东北的德江、思南一带。傩面具是傩堂戏最重要的道具，佩戴面具是傩堂戏最显著的特征，但在贵州各地傩堂戏的面具数目也各不相同。在民间流传有"半堂戏有十二面具，全堂戏有二十四面具"的说法，但实际使用面具的数量是根据各地演出的剧目而定的，可多可少，甚至在脸上用彩妆画脸谱也行。据笔者在铜仁沿河考察傩堂戏，就有当地傩堂戏班直接在脸上涂面进行角色装扮[1]。

贵州傩堂戏大多采用杨木、柳木或丁木制作而成。这主要是杨木质轻不

---

[1] 课题组赴贵州省铜仁市沿河土家族自治县谯家镇大木村大池山组王姓家进行傩堂戏表演程式及仪式调查（2014年9月）。

易开裂，丁木质软有韧性，而柳木可辟邪的原因。这类面具造型还未摆脱逐疫驱鬼的成分，从选材、造型、上色上都有神秘的宗教色彩和夸张的表现，面具造型重写实，强调人物个性，利用面具五官局部的变形、夸张来体现人物的性格，造型粗犷奔放，色彩厚重古朴凝重。

贵州傩面具角色众多，男、女、老、少、文、武、神、僧、道、丑皆有。按其人物性格及造型特征可分为正神面具、凶神面具、世俗人物面具和动物面具四种类型。正神面具多为正直、善良、慈祥的神祇，如"梁山土地""消灾和尚""先锋小姐"等人物角色面具，面具造型重点在五官处理上，用大方耳、弯弯眉、细眼睛，给人一种和蔼可亲、憨厚忠实的形象。凶神面具大多为武将正神，如"开路先锋""山王""灵官"等人物角色。面具五官造型为头上长角、赤眉怒目、嘴含獠牙，突出人物角色狰狞诡异、勇猛凶悍的特点。世俗神面具是根据傩堂戏剧情需要设定的角色，如"甘生""秦僮""梅香""打菜娘"等各种凡人形象。面具造型主要塑造人物性格，或是眉清目秀、忠厚淳朴的小生角色，或是歪嘴斜眼、插科打诨的戏剧角色，或是按照传统审美观念塑造的柳叶眉、丹凤眼、樱桃小嘴的少女角色等，无不反映出时下的世态人情和生活风俗。动物面具常见的有"孽龙""猴王""牛头""马面"等。孽龙面具在黔北的道真仡佬族傩堂戏中还可见，其造型额生两角，嘴吐獠牙，眼睛和下颚活动，依靠装扮人面部牵动机关，面具可以眼眨嘴动。其他动物面具在傩堂戏中已经很少见了。

（3）地戏面具

地戏面具主要流行在贵州黔中一带，主要集中在安顺及其周边地区，是以屯堡人（汉族）为主体，辐射到周边的布依族、苗族等村寨进行地戏表演的面具。地戏是一种源于驱邪酬神的原始傩戏，是一种用来驱邪避灾祈福保平安的地方戏，沈福馨认为地戏就是源于原始傩舞和傩仪的一种傩戏。[①] 地戏在贵州形成的具体时间，现从文字上已无从稽考，但一般都认为，是随着明代初期实行调北征南和屯田制度，在安顺平坝等地设置卫所，开设屯堡，推行屯田，这些屯田士兵定居贵州后形成了"屯堡人"，屯田的士兵和南迁的移

---

① 庹修明. 傩文化与艺术［M］. 贵阳：贵州人民出版社，1993：300.

民带来了傩戏，并延续下来。

地戏面具在地戏表演中占据十分重要的位置。地戏面具在安顺地区都称为"脸子"，当地艺人常说："看地戏就是脸子（面具）。"地戏面具与傩戏面具相比造型更精致，色彩更丰富，形象更生动，装饰性更强。地戏面具由头盔、脸部和耳翅三部分构成，在整块木头上雕刻出头盔和脸部，耳翅单独制作成型，用细绳分别系在面具两边，构成一个面具整体。地戏面具的头盔和耳翅在傩戏面具中是没有的，这也说明地戏源于古代阵前驱邪逐疫的"军傩"仪式及中原"傩舞"习俗，从表演的剧目来看，主要取材于《封神》《三国》《隋唐演义》《杨家将》等军事题材历史故事，这也说明了地戏面具源于古代战争人物的装扮，增加头盔在耳翅插上翎子更加突出人物的威武雄壮，烘托打斗场面的气氛。

地戏面具的造型和色彩，是艺人们根据剧目和故事人物形象塑造的，在长期的发展中艺人们根据自己的理解和观众的好恶，对着色和造型形成了一定的程式规范。比如"男将豹眼圆睁、女将凤眼微闭"的眼睛雕刻造型，"武将烈如火、小将一支箭、女将一条线"的眉毛雕刻表现，还有对嘴的造型有"天包地、地包天、鸡嘴"之分，头盔也有平盔、尖盔、道帽的区别，等等，形成了固定的造型表现程式。在着色上，大红大绿，对比强烈，层次分明，色彩夸张。红脸多表现中正刚直的将军和主帅，肉色脸多为女将、俊美少将等。青脸则多为性格暴烈、凶猛骁勇的武将。绿脸为力大无穷的勇猛将军。

地戏面具的人物众多，一堂地戏少则数十个，多则上百个角色。由于角色太多，每堂面具都不可能全部齐备，常常用同类角色面具代替。

地戏面具应该是起于明代，但现在已无法看到明代的面具，目前能考察到的面具推测是清代和民国时期流传下来的。由于面具属于木质雕刻，年久难以保存，加上现代雕刻技术的不断完善，在不断添置和不断淘汰更新中，甚至屯堡景区还将地戏面具作为艺术品进行销售，将地戏面具的传统审美与现代造型相融合，从祭祀器具向现代装饰艺术品进行转化。

2. 分布特征

贵州傩面具在我国傩面具中种类最多、保存最为丰富、流传最广，在贵州的17个世居民族中都有流传，几乎遍及了贵州的所有地区，主要流行于黔北仡佬族、黔东北土家族、黔西南布依族、黔西北彝族、黔南苗族和黔东南侗族等少数民族聚居地，以及黔中屯堡一带。从地理空间分布来看，大致可分为：黔西一带，以撮泰吉面具为代表；黔北、黔东一带，以傩堂戏面具为代表；黔中一带，以地戏面具为代表。分布在这三个地带的傩面具根据傩祭仪式中的戏剧因素和工艺技艺成熟程度，可分为三个层次：以彝族的撮泰吉的原始古朴为低层次系列；傩堂戏面具造型更加注重写实和刻画人物性格特点，而被视为次高层次系列；地戏面具戏剧化因素更浓，有较为成熟的造型程式，雕刻精细，强调人物性格的刻画，属于较高层次系列，并各自呈现出鲜明的地域文化艺术特征。

表 2　贵州傩面具分布状况表

类别	地理空间分布	分类	流布地区	艺术特征
贵州傩面具	黔西一带	撮泰吉面具	贵州威宁彝族回族苗族自治县的板底乡裸戛村一带	造型简单，色彩单一。体现出原始、稚拙、怪诞、野气十足的艺术特征
	黔北、黔东一带	傩堂戏面具	黔北的道真、湄潭、凤冈以及黔东北的德江、思南一带	面具造型重写实，强调人物个性，造型粗犷奔放，色彩厚重古朴凝重
	黔中一带	地戏面具	贵州黔中一带，主要集中在安顺及其周边地区	造型程式化。强调空间感，整体性强，色彩丰富，对比强烈，装饰生活化

从上表可看出，贵州傩面具地理分布具有以下特征。

（1）整体分布不均

从贵州傩面具的分布来看，黔北、黔东北最为丰富，分布在遵义的道真、正安、绥阳、湄潭、凤冈和铜仁地区的德江、沿河、思南等地，几乎覆盖了黔北、黔东和黔东北大部分地方，主要集中分布在仡佬族聚居地和土家族聚居地。除了黔中、黔西地戏面具和撮泰吉面具较为集中外，在黔西南、黔东南只是呈现出零星分布，并未有大规模的发现，其他地区更是未见有分布。

从地理分布来看，黔北、黔东等地流传较为广泛。黔北与重庆接壤，受巴蜀文化的影响，这一地区的傩面具就具有巴蜀文化和中原文化的特征，面具雕刻精细，工艺精湛，其中较有特色的属于道真的孽龙面具，其状如龙首，额上凸起双角，口吐獠牙，眼珠和下颚有机关连动可以活动，表演中最为生动传神。黔东北与湖南接壤，处于土家族聚居带，武夷山脉贯穿其中，土家族聚居区内沿武陵山系江河蜿蜒分布，受湘楚文化的影响，成为傩文化富集地区，这一地区傩面具种类最多，分布也最广。而地戏面具主要集中在黔中的安顺等地，面具雕刻精美，色彩绚丽明亮，造型繁多精彩。撮泰吉面具则主要集中在贵州威宁彝族回族苗族自治县板底乡，造型原始古朴，工艺粗略。

总的来看，东北部傩面具种类较多、分布较广，而中部和西部的傩面具分布较为集中、种类单一，其他地区傩面具则零星分布。整体上，贵州傩面具呈现出分布不均的地理空间格局。

（2）局部相对集中

从具有典型艺术特征的贵州傩面具空间分布来看，傩戏面具、傩堂戏面具主要集中在黔北、黔东北和黔东一带。黔北地区以道真仡佬族傩戏面具最具特色，其最富代表性的是"双抱耳神鱼尾式"山王面具，雕刻精美、活灵活现。而在黔东土家族地区，傩面具则以工艺精湛的德江为典型代表，有24面之多，每个面具都有一个传奇的故事。地戏面具主要集中在黔中安顺地区，是屯堡人独有的进行传统民间戏剧表演的木刻面具。撮泰吉面具则深藏于贵州莽莽的乌蒙山深处的彝族村寨——威宁彝族回族自治县板底乡裸戛村。因此，从局部分布来看，贵州傩面具相对集中在少数民族聚居的几个村寨或自然形成的一些村落。

（3）差异极为明显

贵州傩面具三个典型地区分布带的面具在祭祀功能、工艺技术、造型艺术等方面都存在极大的差异性。

分布在威宁彝族村落的撮泰吉面具，雕刻极为简单质朴，靠胡须和粉笔画出不同线条来区分角色，面相不分，色彩单一，只用墨汁或锅烟墨涂黑，用石灰或粉笔画出道道白线，稚拙古朴，原始怪诞，野气十足。在制作工艺上，粗犷简单、色彩单一，是贵州傩面具中保存原始性质最完整的面具。分布在黔北、黔东一带的傩堂戏面具，造型偏重写实或夸张，注重凝重感，部分面具为了增加戏剧的奇特效果，将眼珠和下颚制作成活动的部件，表演时通过嘴的操作使面具产生动感，这部分面具造型复杂，雕刻工艺也比较精细，但总体上，工艺技术都不如地戏面具复杂和精细，色彩也不如地戏面具绚丽多彩。黔中一带的地戏面具是具有独立特征造型面具，造型比傩戏面具更加精细，色彩也更丰富，装饰部件较多，戏剧成分更浓。地戏面具的制作有一套完整的工序，整个制作工艺复杂，风格兼具写实和夸张，由头盔、脸部与耳翅三部分组成，角色有将官、道人、丑角、动物等，将世俗色彩与人情趣味完美结合，不仅仅是装扮的道具，还是赏心悦目的艺术作品。

将撮泰吉面具、傩堂戏面具、地戏面具进行比较可知，三者在工艺造型、艺术风格等方面都存在较大差异，形成各具特色、差异明显的分布格局。

（4）少数民族地区富集

按照贵州傩面具分布地带，黔中安顺地区的地戏面具主要在屯堡人及周边布依族村寨流传，黔北、黔东北傩戏面具主要在仡佬族、土家族、苗族村寨流传，而撮泰吉面具主要流传于威宁的彝族村寨。

从流传的这些地区来看，地戏面具由屯堡人带来的军傩与当地的布依族傩戏融合发展而来，因屯堡人来自江南一带，是一支特殊的汉族民系，当地的布依族寨子在吸取屯堡人地戏优点的基础上，与当地布依族傩戏进行融合，逐步形成了具有本民族特色的布依地戏。因此地戏面具既有来自江南一带的文化元素，也带有当地布依族色彩。遵义地区主要集中在仡佬族、苗族聚居的村落，黔东北的铜仁地区主要集中在土家族、苗族聚居的村落。历史上，长期受巴楚文化的影响，《思南续修府志》载："冬日傩，沿街巡行，以畅春气。墟市开，又有因斋醮而扮者。"[1]在偏远的山区和少数民族地区具有广泛的巫风傩祭习俗。黔西毕节威宁的彝族村寨，地处偏僻、交通不便、山高箐密、气候寒冷、经济文化非常落后，流传的撮泰吉，被称为"人之初、戏之始、彝之源"的原始表演仪式，撮泰吉面具就是配合这种原始祭祀仪式的道具。

所以，从地戏面具、傩戏、傩堂戏面具以及撮泰吉面具的流布来看，主要集中在偏远的少数民族村寨，这里地处偏僻，长期交通不便，经济文化相对落后，因此成为傩面具富集的地区。

---

① 曲六乙.中国少数民族戏剧通史（上卷：古代篇）[M].北京：中国民族摄影艺术出版社，2014：420.

（三）云南傩面具

云南地处中国西南边陲，自古以来就是一个多元文化交融的地方，是人类文明重要发祥地之一。考古及史料记载，旧石器时代云南就有人类活动的足迹。1965年考古发现的"元谋人"，经科学测算，是我国境内迄今发现的最早人类，[①]从云南沧源、麻栗坡岩画以及云南各地出土的陶器也能看出，云南在新石器时代就有较高水平的文化艺术活动。战国时期，秦统一中国后，在西南地区设置郡县，修"五尺道"，开通了往云南的道路，中原文化随之流入云南，有力地促进了云南经济文化的发展，涌现出了中原文化与本地文化结合而成的地方文化。三国时期，云南中部地区受蜀国统辖，先进的生产技术流入云南，给当地的生产生活带来了深远的影响，特别是隋朝大量的汉族人口涌入云南，带来了汉族文化，与当地土著文化结合，加上印度与东南亚文化的影响，特别是佛教文化的传入，形成了独具特色的地方民族文化。

傩面具作为一种特殊的文化现象，自远古时代流传下来，至今留存在一些地区和民族中并与现代文化并存。这与当地的民族习俗、宗教信仰、生活习性密切相关，还受当地的物质载体，工艺技术等的影响，一旦与当地文化环境有机融合，必然会呈现出鲜明的地域特征和民族特色。

云南少数民族众多，各民族之间历史源远流长，民俗文化丰富，各种文化兼收并蓄，历史上各个时期流入的文化都能在这里找到合适的栖身之地，与本土文化融合发展。由于云南境内多山多峡谷，环境相对封闭，使得云南这片偏僻、神秘、古朴的土地为古老的民族文化提供了生生不息的生命力。各具特色的傩文化得以在这些相对独立的文化单元较为完整地保存下来，并呈现出了多层面的傩形态。一是与原始生活方式相关的傩仪。主要存在云南少数民族中，由于受"万物有灵"的自然崇拜观念的影响，他们将与生活有关的动物、植物作为图腾崇拜对象。二是与丧葬礼仪相关的傩仪。云南少数民族有让死者灵魂回归祖灵地安息的寻根意识，所以在丧葬活动中都要举行隆重的傩舞仪式，就是为死者祈祷，求得鬼神的庇护。三是以逐疫祈福为目的的傩仪。任何一个民族在经历原始社会阶段时，都有原始宗教信仰意识。

---

① 杨德聪.探寻历史的足迹［M］.昆明：云南人民出版社，2014：78.

傩祭、傩仪这一古文化事象，在云南少数民族中表现得更为强烈，凡遇不顺、收获欠佳、疾病缠身、出行不利等都会举行以驱鬼逐疫、酬神纳吉为目的的巫傩仪式等活动。

云南早期的巫术活动都是以傩舞表现的，人们迷信戴上傩面具模拟凶猛的动物或传说中的神话人物可驱逐四方的疫鬼邪神。随后受中原文化的影响，加入了王侯将相、英雄豪杰等人物角色面具进行表演，以傩戏表演的形式出现。随着傩戏的发展演变，在酬神祈福核心部分后加入民间故事情节，增加世俗人物角色，逐渐成为戴着面具表演的民间节令的傩戏娱乐活动。

1. 分布格局

云南傩面具是伴随云南傩文化的发生、发展、演变，由云南众多民族在各个历史时期创造，并不断融合外来文化因子，再与本土文化融入，形成的独具特色的傩面具文化。由于云南民族众多，各民族都有自己崇拜的傩神，所以各种各样的傩面具就应运而生。云南的傩面具种类多、流传广，在云南26个民族中，都不同程度地保留和使用傩面具。至今，还保留着浓郁古风，流传在云贵高原的傩戏面具，主要有云南邵通地区的端公戏面具和玉溪地区的关索戏面具，当然，还有在一些少数民族中仍留存的，比如彝族傩面具、傣族傩面具、景颇族傩面具等，由于这一部分傩面具主要在一些较为集中的少数民族中流传，流传面小、影响不大，这里就不再赘述。

（1）邵通端公戏面具

端公戏是傩戏的一个支派，在设坛祭祀中，主坛者的巫师民间习惯称为"端公"，故称为"端公戏"。最早在中国大部分地区流传，明清时期才由湖南、江西、四川等地向云南、贵州等地渗透、传入。据李昆的《云南艺术史》对昭通端公戏的传入考证：在明清时期，由江西、四川和湖广传入云南邵通，江西派端公戏始祖邹鲁文从明代洪武十八年（1385年）迁居镇雄县泼机乡，至今已有21代，聚居的"邹家院"被称为"端公院子"。四川派始祖是大关县曹文广，因参加科举考试落第，去四川学端公戏两年，学成归来建坛唱戏，至今也传了13代，湖广派端公戏的始祖蒋法贵于清代道光六年间（1826年）

迁入云南巧家县，至今也有5代。^① 端公戏传入主要经江西、四川、湖广三条渠道。除了历史上明清两代的汉族移民大量涌入，还与邵通特殊的地理位置有关，邵通地处滇川黔交汇处，东北与四川宜宾地区接壤，东南与贵州的毕节、赫章、威宁毗连，西北以金沙江为界与四川的凉山彝族自治州隔江相望，属于滇川黔结合的地区。这里少数民族众多，生产力相对落后，为端公戏这种民间宗教祭祀习俗提供了合适的土壤。邵通端公戏受四川傩戏的影响最大，主要是以民间酬神娱神、驱鬼逐疫为祭祀的表演活动。现流传在云南邵通地区的镇雄、彝良、威信、绥江、盐津、巧家一带的偏僻山区，都是以庆坛、庆菩萨、打傩、阳戏及斋醮仪式为主的祭祀活动。

　　邵通端公戏面具最富特色，端公戏以祈求神灵为核心，借助神灵的力量驱鬼逐疫，保佑人畜平安，而傩面具就是神灵的象征，承载着原始宗教意识，将抽象的神灵物化为具体的人物形象，在祭祀中，端公戴上面具就表示被赋予神灵的超自然力量。可以这样说，傩面具统摄整个端公戏的表演仪式。目前端公戏面具遗存不多，由于木质雕刻难以永久保存，加上在"文革"中也遭到一定毁损，张兴莲在《浅谈昭通傩戏文化——昭通端公戏及面具》载："目前昭通各县已收集到百多面古旧面具，是云南省古旧面具遗存最多的地区。1994 年 8 月，在澄江召开的'中国傩戏傩文化国际学术研讨会'，会议期间展出 68 件端公戏面具，其中约有 50 件是清和民国时期的作品。"^② 这些面具大多是用本地丁杨木、柳木、枕木雕刻敷上色彩而成。面具大小与真人面部相差不大，有的小于真人面部，长宽分别在15厘米和10厘米以内。面具雕刻弧度较浅，雕刻简单，鲜有精致和繁缛的头饰造型，显得简洁、朴素、大方。但从造型来看，面具变形夸张，活脱灵动，吊腭面具和半截面具较多，表演者配合面部肌肉，可以使面具展示得更活灵活现。从面具角色来看，有开山、土地、和尚、猴子、寿星、小进财、苗老三、大姨妈、灵官、七性将军、八蛮将军等，文、武、凶、善、丑、妍，百神百面、各具神态。在邵通端公戏面具中，最富地域特色的两个角色，一是"八蛮将军"，属于彝族神灵，二是"苗老三"，为苗族同胞，这和邵通地区汉、彝、苗多民族杂居而孕育的祭神

---

① 李昆声.云南艺术史［M］.昆明：云南教育出版社，1995：350.

② 张兴莲.浅谈昭通傩戏文化——昭通端公戏及面具［J］.黑龙江史志，2009（2）.

面具有关。

邵通傩面具的制作与使用都带有强烈而又神秘的仪式感，雕工匠要根据端公的意图和要求，经过选材、塑型、雕琢、打磨、抛光、彩绘、上漆等工序完成，面具的胡须一般用马尾来装饰。面具制作完成后，并不具备"通灵"的功能，要由端公举行开光仪式，开过光的面具就不再是一件普通的面具。巫傩仪式时，要举行"请神"仪式，才能搬动面具，法事结束后，端公要举行"送神"仪式后，才能将面具放置保存。通过这一系列的法事仪式，这些端公面具徒增了许多神秘而又神圣的色彩。

（2）关索戏面具

关索戏面具主要流传于云南省澄江县阳宗镇小屯村，清代同治年间传入。据考，清代浙江武康、安徽池州、湖北恩施、贵州安顺等地，均有演出关索故事的傩戏。[①] 关索戏属于傩戏家族中的军傩系列，与贵州地戏属于同流。相传诸葛亮南征时，派关索为先锋，屯兵于小屯，小屯又称为"先锋营"，关索在澄江一带享有极高的威望，人们多设关索庙以祀之。据《中国戏曲志·云南卷》记载：关索戏是某一傩戏流传云南后，与关索屯兵在澄江小屯，人们设庙祭祀关索，唱戏驱疫逐鬼，故将所唱之戏称为"关索戏"。[②] 关索戏应该是在"三国文化"流布西南边疆的背景下，在澄江地区流传的军事题材的祭祀活动。关索戏的演出剧目大都取材于《三国演义》，诸如《关索招亲》《关索战山岳》《刘备点将》《三英战吕布》《长坂坡》《马超取西京》《赤壁鏖战》，其特点都以蜀汉为正统，不演曹、吴两家故事。

关索戏面具分为生、旦、净三类，武将居多。原有35面，称为"上五虎上将"，但从路南传入时，小屯村改唱"中五虎上将"，将面具减少为20面，主要包括刘备、关羽、张飞、孔明、花关索、赵云、马超、严颜、黄忠、周仓、假张飞、秦椒、张迁、张邦、山岳、肖龙、小军、百花公主、鲍三娘等。[③] 关索戏主要演唱三国蜀汉故事，颂扬五虎上将战功，因此，面具多以

---

① 云南国际华人总会，云南省民族艺术研究所.云南文化艺术词典［M］.昆明：云南人民出版社，1997：924.

② 中国戏曲志编辑委员会.中国戏曲志·云南卷［M］.北京：中国ISBN中心出版社，2000：85.

③ 王俊.中国古代面具［M］.北京：中国商业出版社，2015：92.

净面为主，无丑角行当。造型多夸张，和装饰巧妙结合，用提炼概括的装饰纹样来表现人物性格特征，塑造典型形象。大部分面具在冠帽和发髻都有绒球、彩花、圆镜等装饰物，这应该是借鉴了中国传统戏剧人物的装扮特征。在色彩上，讲究绚丽、鲜艳、浓重，对比强烈而又和谐，多采用纯度高的红黄蓝绿进行敷色，在各色彩之间用金色或白色将轮廓勾线，整个面具色彩鲜艳醒目，使得角色的表现力和感染力都得以强化。关索戏面具的装饰是傩面具中最富有特色的，面具装饰分为胡须和头饰两部分，头饰除了诸葛亮角色不用绒球外，其他头饰都以绒球进行装饰，绒球的颜色丰富鲜艳，配上动作表演，晃动的绒球使面具更加生动，面具表现富有活力。关索戏面具大都配有胡须，胡须也是依据人物角色的个性进行装饰，比如黄忠的髯，黄忠花髯拂胸，表现了他忠孝仁义、高傲不服老的性格。关羽的长须，关羽手持长须，表现了他刚愎自用、忠义孤傲性格。

关索戏面具的尺寸都比较大，一般都比实际的脸型要大一倍，佩戴时可把后脑覆盖，再加上头饰，显得更加高大。关索戏面具属于半套头式面具，用云南自产的白棉纸层层裱糊于做好的泥塑模型上，待晾干定型后，从后脑剥开，取出面罩再进行面部彩绘刻画，留出眼睛和嘴巴部位，便于演员注视和演唱，再配上马尾胡须和头饰盔冠即可。这和木质雕刻面具有很大不同，关索戏面具属于纯手工制作的脸壳面具。一般按照制模、裱糊、脱模、打磨、上漆、绘制脸谱、装饰等工序流程进行制作，制作工序复杂，工艺烦琐。但由于造型逼真，色彩强烈，能在鲜活动人的表演中展示出人物性格的细腻和质朴写实的美感。

2. 分布特征

云南是一个少数民族聚居的省份，宗教和民俗活动都非常活跃。这里交通相对闭塞，在少数民族聚居地经济文化相对落后，祭祀驱邪的傩仪活动较为发达，这就为傩戏的流传提供了得天独厚的环境。目前在云南保存较好的傩戏面具有关索戏面具、端公戏面具，由于香通戏和梓潼戏多采用脸谱化妆，因此就不列入面具系列进行分析。

端公戏面具流传于云南省昭通市的广大山区，以威信、彝良、昭阳、大关、绥江、永善、盐津、镇雄、巧家九个地区为主，是云贵川三省的接合部，自古就是内地通往云南的交通要道，为端公戏的传入并流传创造了先天条件。而且，这一地区属于偏僻的山区，地理条件落后、交通闭塞、文化交流阻塞，少有先进的文化交流，所以端公戏面具得以长期流传并保存下来。关索戏面具属于军傩系列面具，扮演的角色大都取材于三国故事。关索戏主要流传在云南澄江县的阳宗镇小屯村，历来就在澄江地区流行，现在只在澄江县阳宗镇的小屯村传唱，其他地方没有，这种特殊的分布现象在其他戏种都很少见。

表3　云南傩面具分布状况表

类别	地理空间分布	分类	流布地区	艺术特征
云南傩面具	滇东北一带	邵通端公戏面具	云南邵通地区的镇雄、彝良、威信、绥江、盐津、巧家一带	造型圆润，雕刻简单，变形夸张，活脱灵动。黑、红、粉三色对比强烈，视觉冲击强烈
	滇中	关索戏面具	云南省澄江县阳宗镇小屯村一带	造型夸张，用提炼概括的装饰纹样来表现人物性格。色彩绚丽、浓重，对比强烈而又和谐

从上表可看出，云南傩面具地理分布具有以下特征。

（1）呈点状和片状分布

云南傩面具的地理分布，主要在端公戏流传的地区和关索戏流传的地区。端公戏主要流传于云贵川接合部的邵通大部分山区。这一地区气候复杂，山峦起伏较大，少数民族众多，居住分散，形成大杂居、小聚居的分布格局，有着相对封闭的自然地理环境，为傩面具在这一地区流布创造了条件。而且，邵通地区北部与四川的宜宾接壤，其东边和贵州毕节相连，为巴蜀文化、中原汉外文化在这一地区的相互影响和与土著文化杂糅融合提供了可能，因此邵通端公戏面具在这一带，整体上呈片带状分布。关索戏面具的流传仅仅在澄江县小屯村，其他地区还未见。顾朴光认为："关索戏可能来自贵州安顺平坝一带的地戏，流传到小屯村并落地生根，世代相传下来。"[①]从关索戏多为武戏来看，确和地戏相似，都属于军傩范畴，从这一角度来看也有一定的道理。

---

① 顾朴光. 中国傩戏调查报告 [M]. 贵阳：贵州人民出版社，1992：177.

但在小屯村能长久流传下来，可能还得从小屯村的环境来看，小屯村坐落在偏远的山坳里，地势险要，相传诸葛亮平定南中时，命关索为先锋，领兵于此，故又名先锋营，关索戏就在这里落地生根传承下来，因此关索戏面具也仅仅在小屯村得以传承。

所以，从邵通端公戏面具和关索戏面具遗存的地理分布来看，呈点状和片带状的分布格局。

（2）东部高于其他地区

傩文化传入云南的时间较晚，大都可追溯到明朝时期的两次南征，将云南纳入统治范围后，从江南、湖广一带迁来大量移民，这些移民首先进入云南的东部并安居下来，于是，随之带来中原流行的傩仪傩戏及其面具，并在这里流传开来。从地理分布来看，邵通地区与四川接壤，历史上曾经属于四川管辖，因此四川端公戏也流入这一带。邵通端公戏面具既保留了四川端公戏面具特征，又融合了本地文化因子，形成具有鲜明地域特征的端公戏面具。东部又和贵州相邻，中原傩文化向西流传，经湖北到贵州，再传至云南，并在东部地区流传下来。因此，从文化流入与当地文化交融的规律来看，云南东部、东北部流传的傩面具肯定要多于其他地区。

（四）藏区傩面具

藏区是藏族与其他民族共同聚居的民族自治地区，是以青藏高原地域文化来命名的藏文化圈而划分的地理文化区域，包含西藏自治区，青海、四川、云南、甘肃等藏族聚居的自治地区。青藏高原幅员辽阔，山高路险，地势险峻，交通极为不便，形成了各具特色的藏区文化。自元代起，根据方言区的不同，大致划分为卫藏、康巴和安多三域，且有"法域卫藏、马域安多、人域康巴"之说。卫藏地区以雅鲁藏布江流域为中心，包括拉萨、山南、日喀则和阿里等地，这里宗教兴盛，寺庙众多，常举行盛大法会，是高僧辈出的地方。康巴地区包括四川省甘孜、阿坝、西藏的昌都以及云南迪庆地区，康巴地处汉藏过渡地带，有来自青海、甘肃的黄河文化，来自四川、重庆的巴蜀文化和长江文化，以及云南少数民族文化，形成了多元文化融合、多民族文化复合、极具独特个性和凝重宗教色彩的藏区文化。安多地区包含青海黄南、果洛州、环青海湖等地区，这里是辽阔的草原，牛羊成群，是藏区最主要的牧区。安多地区受蒙古族和汉族的影响，在习俗和形体特征方面，具有蒙古族和汉族的特点。

西藏最古老的宗教是苯教，信仰"万物有灵"，认为宇宙分为三层，上层住着神祇，中层住着人类，下层是罗刹、夜叉等鬼怪，苯教巫师上祭天神、下镇鬼怪、中兴人宅，祭神驱鬼以求神灵庇护。① 随着佛教的兴起，藏传佛教与本土的苯教在相当长的时间里共同存在，相互融合。苯教中的巫术、妖法、焚火、祭鬼等仪式连同精灵鬼怪一起融合进"佛门"，苯教中的山神、年神、龙神、山妖、女鬼等各种各样的底层鬼卒也迈进护法行列，尤其是元朝以后，中原汉文化被西藏佛教吸收，神仙、罗汉、寿星等神灵也进入藏区的宗教信仰中。苯教文化、佛教文化和中原文化为藏区面具艺术的生长提供了肥沃的土壤和发展条件。同时，由于藏区大都交通不便，与外界在文化经济交流上都非常困难，长期处于封闭状态中，这虽然限制了当地经济文化的发展，但也造就了因缺少与外界文化交流而保持的独具特色的藏区文化。藏区面具在这种环境中反而更好地保留了自己独有的特色，成为国内少有的完整保留自己特有风格的傩戏面具。

1. 分布格局

藏区面具主要以宗教面具为主。叶星生在《西藏面具艺术概述》中将藏区面具分为羌姆（跳神）面具、悬挂面具、藏戏面具三种类别。② 羌姆面具主要在驱邪避灾、酬神醮鬼的宗教祭祀活动中进行表演时佩戴。悬挂面具则是作为护法悬挂在寺院内，供老百姓进行膜拜，用于驱邪逐疫、酬神降鬼、守护佛法。藏戏面具是藏区宗教面具中最具艺术性和戏剧性的较高层次宗教面具，涵盖了原始祭祀、跳神表演、民间歌舞等仪式行为。

（1）羌姆面具和悬挂面具

羌姆面具和悬挂面具都属于宗教面具，表现的对象除了佛、菩萨和高僧、圣人外，还有护法的各路神仙鬼怪，妖魔精灵。羌姆也称"跳神"，是一种宗教祭祀舞蹈。羌姆面具主要用于藏传佛教寺庙中的跳神仪式，又被称为"跳

---

① 罗桑开珠.藏族文化通论［M］.北京：中国藏学出版社，2016：491.

② 叶星生.西藏面具艺术［M］.重庆：重庆出版社，1990：1.

神面具"。跳神面具是藏族面具艺术的重要组成部分，分布范围最广，在青藏高原及其南部边缘从东到西的多个民族居住地区都有跳神面具存在，这主要是与历史上苯教寺庙和藏传佛教寺庙在这一地区存在有密切关系。藏传佛教寺庙和苯教寺庙每年都要定期举行大型的法会，法会上要举行跳神表演的祭祀仪式活动。跳神面具作为宗教祭祀面具，伴随宗教活动跳神仪式发展而来，每逢宗教节日，藏民们都要举行跳神仪式，以驱邪避灾，驱鬼镇邪，往往凭借跳神活动中所佩戴的面具来代表各路神灵鬼怪等。面具作为一种图腾样式，形象怪异、狰狞恐怖，通过佩戴面具在跳神活动中营造一种虚幻的宗教氛围，从而作用于人们的思想观念及社会行为。由于每个教派的神祇不同，所以既有神佛面具和仙巫面具，还有精灵鬼怪面具和灵性动物面具。藏区的跳神面具丰富多彩、各种各样，涉及神灵鬼怪、飞禽走兽。得荣·泽仁邓珠在《藏族通史》中记载："宗教跳神面具约有30种，有护法神、本尊神、护法神的随从等面具，还有各种动物面具，如狮子、老虎、鹿、牛、狗、鸟等。"[①]

羌姆面具多为立体雕塑面具，大多以表现宗教神灵和神格化的宗教历史人物以及动物为主。少量采用平面材料，如皮、布、泥、木、铜等。皮面具是早期出现的面具，而金属面具采用薄铜皮制成，现在多用泥和漆布面具。面具的造型夸张怪异、粗狂质朴、色彩绚丽、对比强烈，塑造的形象大都凶猛威严，甚至恐怖狰狞，给人一种强烈的震慑感。悬挂面具作为佛教寺庙的保护神而存在于寺院中，一般悬挂在寺院神殿墙上或梁柱上进行供奉膜拜，所表现的对象多为各种神灵的具体形象，如护法神、明王、明妃、地方神及其随从和被收服的女鬼等。大多数寺院平时也将跳神面具悬挂在神殿供老百姓供养和膜拜，在举行跳神仪式时再用于仪式活动。

（2）藏戏面具

藏戏主要分布在西藏、四川、青海、云南和甘肃等部分地区。藏戏源于公元8世纪的宗教艺术，779年，桑耶寺的落成典礼上演了一场表现佛经故事的民间舞蹈哑剧，被视为藏戏的雏形。[②] 在长期的发展过程中，以宗教祭祀为核心内容，融合民间说唱和歌舞表演等艺术形式，逐渐形成了独具特色的

---

① 得荣·泽仁邓珠.藏族通史·吉祥宝瓶［M］.拉萨：西藏人民出版社，2001：690.

② 秋地，徐翠.传统戏剧［M］贵阳：贵州人民出版社，2017：96.

藏戏表演艺术。面具在藏戏中占据着特殊的地位,吸收了原始祭祀的面具崇拜内涵,融合民间表演面具的艺术特征,逐渐形成了独具特色的艺术风格。在某种程度上,可以说是面具决定了藏戏独具特色的艺术风格和独具魅力的艺术价值。

藏戏面具随着藏戏的发展、成熟,其造型日趋精致,类型丰富多彩,根据各地剧种的不同分别使用了不一样的面具,大致可分为白面具戏和蓝面具戏。在造型上,有立体和平面两种形式。材质上,早期的面具采用山羊皮制作而成,后来才改用纸张和布板来制作。藏戏研究专家刘志群先生依据其形态、样式和特点把藏戏面具分为平板式软塑面具、半立体软塑面具、立体硬塑面具和立体写实的动物精灵面具四种。[①] 李云则从特点和作用将藏戏面具分为三类:开场戏中的温巴所戴的面具、正戏中主要角色所戴面具和动物面具。而李宜根据面具的造型特点将藏戏面具分为五种:人物面具、温巴面具、鬼怪面具、神祇面具和动物面具。[②] 以上的分类不管是从功能、属性,还是从质地、造型等来看,都有一定的合理性。

藏戏面具不仅功能类型丰富,所采用的质地类型多样,造型色彩也绚丽。

在造型上,有静相和怒相之分,静相为善相,一般都以仁慈、宽厚、肃穆、和善、亲近的面相表达。而怒相则多以狰狞、横眉怒目、血盆大口、张牙舞爪的面目表达,往往给人一种强烈的威慑力和震撼感。

在色彩上,善于将红、黄、蓝、白、黑、绿六种颜色有机组合和搭配,每一种颜色代表固定的角色,如黄色象征神圣、广博,代表高僧、仙师。白色象征高尚、纯洁、温和和长寿。蓝色象征坚毅、勇敢,代表渔夫、猎人。红色象征热烈、权力、智勇和奋进,代表国王。绿色象征生命力,代表女性。黑色在藏戏中象征邪恶、罪孽、黑暗,代表反面人物。藏戏面具在用色上讲究鲜艳绚丽、色彩浓重、色块分明、对比强烈、给人强烈的印象。

2. 分布特征

藏族面具主要分布在西藏自治区东南部及与四川、云南相毗邻的少数民族地区,主要集中在川、滇两省的青藏高原边缘地带和西藏自治区的东南边

---

① 刘志群.藏戏与藏俗 [M].拉萨:西藏人民出版社,2000:143-144.

② 李宜,辛雷乾.西藏藏戏形态研究 [M].广州:中山大学出版社,2015:187.

缘地带。从现有的资料来看，藏族面具主要分布在青藏高原的东部、南部边
缘地带的多个少数民族地区。罗布江村等学者对藏族面具分布在青藏高原从
东往西的多个少数民族居住地有相关的详细记载，在青藏高原东部边缘的四
川阿坝州、甘孜州以及北川等地的羌族聚居地，四川凉山一带的彝族居住地，
云南怒江州一带以及四川西昌等地的傈僳族居住地，云南丽江一带的纳西族
居住地，云南西北贡山独龙族、怒族自治县的独龙族居住区，云南怒江、西
藏察隅等地的怒族居住地，西藏自治区的门隅地区的门巴族等民族聚居地都
有藏族面具。① 从藏族面具的分布来看，分布范围广，从东边的羌族地区到
西边的门巴族地区都有分布。跨多个民族分布，东边的羌族到西边的独龙族、
怒族和门巴族都有藏族面具的记载。

表 4 藏区傩面具分布状况表

类别	地理空间分布	分类	流布地区	艺术特征
藏区傩面具	西藏、四川、云南	羌姆面具及悬挂面具	苯教寺庙及藏传佛教寺院	造型夸张怪异、粗狂质朴、色彩绚丽、对比强烈、给人一种强烈的震慑感
		藏戏面具	藏民聚居区	造型古老稚拙，装饰夸张变形，色彩绚丽浓重

从以上分析，藏族面具在西南民族地区的分布主要呈现以下特征。

（1）东南部多于西部

藏族面具分布最广的地区有青藏高原的东部、南部的边缘地带，西藏、
四川、云南相毗邻的大部分地区。这里少数民族众多，有四川阿坝州一带的
藏族、羌族，四川甘孜州一带的藏族，四川凉州一带的彝族，云南丽江、大
理的纳西族、傈僳族等少数民族。在这些地区除了寺院表演的羌姆面具外，
还有大量的藏戏面具流传。而在西藏的门隅地区和察隅地区门巴族、怒族信
仰藏传佛教，也有藏族面具分布。到墨脱、米林、隆子一带，受藏文化的影
响，祭祀中可见用竹编的套式面具。西边的定结、定日一带，藏族面具仅仅
在藏传佛教的寺院可见。

---

① 罗布江村，赵心愚，杨嘉铭. 世界屋脊的面具文化——我国藏区寺庙神舞及藏戏面具
研究［M］. 成都：四川民族出版社，2008：158-159.

总体来说，藏族面具在藏区的分布从东部到西边逐渐减少，东部远远多于西部。

（2）宗教功能分布明显

从藏族面具的功能来看，分为寺院面具和戏剧面具，羌姆面具、悬挂面具属于寺院面具系列，藏戏面具属于戏剧面具系列。藏区的少数民族地区寺院众多，羌姆面具和悬挂面具主要集中在苯教寺庙或藏传佛教的寺院，这一部分面具最多，宗教祭祀仪式氛围最浓。其次是藏戏面具，无论是东边的羌族，还是西边的独龙族、怒族、门巴族，都有藏戏的记载，藏戏面具在藏区各地的少数民族聚居地用于演出，其核心依然是驱鬼逐疫，顾朴光先生将藏戏面具称为"流传于藏族地区的一种宗教面具"①。从藏戏面具的分布来看，次于寺院的羌姆面具，宗教祭祀因素也少于羌姆面具，没有羌姆面具那样依托于寺庙，仅用于民间逐鬼驱邪的祭祀演出。另外，民间祭祀和民间巫术表演的面具，主要流传在一些苯教或藏传佛教影响较深的民族地区，这一部分虽然比较少见，但肯定是存在的。在当地少数民族的一些盛大民俗节日，少不了会举行宗教祭祀活动，在这些仪式中也少不了羌姆表演或藏戏演出。但宗教氛围显然没有寺院的羌姆表演和藏戏演出浓厚，吸纳了本民族的民俗习惯，所戴的面具既具有宗教特征又带有本民族的特征。

因此，从藏族面具的分布来看，寺院的羌姆面具、悬挂面具宗教色彩最浓，藏戏面具及民俗表演面具因带有地方戏剧因素和民俗特点而次之。藏区面具从寺院到民间的分布，宗教功能明显，宗教色彩层次清晰。

二、西南地区傩面具的地理分布格局分析

面具自史前在人类独特心理和特定的社会条件下孕育诞生以来，一直作为人类思维发展和宗教情感的产物，总是伴随人类生产生活、民族习俗、宗教艺术等活动而存在。傩面具作为沟通神灵的象征，获取精神力量的寄寓，傩祭仪式中最重要的载体，很少独立存在，除非被人们作为装饰物或者辟邪的工具，一般情况下，总是依附于傩祭、傩仪、傩舞、傩戏等活动而存在，

---

① 顾朴光.中国面具史［M］.贵阳：贵州民族出版社，1996：280.

没有行傩的地方基本上是没有傩面具的。因此，要探索傩面具在地理空间上的分布规律，就须从傩存在的历史成因、文化背景、自然环境以及民族习俗等方面进行分析，同时还与当地工匠艺人们的生活条件、文化程度、技艺水平等因素相关。一般文化越发达、交通越便利、经济水平越高的区域，傩面具的造型越奇特，风格千姿百态，戏剧因素更加凸显，宗教仪式逐渐淡化、分离，制作工艺也愈发精致。而在经济文化相对落后、地处偏僻、生活条件相对困难的地方，傩面具的宗教祭祀成分更多，造型更原始粗犷、质朴稚拙、怪诞夸张，工艺也更简单。这从西南傩面具的地理分布状况可见一斑。

（一）巴蜀傩面具的盆地文化地理特征

巴蜀地区位于我国西南部以四川盆地为中心的巴蜀文化区，自然条件比较优越，历史上经济也十分发达，紧靠中原文化核心圈，秦汉时期和明清时期的两次大规模从中原向巴蜀地区移民，深深地影响了巴蜀地区的文化。巴蜀地区素有"天府"之誉和"巴蜀文化"之称，反映了巴蜀地区经济、文化的发达。因此，巴蜀地区傩面具以三星堆遗址发现的商代青铜面具为代表，面具造型精致，形象逼真，是用当时最昂贵的青铜材料制作而成。巴蜀青铜傩面具既反映了西南地区巴蜀文化的源远流长，更昭示了西南古人更喜欢用面具形象来表达自己的世界观，还代表了长江流域文化的最高成就和贡献。

（二）云贵傩面具的高原文化地理特征

云贵地区处于云贵高原，以乌蒙山为界分为云南高原和贵州高原。云南高原地势西北高东南低，东部高原绵延，西部山川纵横、沟壑密布，地貌差异很大。贵州高原中部高，东、南、北低，多山地，峡谷深切，地势起伏较大。云贵地区有着复杂多样的地形和立体多变的气候，少数民族众多，有世居云贵山区的怒族、佤族、景颇族，也有长期生活在云贵高原的河谷平坝地区的壮族、侗族、水族、布依族。同时也受巴蜀文化的影响，历史上云贵地区就与巴蜀地区结下了不解之缘，两地文化相互影响、相互交流，既有处于川滇黔交汇处的昭通端公戏面具，还有受中原文化影响，从军傩流变而来的关索戏面具。换句话说，云贵地区的傩面具既有巴蜀傩面具所富有的戏剧因子，也带有边远山区祭祀的浓厚宗教色彩，既有雕刻精致、装饰强的地戏面具，也有质朴稚拙的撮泰吉面具。

（三）藏区傩面具的山地文化地理特征

藏区位于西南的边陲，主要分布在青藏高原及其周边地区，是我国青藏高原的横断山脉，这里地形特别复杂，山脉巍峨，峡谷陡峭，有冰川、戈壁、裸石等多种地形地貌，常年气温低，温差大。藏区人民生活条件极为恶劣，由于长期与外界隔绝，生产力水平落后，形成许多封闭的生活小单元。所以决定了藏区的面具带有浓厚的原始祭祀色彩，尤其是作为宗教面具的羌姆面具和悬挂面具，主要依托藏传佛教的寺院和苯教寺庙而存在。虽然藏戏面具融合了民间传唱和宗教祭祀表演而在藏区民间活跃，但往往在制作上极为简单，早期采用羊皮制作平面面具，后来更是用纸张和布板制作，大部分属于平板面具，虽有一部分立体神灵、鬼怪、动物写实面具，但制作上往往没有巴蜀傩面具制作精良，也没有云贵傩面具雕刻精美，追求粗狂质朴、原始稚拙是藏区面具的典型特征。

总之，从西南傩面具的地理空间分布格局来看，由于受西南地区自然地理环境、民族文化习俗以及政治经济等因素的影响，主要集中在四川盆地周围、云贵高原的山区，西藏、云南、四川交汇的藏区，形成巴蜀傩面具、云贵傩面具和藏区面具的典型分布格局。巴蜀傩面具以成都平原为中心环绕向四周发散分布，越到外围的山区分布越密集，渝东地区明显高于其他地区，呈现出鲜明的盆地文化地理特征。云贵地区傩面具呈块片状分布，黔东一带以傩堂戏面具为主，黔中安顺主要是地戏面具，滇东的昭通地区以端公戏面具为多，关索戏面具、撮泰吉面具主要高度集中分布在具体的村寨，分布范围小而又高度集中，整体上呈现出典型的高原化地理特征。藏区面具主要集中在青藏高原的东部的藏区，分布范围广，但又高度集中，呈点状分布。羌姆面具主要分布在寺院，藏戏面具则分布在藏区各民族聚居地，从分布空间来看，具有明显的山地文化地理特征。

总体来看，西南民族地区傩面具从地理空间上分布范围广，但整体上分布不均衡，局部相对集中，偏僻边远的山区较经济相对发达的平原地区明显分布更广。

第二节　西南地区傩面具的族群空间分布格局

　　西南各民族生活在不同的生态环境，形成了千差万别的山区聚落文化，于是在各民族生活的聚落区域就形成了种类繁多、风格多样、造型各异、民族特色鲜明的傩面具。从西南少数民族傩面具空间分布来看，主要有四川藏区藏族的羌姆面具、藏戏面具，贵州的彝族撮泰吉面具、仡佬族的傩坛面具、土家族的傩堂戏面具、布依族的作道面具、毛南族的条套面具，云南的彝族虎面具、傣族木雕面具、景颇族的牛皮面具、哈尼族的彩绘面具，等等。傩面具在西南特有的自然环境和复杂的民族分布的背景下，呈现覆盖面广但局部集中，吸收融合但自成特色的典型分布特征。

　　西南是我国少数民族人口众多、分布最为集中的地区之一，自古以来就是少数民族的重要聚居地。据第六次人口普查显示，我国的少数民族主要分布在西南、西北和东北的边区。其中西南地区就有世居少数民族34个，人口达3600多万，占全国少数民族种类和人口数的60%左右。在西藏、云南、贵州、重庆、四川有藏族、彝族、仡佬族、土家族、布依族、毛南族、哈尼族、傣族、景颇族、羌族、苗族等多个民族。全国55个少数民族，在西南地区均有统计，西南地区是少数民族聚居的地区。从形成原因来看，一是受自然环境的影响。西南民族地区主要包括滇西、川西、藏东南的横断山区，以及湘西、鄂西相连的山地、丘陵等区域。这里是高原山地，地形复杂，崇山峻岭，交通阻隔。生活在各个山区的居民，由于长期处于一种封闭状态，久而久之就渐渐地形成了不同的民族。二是民族迁移和人口流动。我国历史上曾多次发生人口迁移，或因躲避战乱，或逃荒年，或因政治斗争，等等，北方及中原的大量人口南迁，带来了众多的少数民族。从西南地区少数民族的分布来看，整体呈立体垂直分布。不同的民族居住在不同海拔高度。在贵州少数民族素有"高山苗、水仲家、仡佬住在石旮旯"的说法。在岷江上游地区，从河谷到山顶，居住的是汉族、羌族、藏族。在四川东南部从河谷到山顶，依次居住着汉族、回族、傈僳族、彝族。云南少数民族分布，在河谷主要有傣族、壮族，坝区有回族、满族、白族、纳西族、布依族和水族，半山区的是哈尼族、拉祜族、佤族、景颇族和基诺族，高山区的有苗族、傈僳族、怒族、独龙族、藏族和普米族。不同的民族居住在不同地域、不同地段、不同海拔高度，这说明西南地区少数民族分布极其复杂。在复杂的自然环境里形成了多样的文化生态，造成了各民族之间不同的生产生活方式、文化背景和宗教信仰。

面具作为当地民族精神寄托和原始信仰的承载物，与当地民族民俗习惯、宗教信仰、民族审美、价值取向等有关。由于各民族生活的自然生态环境不同，形成了"十里不同风、五里不同俗"的生活小单元，造成崇拜的对象漫无边际，民间信仰丰富多样，形成了千姿百态的面具文化，其中傩面具在西南民族地区影响最大、种类最多、流传最广。换句话说，西南傩面具就是西南地区各民族的傩面具，傩面具作为各民族信仰和精神文化的体现，无疑与各民族的宗教信仰、民俗习惯、生活方式密切相关。各民族的傩面具都以各自传统信仰文化为内核，形成各具特色的面具文化。比如羌姆面具是藏族人民用于藏传佛教寺庙中举行盛大宗教仪式、跳神祭祀的面具。土家族傩面具、壮族师公戏面具、毛南族条套面具均属于在傩戏中酬神还愿的祭祀面具。安顺屯堡人的地戏面具和云南澄江的关索面具则是汉族人民表演的军傩面具。哈尼族的棕面具、彝族的撮泰吉面具均吸收了本民族的艺术特色。同时，受所居住的自然环境影响，譬如海拔、气候、食物、生活方式等，本民族的性格特征在面具上也有体现。傣族祖祖辈辈生活在富足的水域地带，这里水土肥美，人们怡然自得。"水"常被用来形容傣族的民族性格。其面具色彩较为柔和秀丽，形象亲切可人。彝族人长期生活在寒冷的高山，生活中离不开火，还需要开山劈林和追逐猎物来满足生活的需要，这就造就了彝族人民强悍、热情奔放、如同"火"一般的性格。彝族面具色彩艳丽、对比强烈、造型狰狞恐怖，表现了彝族人民热情粗犷的性格特征。

一、西南地区傩面具的族群空间分布状况

由于西南各民族生活在不同的生态环境，形成了千差万别的山区聚落文

化，这种聚落文化一旦形成，受山区自然环境的影响相对稳定，在封闭状态中不易改变，所以，在各民族生活的聚落区域就形成了种类繁多、风格多样、造型各异、民族特色鲜明的傩面具。从西南少数民族傩面具空间分布来看，主要有四川藏区藏族的羌姆面具、藏戏面具，贵州的彝族撮泰吉面具、仡佬族的傩坛面具、土家族的傩堂戏面具、布依族的作道面具、毛南族的条套面具，云南的彝族虎面具、傣族木雕面具、景颇族的牛皮面具、哈尼族的彩绘面具，等等。

（一）四川藏区少数民族傩面具

　　四川是多民族聚居地区，有藏、彝、苗、回、满等少数民族，各民族因历史文化、地理环境、民俗信仰及生活习惯的不同，形成了独特的祭祀信仰习俗，其中巫觋祭祀、歌舞事神等习俗保留至今，产生了造型奇特、多姿多彩的祭祀面具艺术。在这些少数民族的祭祀面具中，藏族面具最具特色。藏族面具是藏族文化中最具特色的文化现象之一，是原始宗教信仰和藏族文化高度融合的一种符号表达。藏族面具主要源于藏族苯教祭祀仪式中戴面具的图腾舞蹈，随着藏传佛教在藏区的盛行，各个教派形成并快速发展，依据各自教义创建了各种跳神面具。藏族面具丰富繁多，根据功能不同，一般可分为寺庙羌姆（跳神）面具、藏戏面具、藏族民间祭祀面具。在四川藏区流传的藏族面具除了羌姆面具和藏戏面具极具特色以外，在四川白马人流传的祭祀民俗中，如"跳朝盖""十二相"等祭祀面具的特色尤为明显。

　　1. 羌姆（跳神）面具

　　羌姆面具，又称跳神面具。是在四川藏区流传的一种在驱祟逐魔、祈祷吉祥的跳神祭祀中佩戴的面具。据说是公元8世纪藏王赤松德赞在从印度请来莲花生大师带来的密宗金刚舞的基础上，吸收了藏族苯教仪式、民间拟兽图腾、面具等发展而成。[①] 各教派的寺庙中都悬挂面具，人们认为经过开光加持后，可增加神祇的力量，在羌姆演出中就可使用。目前，在四川藏区每逢藏历新年都要举行隆重的跳神活动。在仪式中，表演者都要佩戴各种神像面

---

① 于一，四川省川剧艺术研究院. 蜀戏新探——改革开放三十年戏剧研究文论选集［M］.
　　贵阳：贵州人民出版社，2011：144.

具铿锵起舞，驱鬼逐疫，祈福纳祥。

羌姆面具尺寸都比较硕大，造型怪诞、威严，甚至狰狞和恐怖，形象大都来自藏传佛教教义内容。跳神时佩戴以显示神威，平时供放于寺庙。羌姆面具质地多样，有皮、木、金属、泥土和布料等，其中纸、泥和布最为常见。面具大都是立体的，佩戴时将头部完全罩住。羌姆面具是众多藏族面具中最具风采的面具。

2. 藏戏面具

四川藏戏主要包括流传德格地方的德格藏戏、安多方言区的安多藏戏、康巴地区的康巴藏戏以及嘉绒方言区的嘉绒藏戏等。藏戏面具随着藏戏的发展、成熟而日趋精细、丰富多样，是藏族人民在藏族原始巫舞和寺庙跳神驱鬼逐魔的基础上发展起来的，它吸收了宗教跳神面具艺术、原始祭祀面具艺术和民间表演面具艺术中的优良成分，逐渐形成了独具特色的藏戏面具艺术。藏戏面具有立体和平面两种形式，李宜等依据造型特点分为：温巴面具、人物面具、神祇面具、鬼怪面具和动物面具五种。[①] 温巴面具是藏戏中最重要的面具，分为蓝面具和白面具，用纸板或多层布料粘合再裱糊蓝段而成，造型夸张、装饰美观、绘制精致，属于平面面具。人物面具是藏戏中常见人物角色所戴的面具，这类面具根据人物特征采用不同的色彩，色彩鲜艳、对比强烈、形象夸张，体现了藏族人民高超的制作技艺。神祇面具是藏戏中出现的神佛、仙翁、神灵等各类神祇角色面具，鬼怪面具是藏戏中妖魔鬼怪的角色面具。这些面具大都用泥塑木雕而成，面部涂色并在头部粘上假发，立体感强，鬼怪面具龇牙咧嘴、狰狞恐怖，属于立体假头假发大面具。动物面具常见于四川甘孜藏戏中传统狮子舞和牦牛舞表演中，动物面具多来源于佛教故事或神话传说，人们在演出时头戴动物面具模仿动物动作，动物面具全是立体假头，完全罩住演员的头部，头具和身具连在一起进行表演，注重写实，追求外形相似，形成朴实、真实、自然的风格。

3. 藏族民间祭祀面具

民间祭祀面具是藏民在众多民间祭祀习俗中所佩戴的面具，其中流传在

---

① 李宜，辛雷乾. 西藏藏戏形态研究［M］. 广州：中山大学出版社，2015：187.

四川北部平武县的白马人的"跳曹盖"面具和流传在四川西部高原的阿坝藏族羌族自治州境内九寨沟县的白马人"十二相"面具特色最为明显。

白马人生活在四川北部平武县,"跳曹盖"是白马人世代相传、祈祷丰收、山寨兴旺的一项祭祀习俗活动。曹盖面具多用当地的杨木、桦木雕刻并用当地土漆上漆而成,用大红大绿的色彩涂饰在面具上,配以夸张怪诞、狰狞的表情,加上演员粗狂、豪放的夸张动作,显示出了山野粗犷的阳刚之美。白马人的"十二相"面具流传在川西高原的阿坝藏族羌族自治州九寨沟县,是白马人的祭祀民俗面具。所谓十二相,乃是来源于十二种动物面具,这些动物与历史上的十二兽极其相似,《后汉书·礼仪志》中载:"因作方相与十二兽舞,欢呼周遍前后,省三过,持炬火送疫出端门"[1],《隋书》中也有"凡十二兽,皆有毛角"的记载。白马人的跳十二相是不是古代的十二兽舞的演变未见有定论,但十二相的动物面具从艺术的角度来看,实为珍贵,神态各异、造型生动、雕琢精美、色彩艳丽,体现了藏民豪放的性格和高度的审美情趣。

(二)贵州少数民族傩面具

贵州傩文化艺术历史悠久,源远流长。贵州的傩戏、傩面具被中外戏剧专家称为"戏剧的活化石"。贵州的少数民族地区现存丰富多彩的傩文化,并流传着各具特色的傩面具。其中比较有特色的有彝族的撮泰吉面具、仡佬族傩坛戏面具、土家族傩堂戏面具,还有布依族傩面具、毛南族的条套面具等。

1. 彝族撮泰吉面具

贵州彝族大部分居住在黔西威宁高寒地区,这一地区土地贫瘠、山高箐密、气候寒冷、交通不便、经济文化相对落后。当地彝族人民每当遇到天灾人祸,都习惯于通过祭祀山神、打粉火、滚鸡蛋、念鬼符等方式驱灾辟邪、祈求平安。贵州省威宁彝族回族苗族自治县板底乡裸嘎寨流传"撮泰吉","撮泰吉"就是"变人戏",彝族村民希望借助祖先的威灵来驱逐邪魔瘟疫,保佑人畜平安,通过"撮泰吉"再现祖先迁徙、繁衍、垦荒、劳作的艰难场面,描述了开荒垦地、刀耕火种的过程。

撮泰吉面具具有特定的角色,阿布摩戴白胡须面具,麻泼摩戴黑须面具,

---

① 范晔.二十五史(全本)[M].乌鲁木齐:新疆青少年出版社,1999:45.

嘿布戴无须兔唇面具，阿达姆和阿安都戴无须面具。[①] 撮泰吉面具略显大和长，约为常人脸长的一倍。面具用当地杜鹃、漆树等硬木制作而成，雕刻工艺极为简单粗糙，没有过多的修饰，只在眼眶和嘴部挖出三个孔，用锅烟墨或墨汁染黑，再用粉笔或石灰在面具上勾画出几道线条，用麻绳做成胡须即成。在原始稚拙中透出刚劲、粗狂、山野、质朴的艺术风格，散发出浓厚的原始气息（见图5-2-1）。

撮泰吉面具源于古老的傩祭，是比较原始的傩面具，造型虽然显得稚拙古朴，但均以人物形象为面具制作的基调，这与妖魔鬼怪、动物禽兽面具有很大不同，除了具备人物形象，还模仿人物劳作、生活的动作，具备了傩戏的雏形，正如庹修明先生所认为的那样，撮泰吉面具已经完成了从傩祭向傩戏艺术的初步过渡，应该属于傩戏中早期傩祭戏剧形式。

（a）阿安（木质）　（b）阿布摩（木质）　（c）阿布摩（木质）　（d）阿达姆（木质）

图 5-2-1

资料来源：作者拍摄（贵州民族文化宫）

2. 仡佬族傩坛戏面具

仡佬族是贵州高原上最古老的民族，主要聚居在黔北的务川和道真县，其余部分散居在正安、凤岗、石阡、安顺、普定、关岭等地。仡佬族大多居

---

① 贵州省毕节地区地方志编纂委员会.毕节地区志文化艺术新闻出版志［M］.贵阳：贵州人民出版社，2003：291.

住在条件较为艰苦的边远山区，正如民间谚语所说，"高山苗，水侗家，仡佬住在石旮旯"。仡佬族人民在长期的生产生活实践中，始终持有敬畏和感恩的观念，崇拜祖先，崇尚万物有灵，每逢旱、涝、病虫害，都要设傩坛打醮祭祀诸神保平安。仡佬族傩坛戏是一种民间宗教戏剧形式，以驱邪逐疫、祈福纳吉、酬神还愿为主要内容，分为内坛、外坛，内坛为驱鬼逐疫、祈求平安的祭祀仪式，外坛则是娱神娱人的戏剧演出，有祭有戏，祭戏相融，既有充满原始宗教信仰色彩的祭祀功能，还有娱神娱人的戏剧表演民间娱乐形式。

仡佬族傩坛戏的内坛一般不用面具，外坛则以佩戴面具表演为主。仡佬族傩面具一般分为三类，一是"正神"面具，面具造型慈眉善目、宽脸长耳、面带微笑，色彩柔和，使人感到亲切和蔼。二是"凶神"面具，面具造型为头上长角、嘴吐獠牙、眉毛倒竖、眼球凸起，色彩对比强烈，给人一种狰狞凶悍和咄咄逼人的感觉。三是"世俗"面具，这类面具接近生活中的真实人物，正面人物面具造型眉清目秀，给人一种淳朴忠厚的感觉，反面人物造型夸张，歪嘴斜鼻、龇牙咧嘴，塑造了一种滑稽的形象。仡佬族面具一般都用柳木、白杨木，按照人物角色雕刻制作，再涂色完成。涂色一般分为本色或着色，本色面具是先在面具上打一层赭石或土黄色，再用桐油涂抹几遍，透出木质的本色，只在眉毛、眼睛部位用黑色勾勒即可，面具淡雅协调、朴实自然。着色面具是用红、黑、蓝、黄等各色油漆颜料进行重彩涂画，营造浓重深沉的色彩效果（见图5-2-2）。

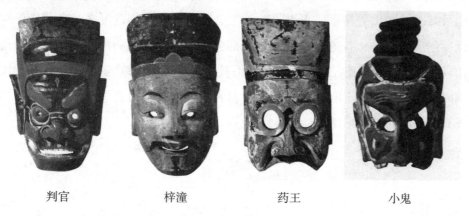

判官　　　　　梓潼　　　　　药王　　　　　小鬼

图 5-2-2

资料来源：作者拍摄（贵州省民族文化宫）

3. 土家族傩堂戏面具

土家族主要生活在湘鄂渝黔毗连的武陵山区一带，属于贵州境内黔东北铜仁地区最古老的民族之一，土家族人民长期生活在武陵山脉的偏远山区，自然环境复杂，生活空间相对闭塞，长期处于贫穷落后的经济欠发达境况，对自然的了解和掌握较为匮乏。加之，又受中原文化、巴文化和楚文化的影响，融会了巴人祭祀鬼神和楚人笃信巫术的文化信念，使得驱逐疫鬼、祈求平安的傩祭祀活动得以长期流传下来，并逐渐发展为在原始巫祭活动的基础上融合民间歌舞小戏而形成的具有贵州地方特色的傩戏。目前，土家族傩堂戏面具主要流传于以铜仁地区为中心的湘、渝、鄂交界的土家族聚居地区。

土家族傩面具作为傩堂戏最重要的道具，在制作上工艺繁杂，涉及取材、制坯、雕刻、打磨、上色、罩漆、上光等工序流程，做工十分精细。选材上也很考究，一般选用当地的柳木、桃木或白杨木等材料，它们质地较轻，不易开裂，适合雕刻。土家族傩面具根据"堂"来确定，全堂傩有24面面具，半堂有12面面具，也有36面、48面的，受各地的地方习俗和当地信仰的影响。土家族傩面具分为三大类：正神面具、凶神面和世俗神面具，按照男、女、老、少、正、反、文、武、鬼、神、道等角色，都有固定的名称，每个面具代表不同的角色。此外，土家族傩面具中还有牛头、马面、白猴、擎龙等动物面具，但较为少见。

土家族傩堂戏面具的多少体现傩堂戏班在当地的地位，面具多，表演的剧目就多，演出更精彩，更受人欢迎，这就为傩面具创造更多角色和较好地保存创造了条件，各地土家族傩堂戏都会根据不同剧目和角色制作较多的傩面具。据统计，在德江保存下来的傩面具就有600面之多，其中不乏清代和民国时期的面具。[①] 土家族傩面具在学术界和艺术界都引起了的强烈反响，并受到了较高的评价（见图5-2-3）。

---

① 朱学义 . 黔中墨韵［M］. 天津：天津人民美术出版社，2005：394.

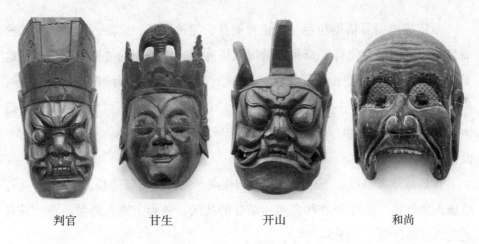

| 判官 | 甘生 | 开山 | 和尚 |

图 5-2-3

资料来源：作者拍摄（贵州省美术馆）

4. 布依族傩面具

布依族是生活在西南地区最古老的一个民族，汉文史籍记载，布依族属于百越族系中的一支，很早就生活南盘江、北盘江以及红水河流域一带，贵州的黔南、黔西南是布依族的主要聚居区。长期生活在这里的布依族在古代傩祭和民俗祭祀的基础上创造了富有特色的布依傩戏。布依傩戏吸收了布依花灯戏、布依彩调戏和布依八音坐唱等民间戏剧的表演特色，加入了许多娱人性的故事情节和世俗人物，使得布依傩戏更加贴近人民生活，走向世俗化，成为具有宗教色彩的民间戏剧。

布依傩面具有着悠久的历史，源于原始社会图腾崇拜，是在民间祭祀的基础上发展而来的。布依傩面具选材十分丰富，木头、竹子、皮、布以及纸张都可作为制作的材料。木料是贵州民族面具常用的材料之一，便于就地取材，具有易于加工、不易变形的优点。木质面具的制作过程是先将木头晒干，然后根据人物的五官画出大致轮廓，再进行雕刻，最后是打磨上色。除了木质面具外，布依族还用竹子来制作面具，这主要源于布依族的竹崇拜理念。在布依族的史籍中有关于夜郎竹王的记载，常璩所撰《华阳国志·南中志》中就记载了夜郎竹王的传说[1]，在《后汉书·西南夷传》也有相同的记载，这与布依族传承夜郎文化有关，在布依族面具中还可见到用竹笋壳制作的面具。

---

[1] 常璩. 华阳国志 [M]. 济南：齐鲁书社，2010：44.

　　布依族傩面具依据角色分为正神面具、凶神面具、世俗人物面具和动物面具。此外，还有流行于贵州省黔南布依族苗族自治州的"作道"面具，这类面具一般用于祝寿或求子礼仪活动中，演出的剧目多为当地的民间故事，一般不演鬼神祭祀，主要以娱人为目的。"作道"面具属于世俗人物面具，造型来源于民间传说中的人物角色，表现布依族人民寄情山水、平和善良的内心世界。

　　布依族傩面具吸收军傩地戏面具的优点，尤其注重雕工技艺，题材广泛，凸显人物性格，采用浮雕和镂雕相结合的技法，色彩丰富，造型活泼，具有重要的审美价值（见图5-2-4）。

徒三光　　　　　　唐上元　　　　　　姝花林

扫家关　　　　　　姝托生　　　　　　周下元

图 5-2-4

资料来源：作者拍摄（贵州民族文化宫）

5.毛南族条套面具

毛南族是我国人口较少的民族，贵州毛南族主要分布在黔南布依族苗族自治州的平塘、惠水和独山等山区，是贵州的世居少数民族。毛南族人信奉多神教，崇拜祖先及自然神灵，在对山川河流、日月星辰、风雨雷电等自然现象的顶礼膜拜中创造了许多神话故事，诞生了赶山、挑山、填海、造平原等民间传说。在自然崇拜中产生了各类巫术祭祀宗教活动，傩祭一直是毛南族人民传统的敬神祭祀仪式。毛南族民间祭祀活动丰富多彩，岁时节日都进行各种宗教祭祀活动。其中"还愿舞"最具特色，是毛南族敬神还愿的傩戏表演，毛南话称为"肥套"或"条套"，就是"做道场"祭祀还愿的意思，是毛南族人传统的还愿傩祭仪式，是假借鬼神之名行驱鬼逐疫、祈福求子的一种跳神傩戏表演。

毛南族人在傩祭表演过程中表演者始终戴着傩面具，毛南族傩面具比脸略宽大，根据神灵的身份、地位、功德及神威来刻画人物性格、塑造角色，有32神、72像之说，面具分为文、武、丑三大类，均用坚硬不易开裂的木头雕刻而成。毛南傩面具雕刻精致，描绘精美，或神态安详，或笑容可掬，或面目狰狞，或咧嘴龇牙，或温文尔雅，神态栩栩如生，极其传神，也极具想象力。这些被赋予神灵的面具，是毛南族人民精雕细琢的工艺品，富有浓厚的民族文化特色。

（三）云南少数民族傩面具

云南少数民族众多，原始宗教文化多元，民风习俗多姿多彩。在云南的25个少数民族中，大都不同程度地保留着傩面具，这些面具多与祖先崇拜、各民族的宗教信仰和图腾崇拜有关，如彝族虎面具、傣族木雕面具、景颇族的牛皮面具等都具有鲜明的民族特色。[1]

1.彝族虎面具

楚雄彝族自治州的彝族面具，称为"虎面具"，是彝族傩文化中的傩舞面具，是彝族人民在祭祀中用于通神的祭器。当地的彝族对虎尤其崇拜和敬仰，每年农历正月初八，到处都要举行盛大的"跳虎"活动，以求虎神的庇护，

---

① 毛小雨.前海剧说［M］.北京：北京时代华文书局，2015：227.

保寨子安宁、庄稼丰收、六畜兴旺、人畜免灾。在彝族人心目中，虎的观念、虎的力量超越一切而存在。虎是彝族集体意识中崇拜的标志，是彝族人民精神的支柱，虎是万物之神，是彝族人民的民族之魂。将虎视为彝族人民的祖先，这种虎傩文化根植于彝族的民俗节庆活动中。^①因此在虎傩文化中，虎面具承载了彝族人民诸多文化内涵。

彝族虎傩面具虽被称为虎面具，但其造型却是典型的彝族男女形象，并非虎形。面具用木头雕刻而成，再用烟将其熏黑，在"火把节"时，由身披稻草并画有虎斑的男女二人，头戴虎面具、假扮虎形到各家各户敬天祈年、驱逐邪祟。楚雄双柏县彝族的"老虎笙"，被国内外专家学者视为彝族古傩仪和"珍存"和彝族傩文化的"活化石"。老虎笙面具雕刻技术相对成熟，已采用木质镂空雕刻，将五官镂空，再用黑、白、黄颜色勾勒出五官线条，在额头上画出天眼，顶有两角，面目阴森恐怖，形象虎视眈眈、咄咄逼人，装扮者身披稻草、赤脚、着短裤、拿一手杖，扮演形象夸张狰狞，营造了一种神秘、威严的气氛，体现出了粗犷美和力量美。

2. 傣族木雕面具

傣族主要生活在云南的西双版纳和德宏地区，过去的傣族普遍信仰小乘佛教和原始宗教。流传于德宏及保山地区傣族聚居区的傣戏有100多年的历史，是傣族人民在傣族歌舞的基础上加上佛经讲唱并融合一定故事情节演变而来的，是反映傣族人民生活方式和风俗习惯的一种地方小戏。傣族人民将民间传说、佛经故事和叙事长诗进行改编，较早的剧目有《十二马》《公孙犁田》《昌少对唱》等。中华人民共和国成立后创作了一些反映时代精神面貌的傣戏剧目，如《卖余粮》《人往高处走》《隔河相亲》等。傣戏以傣族孔雀舞中的舞姿为基本步法，富有韵律、节奏感强，富有很强民族色彩。

傣戏面具是受汉族戏剧脸谱的影响，并吸收了滇剧面具而发展起来的。我们看到的傣族面具大都为"假形"舞蹈面具，所谓"假形"，是佛教用语，就是化身的意思。在傣族宗教节日里，傣族人民身披象征祥瑞禽兽的假形载歌载舞，进行宗教祭祀和表演。在这种隆重的宗教盛会，一般都要戴一种"佛

---

① 赵世林，田婧.云南双柏彝族虎傩文化及其面具[J].西南民族大学学报（人文社会科学版），2008（1）.

面"的面具，男性演员脸戴尖塔白净菩萨面具，头戴塔形佛冠。同时还有各种与佛经故事或傣族民间传说相关的动物面具，如白象、孔雀、马、鹿等。其中，孔雀在傣族人民的心中具有很重要的地位，象征吉祥、幸福。孔雀假形舞模拟佛经故事中的吉祥之鸟"迦楼罗""紧那罗（金翅雀）""甄陀罗（仙国之雀女）"以及"孔雀公主"喃穆啰娜的形象。[1]傣族孔雀假形舞早在明清时期就盛行于傣族聚居地区，属于祭祀佛祖的宗教性舞蹈。每当佛教祭祀节日或泼水节（又称浴佛节），傣族人民通过佩戴孔雀假形面具，表演孔雀公主战胜魔鬼的舞蹈，以此展现善良终将战胜邪恶的美好愿景，表达傣族对美好生活的向往。跳单人舞佩戴女性面具，双人舞分别戴男女面具。[2]表演时，表演者模仿孔雀各种各样的动作，展翅开屏，翩翩起舞。

傣族面具是质地比较轻的木雕面具，一般分为佛面面具、孔雀公主、魔鬼以及动物面具，动物面具均为假形化身面具。傣族面具大都用木头或龙竹的根雕刻而成，工匠先将木料砍出大体的面部模型后，再根据五官的位置画出各种形象，最后再雕刻出各种夸张的图案。面具造型简洁稚拙、色彩鲜艳，透露出原始质朴的气息。

3. 景颇族牛皮面具

景颇族是一个跨境民族，主要分布在我们云南德宏、景洪的山区以及怒江的部分山区。景颇族源于青藏高原氐羌族群，多聚居在靠近水源和森林的山坡。景颇族认为人类和万物都有灵魂，灵魂不会灭亡，但可以和肉体分离而存在，并可支配生命。景颇族的这种崇信万物有灵、迷信鬼神的超自然信仰的传统宗教信仰观念，深深地影响着景颇族生活习俗的方方面面。以祭典"木代"鬼而发展来的"目瑙节"，是景颇族最为盛大的传统祭祀节日，还有秋后的"吃新谷""献谷堆""叫谷魂"等献祭活动频繁举行。[3]

景颇族的丧葬舞源于傩舞，是景颇族民间舞蹈中最重要的一部分。他们认为人死后灵魂不灭，需要举行一次送魂仪式，跳丧葬舞以超度亡灵再度

---

① 黎爱蓉. 彩羽和银环——云南民族人体美饰［M］. 昆明：云南人民出版社，2002：156.

② 杨松海，邱文发. 传承历史记忆说道民族文化——云南民族博物馆基本陈列讲解词［M］. 昆明：云南民族出版社，2015：72.

③ 李德洙，胡绍华，主编. 中国民族百科全书（15）傣族、佤族、景颇族、布朗族、阿昌族、德昂族、基诺族卷［M］. 北京／西安：世界图书出版公司，2016：397.

升华。这种宗教祭祀仪式烦琐，等级分明，包含"龙洞戈""布滚戈""恩则斋""金斋斋"和"木代总"五种舞蹈形式。一般长者死后仅跳"龙洞戈"和"布滚戈"，有威望的老人（如杀死过敌人或猛兽的人）死后加跳"恩则斋"，三代同堂以上的老人死后可跳"金斋斋"；只有木代鬼的山官家死人后，才有资格跳"木代总"。①

景颇族的牛皮面具一般用于丧葬祭祀。面具制作较为简单，用一块牛皮，中间挖上两个眼孔，画上土红、黑白条纹，用一根绳子拴在头上。舞者仅用野藤和树叶围系腰间，头系绘有鹰、鸡、马鹿、麂子的牛皮面具，装扮为雌雄二性，手持木棍或木质长矛，模仿飞禽走兽的动作，模拟死者生前的生产和生活场面，也再现景颇族先民不断与自然抗争的苦难历史。

总而言之，云南少数民族傩面具种类繁多，除了上述以外，还有哈尼族的棕皮面具，这种面具用棕皮缝合成口袋状套在头部，留出鼻孔和眼孔，不需要绘制五官形象，极其简单特别。基诺族、佤族面具，是用一张比脸稍大的笋壳，挖出鼻孔和眼孔，适当加以修饰戴在脸上，造型朴素奇异，一般用于丧葬仪式。还有壮族的草人面具，用草辫盘结成圆形片状，上缀一对弯弯的草编牛角，下坠草须，富有生活气息。总的来看，云南少数民族面具原始质朴，没有精美的雕刻和华丽的装饰，取材自然，直接用草、叶、皮、木头作为制作的材料，质感丰富，造型奇特，富有生活情趣，充满自然韵律和原始美的气息。

综上所述，在西南少数民族聚居地区，蕴藏着丰富的傩俗祭祀文化。傩面具作为实用的巫术工具，受地理环境、民族习俗、宗教信仰、生活方式等的影响，与本民族的信仰习俗、崇拜对象、审美取向完美结合，成为一种特殊的民族精神文化的象征符号，反映了长期生活在西南山区原始初民的思维观念和审美意识。少数民族聚居地区长期处于封闭状态，流传的傩面具较少受外来因素的影响，在缓慢地历史演变中，在很大程度上仍然保留着固有的本真状态，虽然在发展过程中不断吸收、融合中原文化等外来文化，甚至在同一地区的不同民族之间傩面具也有相互吸收和融合，出现异中有同、同中

---

① 张方元.新编德宏风物志［M］.昆明：云南人民出版社，2000：105.

有异的现象，但大体上自成特色，仍然具备独立的、鲜明的艺术风格。

二、西南地区傩面具的族群分布格局分析

西南地区自古以来就是民族种类最为众多的地区，在这片土地上分布了30多个世居民族。由于受到自然地理条件、政治、经济、社会、文化的影响，西南各少数民族在长期的演变过程中，呈现出大杂居、小聚居，大分散、小聚集的分布格局，这种分布格局既有利于各民族在长期的生活与劳作中形成各自的民族文化习俗，保持本民族的传统文化特点，又有利于各少数民族相互之间保持一定的文化交流，形成多元一体、相互相融的社会结构关系。傩面具在西南特有的自然环境和复杂的民族分布的背景下，呈现出形式多样、内涵丰富的面具文化。

傩面具作为同一区域的社会群体的文化现象，集中反映了这一群体的宗教信仰、生活习俗和审美取向，除了具备典型的地域特征以外，还因各少数民族生活习惯的差异、信仰习俗的不同，呈现出鲜明的民族特色。各民族因不同的生态环境、地理条件、信仰习俗和审美取向，形成各具特色的面具文化。各少数民族傩面具以本民族文化为内核，以民族审美观念为表现形式，譬如，四川藏区白马人跳曹盖面具、"十二相"面具以及羌姆面具，贵州地区的土家族傩堂戏面具、仡佬族傩坛戏面具、彝族撮泰吉面具，云南地区的彝族虎皮面具、傣族孔雀舞面具、景颇族牛皮面具等，这些面具各具特色，既承载了本民族浓郁的文化习俗和审美观念，又吸收借鉴了其他民族的艺术特征，比如布依族傩面具受地戏面具的影响，在突出人物性格上借鉴了地戏面具的表现手法，又如仡佬族傩面具与土家族傩面具在艺术表现手法上相互影响、相互借鉴，在保持本民族精神诉求不变的基础上，表现形式更加灵活。

西南少数民族众多，分布范围广，从傩面具在族群分布的空间来看，整体上具有以下特征。

（一）覆盖面广，但局部集中

西南地区的30多个世居民族中，都拥有丰富的图腾文化资源，都盛行图腾崇拜，都拥有本民族的面具文化。王进在《中国西南少数民族图腾研究》

中认为，保持图腾文化最丰富的是西南地区各少数民族。[①] 由于图腾信仰和图腾习俗的存在，作为民族图腾符号，面具在各民族的节庆礼俗、人生礼仪、祭祀习俗等重要活动中作为一个重要的道具而存在，但凡人口不安、六畜不旺都要举行傩祭仪式，祈福佑吉，解灾避祸，面具作为各民族祛灾纳祥的精神象征和重要的祭祀道具，与各民族传统文化习俗相互依存和发展，从这一点来讲，西南少数民族傩面具覆盖面广，涉及西南地区的所有少数民族，从川渝地区的藏族面具、彝族傩面具、酉阳土家族傩面具到云贵地区的土家族傩面具、仡佬族傩面具、布依族傩面具、彝族傩面具、傣族傩面具、景颇族傩面具，等等，几乎覆盖整体西南地区，并且各具特色。

但是，因每个民族文化背景、民俗习惯和信仰习俗的不同，傩面具在各民族的流传和保存都有区别，甚至在造型和工艺上都有千差万别。如地处武陵山和大娄山交汇处的德江县，是土家族聚居地，被称为"中国傩戏之乡"，在现今仍保存的131坛傩堂戏中，每坛傩堂戏有面具24面，每个面具被赋予了一种神灵的象征。该县至今还保存古老面具1484面。[②] 而四川藏区的傩面具资源尤其丰富，无论是功能类型、质地类型、表现形式，还是遗存数量、传播范围都较为突出，尤其是在藏区的各寺庙保存了大量的羌姆面具，还有白马人的"曹盖"面具和"十二相"面具都十分有特色。

可见，西南地区少数民族傩面具覆盖到了所有的少数民族聚集地，各少数民族都有傩面具的存在。但是，从分布状况来看，整体上是不均衡的，有的就在一个村寨流传，如彝族撮泰吉面具仅存于威宁板底乡的裸嘎寨。而土家族傩堂戏面具流传的范围就要广泛得多，覆盖到黔东北的村村寨寨。总体来看，西南少数民族傩面具覆盖面广，在四川盆地四周的山区及云贵高原的各民族村落都有分布，但局部较为集中，部分少数民族村落的傩面具保存较好，遗存也最为丰富。

（二）吸收融合，但自成特色

西南地区的民族文化、宗教习俗是傩面具发生和发展的土壤，各民族民

---

① 王进.中国西南少数民族图腾研究［M］.上海：上海三联书店，2016：73.
② 刘婕.中国"品牌"中的铜仁元素［M］.贵阳：贵州民族出版社，2014：95.

间手工技艺是傩面具得以传播和弘扬的物质保障。西南地区傩面具与西南少数民族文化习俗、宗教信仰、社会生活密切相关，是多种宗教文化、信仰习俗相互融合渗透的产物。在西南这片土地上，随着各民族之间频繁接触、密切交往，各民族文化的渗透和融合，在各民族文化之间长期的渗透、传播和交融的复杂过程中，形成了独具特色的西南文化，也造就了多姿多彩、造型各异、种类繁多的西南傩面具，这些傩面具凝聚了西南山地民族原始崇拜意识、原始宗教信仰和民俗审美意识，呈现出典型的高原山地特征和质朴的山野艺术风格。

然而，受西南地形条件和生态环境的影响，在西南地区较为封闭的地理环境下形成了众多相对独立的地理单元，各民族生活在不同的地理单元，构成了"十里不同风、百里不同俗"的文化"千岛"景观。傩面具作为西南各民族文化生活、祭祀民俗、宗教艺术的集中体现，既有共性特征，又具有个性色彩。比如，藏族面具具有浓厚的宗教祭祀色彩，仡佬族、土家族、侗族、苗族的傩面具都借鉴了戏剧表演因素，具有明显的戏剧特征，威宁彝族撮泰吉面具则保留了原始神秘、蛮憨稚拙的艺术本色，等等。这进一步说明了西南少数民族傩面具在长期的交流和接触中，既相互吸收融合，总体上具有西南地区特有的地域特色和艺术风格，又有各自的特色。

本章总结

西南地区傩面具的分布状态与地理环境、民族分布、文化因素相关。从西南地区的地形结构单元来看，主要包含巴蜀盆地、云贵高原和秦巴山地等丘陵、山地、平原等，形成众多的封闭性地域小单元。相邻的生活小单元之间相互影响、相互交融，形成了"十里不同风、百里不同俗"的族群生活圈。这种生活空间给傩面具的发展提供了肥沃的土壤和适宜的气候，不同的地理环境和气候条件形成了不同的生活空间，傩面具在不同的生活空间里发展演变，并逐渐形成了巴蜀傩面具、云贵傩面具和藏区傩面具的典型分布格局。从地理空间分布来看，巴蜀傩面具具有典型的盆地文化特征，云贵傩面具则具有明显的高原文化特征，而藏区傩面具则呈现出鲜明的山地文化特征。

　　西南地区傩面具的分布状态还与少数民族聚居有关。每个民族都有本民族的生活习惯和信仰习俗，不同民族生活的空间也不尽相同，不同海拔、不同地段生活着不同的民族，造成了各民族之间生活方法和风俗习惯的千差万别，形成了种类繁多、风格多样、造型各异、民族特色鲜明的傩面具。从族群空间分布来看，主要有藏区少数民族傩面具（包含羌姆面具、藏戏面具等）、贵州少数民族傩面具（包含彝族撮泰吉面具、仡佬族的傩坛面具、土家族的傩堂戏面具、布依族的作道面具、毛南族的条套面具等）和云南少数民族傩面具（包含彝族虎面具、傣族木雕面具、景颇族的牛皮面具、哈尼族的彩绘面具等）。傩面具在族群空间分布呈现出于如下特征：覆盖面广，但局部较为集中；吸收融合，但又自成特色。

第六章　类型与特征

　　傩面具作为一种特殊的文化现象，与民族、地域、文化、审美等密切相关。同时，傩面具作为一种造型艺术，遵循其艺术规律和审美原则，在艺术造型、材料选择、色彩运用、功利目的、民俗意向等方面千变万化。以面具所发挥的功利目的和使用功用为类型结构的主线，适当渗入面具的材质、形制、造型等多方面的概述和分析，从多层面、多维度对西南少数民族傩面具进行梳理分类，根据傩面具在不同地区、不同民族中发挥功用的不同，将西南少数民族傩面具分为生命礼仪面具、跳神面具、祭祀面具、镇宅面具、傩戏面具五种类型。

第一节　傩面具结构内涵分析

　　傩面具既是傩祭、傩仪、傩舞、傩戏中的重要道具，还是一种民间雕塑艺术形式。早在青铜器时代，原始先民们就以丰富的想象力和夸张的艺术表现手法，展现出了他们惊人的艺术创造力。四川广汉三星堆出土的青铜面具，以精湛的工艺和神秘怪诞的艺术造型引起世人的极大关注，这些青铜面具是古蜀先民精神崇拜的重要表现，体现了古蜀先民独特的审美观念和艺术创造。隋唐时期，社会繁荣，百业俱兴，面具的制作材料也非常丰富，青铜、兽皮已被木、竹、布、绸等材料替代，这时面具的审美功能逐渐占据了首位。直到宋元时代，宫廷傩戏向民间戏剧侵入，逐渐从宫廷走向了民间大众生活中，面具也渐渐地走向世俗化。到了明清时期，在西南少数民族地区，以藏文化发源而来的藏族面具和以中原文化、巴蜀文化、荆楚文化渗透并以巫祭仪式发展起来的巫傩面具，在西南少数民族边远山区得到了蓬勃发展，直到近代才渐渐衰落。

傩面具根植于民间，伴随中国各民族走过了几千年的风风雨雨，是各族人民集体智慧的结晶，凝结了各族人民的审美情趣和精神观念，表现了各民族人民对美好生活的向往和对生存意识的渴求，反映了各族人民的一种生存意志和精神诉求。正如程金城等在《穿越时空的生命韵律——人类学视阈中的中国西部艺术》一书中所说："只要人们还面临着生活的种种磨难，只要人们还需要精神的依托，这些面具就会沿着历史的轨道继续发展，并将逐渐摒弃其主要的宗教意识因子，演变成普遍的民俗文化形态，以更通俗更多样的表现形式成为民众生活的心理慰藉和精神生活方式。"①

不难看出，傩面具作为古老文化，伴随着社会的发展和历史的演进，普遍进入各民族社会生活的各个领域，形成独特的文化艺术形式，蕴含丰富的文化底蕴，并涉及宗教祭祀、民族文化、民俗艺术等方方面面，是各民族社会生活的一面镜子。

在历史的长河中，傩面具不断汲取民间艺术的营养，在不断演进的民间传统工艺技艺上，继承了传统雕刻艺术的造型特点，将神性和人性巧妙结合，使得傩面具的艺术形象具有人神鬼怪的神灵形象和精神向往的审美倾向。傩面具作为一种特殊的文化现象，与民族、地域、文化、审美等密切相关，不同民族、不同地域形成的文化审美也千差万别。同时，傩面具作为一种造型艺术，要遵循其艺术规律和审美原则，在艺术造型、材料选择、色彩运用、功利目的、民俗意向等方面千变万化。正因如此，傩面具种类繁多，体系繁杂，各面具之间也存在着千丝万缕的关系，并蕴含着丰富的功利目的和价值取向。

一、西南地区傩面具的分类模式

傩面具作为一种特殊的文化现象和造型艺术形式，在我国具有悠久的历史，伴随着宗教意识，作为宗教思想和精神意识的物化形式，广泛留存于民

① 程金城，韩伟. 穿越时空的生命韵律——人类学视阈中的中国西部艺术［M］.太原：山西教育出版社，2010：346.

间，不仅分布广，谱系也较为繁杂。关于面具的分类，20世纪80年代以来，就有众多学者进行了大量的探幽发微，从不同的视角对傩面具的分类进行了卓有成效的探索。

（一）关于面具分类情况

面具自远古以来，就是用以装扮和转换角色的道具。面具艺术遍及世界，作为一种特殊文化现象，其内涵和表现形式都极为复杂，并且各民族面具的内涵、功能、结构及其符号表征意义都不尽相同。学术界在面具分类上，由于各专家的视角和侧重点不同，提出了各种各样的分类模式，这些分类模式对梳理傩面具的内涵结构的谱系关系都具有极大的帮助和借鉴作用。其中，颇具代表性的学者有岑家梧、曲六乙、顾朴光、盖山林、周华斌、赵心愚等，他们从不同角度对面具的分类模式进行了相关的论述。

岑家梧先生根据面具的功能等因素，将世界各原始民族使用的面具归纳为十一类：图腾面具、狩猎面具、医术面具、妖魔面具、头盖面具、追悼面具、战争面具、鬼魂面具、祈雨面具、入会面具、祭祀面具。[①] 虽然大体上归纳了世界各民族面具的类型，但有些面具在功能上是交叉的，比如在各类仪式中使用的面具都与祭祀有关，这种分类还是不够确切。

曲六乙、钱茀认为面具的分类方式是多种多样的，并从不同层面均认可每位学者的归纳方法。在《东方傩文化概论》将傩面具分类归结为结构、材料、角色造型、功能等方面。按照面部结构分为普通面具、半截面具、断腭面具、动脸吊腭面具、两层面具、三层面具。按制作材料分为毛皮面具、陶面具、石面具、竹篾面具、柳条面具、棕皮面具、笋壳面具、金属面具、纸（胎）面具、布面具、龟甲面具、塑料面具、草编面具。按角色造型分为神鬼面具、半人半兽面具、动物面具、祖灵面具、世俗人物面具和历史传说人物面具。按功能分为狩猎面具、战争面具、图腾面具、丧葬面具、驱傩面具、舞蹈面具、镇宅面具、祭礼面具、装饰面具、戏剧面具、游戏面具。根据面具呈现的不同时空形态分为动态表演型、静态悬挂型、静态装饰型。[②] 相对

---

① 岑家梧.图腾艺术史［M］.上海：学林出版社，1986：65.
② 曲六乙，钱茀.东方傩文化概论［M］.太原：山西教育出版社，2006：126-127.

来说，曲六乙先生从不同的层面对面具进行了细致的分类，虽然这种面具的分类也难免有交集和重合，但从不同层面分类也有其合理性。

顾朴光在《中国面具史》中归纳了几种常见的面具分类方式：比如，按结构分为三层面具、普通面具、动眼吊腭面具、两层面具、半截面具、动眼断腭面具等；按质地分为铁面具、皮面具、金面具、玉面具、银面具、布面具、笋壳面具、纸面具、龟甲面具、乾漆面具、草编面具、塑料面具等；按造型分为鬼神面具、动物面具、英雄面具、民俗人物面具等；按功能分为战争面具、祭祀面具、丧葬面具、狩猎面具、驱傩面具、镇宅面具、舞蹈面具、戏剧面具、装饰面具等。顾朴光先生在认同以上分类的同时，认为还存在缺点，并在此基础上提出了他的分类观点，即从宏观上，以"形制"对面具进行划分，将我国面具归纳为假头、假面、面罩、面饰、面像五种类型。[①] 虽然顾朴光先生这种分类方式有一定的概括性和合理性，但还是较为宏观。面对五花八门的面具，在分类界定上过于宽泛，比如，羌姆面具既是悬挂面具也是跳神祭祀面具，尽管顾先生将此类作为特例归为假面一类，但也认为这种较为宏观的分类方法存在一定的缺陷性。

盖山林也是从宏观上将面具划分为实用性面具、装饰性面具和陈列性面具三个类别。实用性面具包括用于狩猎、战争、祭祀、入会等仪式，以及娱乐、葬仪、医术、祈雨、观赏等生产生活的方方面面，是面具文化的主体部分。装饰性面具并非戴于面部的面具，而是用于陶器、青铜等各种器物上的装饰面具形，或者将面具装饰到配件上，佩戴于身上作为神圣辟邪之物。陈列性面具主要是供祭祀或辟邪之用，不是供脸部戴的面具，只是将面具的象征物进行悬挂，利用面具的"神性"充当保护神，一般用于重要的场所，比如堂屋、会所或祠堂。[②] 这种分类方式涵盖了世界上的所有面具，划分为三大类再进行细分归类，有一定的参考价值和借鉴意义，但是，也难免存在一定的偏颇。比如，具有面具装饰图案的佩戴物是否应归为面具，因为毕竟已经失去面具的功能，仅仅是作为装饰物件而已。

周华斌从历史文化发展的角度，将中国傩面具分为神兽型（以兽相为主，

---

① 顾朴光. 中国面具史［M］.贵阳：贵州民族出版社，1996：5-6.

② 盖山林. 中国面具［M］.北京：北京图书馆出版社，1999：55-58.

包括纯动物型的神兽或其变异）、神头鬼面型（以人相为主，多属凶相或带兽相）、英雄神相型（英雄相，以历史英雄及传说中的"人杰"为主，也包括佛道宗教中的神灵）、芸芸众生型（众生相，三教九流、五行八作的护生神灵）四大类。① 他将巫傩面具按照自然物的神格化和神灵的人格化进行剥离，从造型角色的角度进行分类，有一定的合理性。

此外，还有众多的学者从不同角度对面具进行相关的分类论述。如朱狄将面具按造型分为肖像型、变形型、象征型、结构型。② 郭思九将面具按使用方式和表现内容分为具有艺术表演特征的面具、布局有艺术表演特征的面具、与民俗文化相结合的习俗性面具、与农耕文化相结合的面具。③ 郭净根据文化空间分布将面具分为藏面具、傩面具、白戏面具、彝族面具、萨满面具。④ 钱茀将面具按功能分为实用面具和艺用面具两大类，等等。⑤ 陈阵、赵作慈将面具按功利目的分为节日庆典面具、祭祀仪式面具、藏传佛教面具、戏剧面具和其他面具（包括震慑面具和墓葬覆面）等类别。⑥ 郑俊秀等民族文化工作者将面具按社会功能分为生命礼仪面具、跳神面具、节日祭祀面具、镇宅面具、戏剧面具五种类型。⑦ 吴仕忠、胡延夺则认为傩面具因各种造型艺术、质地选择、色彩运用、功利目的、民俗意向等，以及地域、民族、文化、审美的不同千变万化、多姿多彩，仅仅将具有典型特征的傩戏面具概括为地戏面具、傩堂戏面具、变人戏面具三类。⑧

其实，就面具的分类来说，不管是从面具的功用、结构、造型、质地，还是从地域、民族、文化等角度进行分类，都有一定的合理性。毕竟我国幅员辽阔，民族众多，不同民族、不同地域的人们在面具制作的造型、功用、材质等方面都存在很大差异，在面具的审美意象和功用追求方面也有很大不

① 周华斌.中国古傩面具的沿革［J］.戏剧（中央戏剧学院学报），1994（1）：33-39.

② 朱狄.原始文化研究：对审美发生问题的思考［M］.北京：生活·读书·新知三联书店，1988：505-506.

③ 郭思九.傩戏与面具文化［J］.民族艺术，1991（3）：179-186.

④ 郭净.中国面具文化［M］.上海：上海人民出版社，1992：246-247.

⑤ 钱茀.什么是傩［J］.民族艺术，1992，2（20）：51-62.

⑥ 赵作慈，陈阵.中国面具艺术［M］.北京：北京美术摄影出版社，1997：2.

⑦ 郑俊秀，民族文化宫.中国少数民族面具［M］.北京：朝华出版社，1999：27.

⑧ 吴仕忠，胡延夺.傩戏面具［M］.哈尔滨：黑龙江美术出版社，1999：2.

同，因此形成了千姿百态的面具文化艺术，而且各种面具不管是质地造型还是功利目的都有相互交叉融汇之处，你中有我，我中有你，很难准确区分开来，所以不管采用哪种分类模式，都会有一定的缺陷，都很难对各种面具对号入座，划分到某一具体类别。但通过面具的各种分类模式，对面具的本体内涵和形式结构都有了更深的认识和理解，那就是面具不仅受到外在工艺表现形式的影响，还与所承载的文化内涵有很大关系，既有客观因素的存在，也有主观因素的影响。这些面具除了在造型、结构、质地、工艺等方面存在千差万别以外，还与民族、地域、文化、审美、功用等有密切关系，因此才形成了丰富多彩、千姿百态的面具文化艺术，构成了辉煌的中国面具文化。

（二）西南少数民族傩面具分类模式

　　如果要对傩面具的结构内涵进行分析，首先就要对面具从类别上有基本辨识。这是因为傩面具是傩文化的一种重要特征，被赋予了复杂的民俗含义和宗教色彩，却因地域、民族、文化、审美的差异造成千差万别，还因质地、造型、色彩、功用等的不同，形成了五花八门的各类面具。只有通过类别的划分和辨识，才能对傩面具的结构内涵有一个清晰的认识，厘清傩面具演变的图谱关系。然而，西南少数民族地区的傩面具遗存丰厚，种类繁多，涵盖了西南的四川、重庆、贵州、云南、西藏等地，涉及30多个民族。由于西南地区傩面具种类繁多，黎小龙在谈到"巫傩文化"时，将西南傩面具从历史演变及质地的角度，分为金属面具、人皮面具、木质面具、纸质面具四种类型，又从传统造型的角度，分为人兽型、象征型、民俗型、"吞口"型四种。[①]这种分类模式也只考虑了面具在历史发展中对材质的选用，以及面具造型等因素。西南地区各民族的信仰、习俗不同，在面具的使用上也存在很大区别，如果不考虑面具的功利目的，就无法理解面具所蕴含的文化内涵和精神符号。赵心愚等学者以面具的文化功能类型为主线，辅以结构、质地、造型等类型作为补充，将西南民族地区的面具分为战争面具、狩猎面具、丧葬面具、傩

---

① 黎小龙. 西南日月城文化概论［M］. 重庆：西南师范大学西南研究中心，1994：89.

舞面具、祭祀面具、镇宅面具、傩戏面具七种类型。[①] 这种分类模式比较切合西南民族地区面具的实际，完整地展现了西南民族地区面具的风采和基本面貌，对认识西南民族地区丰富多彩的面具文化有一定帮助。但是，从西南少数民族傩面具的分类来看，赵心愚先生这种分类模式的对象主要是西南民族地区的面具，而非仅仅指傩面具。如果只是傩面具，这种分类模式在外延及内涵上都有扩大化的倾向，存在一定的"泛傩化"现象。

因此，对西南少数民族傩面具的结构内涵进行深入的探讨，将林林总总的傩面具进行分类辨识，以下几个方面是我们不得不考虑的问题。

首先，对傩面具进行界定，避免将各类装饰性和商业性的面具涵盖进来，造成辨识不清，界定不明。所谓傩面具，就是与驱鬼逐疫等仪式有关的道具，主要用于傩祭、傩仪、傩戏、傩舞、傩俗等仪式表演。钱茀先生在《傩俗史》中特别指出，"只有用于傩的面具，才是傩面具，否则便不是傩面具，不能将所有的面具称之为'傩面具'，那是不符合事实的"[②]，尤其在西南少数民族地区，民族文化信仰习俗丰富，少数民族各种节庆活动很多，各种节庆节日都要举行丰富多彩的民俗活动，除了各种祭祀仪式以外，还要举行丰富多彩的民俗表演活动，在这些民俗表演活动中，带上自己喜欢的面具，载歌载舞，这种民俗表演中的面具就不能归纳为傩面具。一般来说，面具要具有祭祀礼仪的功能，用于傩的活动中，与傩有关。因此，从对傩面具的界定和功用的角度来看，对傩面具按祭祀功能进行分类，具有一定的合理性。

其次，傩面具具有鲜明的地域特色和民族特征。这和赵心愚先生对面具的定义观点一致，他认为，"在漫长的历史文化变迁中，在特定的自然环境和[③]社会环境的影响下，不同区域和不同民族的面具，无论其功能、形制、质地、结构等都带有鲜明的地域和民族特色"。从这个意义上来说，傩面具是具有地域性和民族性的。因为每一种面具都离不开自然生态环境的影响，不管是面具质地材料的选用，还是地域文化的影响，都与地理条件和地方文化有

---

① 赵心愚，罗布江村，杨嘉铭，等.西南民族地区面具文化与保护利用研究［M］.北京：民族出版社，2013：45.

② 钱茀.傩俗史［M］.南宁：广西民族出版社，2000：117.

③ 赵心愚，罗布江村，杨嘉铭，等.西南民族地区面具文化与保护利用研究［M］.北京：民族出版社，2013：45.

关。"一方水土养育一方人，一方文化影响一方人"就是这个道理。同时，面具的服务对象是人，人的活动在面具的发展演变中具有决定性的影响，只要把面具的服务对象的关系找准、厘清，对面具的类型辨识就清楚了。因此，在对西南少数民族傩面具进行分类辨析时，地域性和民族性是必须考虑的因素。这些因素可以放到面具的社会功用类型进行归纳识别。

　　傩面具的功能和内涵特别丰富，有宗教的，有艺术的，有神性的，也有人性的，既存在历时性，也具有共时性，是一种精神的象征符号，还是一种当时的造型艺术。因此，傩面具蕴含的功能信息也在随时代不断发生演变。比如，源于古人类狩猎活动的狩猎面具，演变为现在的动物面具。但这部分面具的功能早已发生演变，也不具备用于狩猎活动吓唬猎物的功能，更多的是用于祭祀活动。这一类面具应该归于祭祀面具类。又如，源于古代交战双方获得神奇威力的战争面具，现在主要用于傩戏表演中，已经不具备战争这一功能。同时，随着傩的巫术意味逐渐淡化，傩面具从驱鬼逐疫的傩祭仪式渐渐走向世俗化表演，傩面具的功能内涵也在不断发生演变。因此，对于傩面具的类别划分，主要还是依据当前傩面具所依附的具体功能来进行分析。

二、西南地区傩面具的类型结构

　　面具是史前人类在特定的社会条件和独特心理作用下孕育诞生的，源于原始部落战争、巫术信仰、狩猎活动、头颅崇拜、图腾崇拜、祭祀仪式等。傩面具与巫术信仰和祭祀仪式密切相关，最基本的功能体现在"驱鬼逐疫"和"酬神还愿"的仪式活动中。但是，傩面具不是独立存在的，总是以各地、各民族的某种仪式或某个节庆为依托，而这些仪式或节庆又伴随着民族习俗，以宗教信仰为内涵，还与各地各民族的生活体验、审美意识以及工艺技艺相关。因此，各少数民族在长期的社会生活中，就形成了内涵丰富、种类繁多、造型各异、各具特色的少数民族面具艺术。而这些种类繁多的傩面具在各少数民族的社会生活中，又以信仰追求、审美意象、风俗习惯和艺术表现等多种方式发挥着各种各样的功利目的。

　　因此，在对西南少数民族傩面具的类型结构进行分析时，首先要明确面具与傩有关，是用于傩事活动中的，其次是以西南地区为面具流布的地理范

围，涵盖西南各少数民族地区，再以西南的少数民族为参与的群体对象。基
于此，对于西南少数民族傩面具的类型结构，我们可以依据面具所发挥的功
利目的和使用的功用，适当渗入诸如面具的材质、形制、造型等多方面的概
述和分析，从多层面、多维度对西南少数民族傩面具进行梳理分类，以此来
展现西南少数民族傩面具的基本面貌和功能特征。

根据傩面具在不同地区、不同民族中发挥的功用的不同，我们可以将西
南少数民族傩面具分为跳神面具、生命礼仪面具、镇宅面具、祭祀面具、傩
戏面具五种类型。

（一）跳神面具

跳神面具是伴随跳神仪式发展而来的面具，主要用于民间消灾祈福的宗
教活动，由神职人员带上各类面具，借助法器边跳边舞，借助“神”的威力
达到驱鬼逐邪、消灾祈福、祈求人寿年丰的目的。在西南地区流传至今的跳
神面具有西藏和四川藏区信仰藏传佛教的藏族同胞的“羌姆面具”、四川白马
人的“跳曹盖面具”，以及流传在云南、贵州、四川、重庆的“师公面具”。

1. 羌姆面具

羌姆面具主要用于藏传佛教寺庙的跳神仪式，是藏传佛教寺庙里戴着面
具以祈福禳灾为目的的一种宗教祭祀舞蹈活动，属于傩舞系列。“羌姆”也称
“跳神”，在跳神仪式中，面具被看成神灵的象征，戴上面具，可以改变神职
人员的身份，人们迷信可以获得神力并与神灵进行沟通。羌姆面具主要表现
本尊及护法神的随从，造型上大致可分为静相面具、怒相面具和动物面具三
类。本尊及护法神有静相（善相）、怒相（凶相）之分，愤怒之相的面具多表
现的是愤怒之神，以强烈的威慑力、震撼力表现诸神的威严、凶猛和斩妖除
魔的力量，他们往往面对的是妖魔鬼怪和魑魅魍魉（见图6-1-1、图6-1-2）。
静相面具表现的是善神面相，体现了神灵的宽厚、仁慈、肃穆、善和、亲近，
这种神灵面对的是芸芸众生。本尊及护法神的随从面具多为动物面具，主要
有牛、羊、马、鹿、狮、虎、狗和猴等，动物特征被夸张地表现出来。

云南、四川等地的羌姆面具各具特色，造型怪诞、色彩艳丽，尤其是动
物面具神态栩栩如生，极具民族特色。羌姆面具多为立体雕塑面具和少量的

平面布面面具，材质多为皮、金属、木、泥、布等材料。早期的面具多为皮面具，如《藏汉史集》中就提到"犀牛皮面具"。金属面具多用薄铜皮敲制而成，泥面具和漆布面具最为普及，并沿用至今。[①]羌姆面具造型夸张，色彩艳丽，神灵以凶神恶煞的动物面目出现，以达到镇压妖魔鬼邪的目的，通过狰狞之美表现宗教艺术的审美意象。

图 6-1-1　羌姆面具　护法神—西藏图　　　6-1-2　羌姆面具　马头明王—内蒙古

资料来源：作者拍摄（贵州民族文化宫）

2. 跳曹盖面具

"曹盖"意为面具，跳曹盖就是戴着面具祭祀起舞。跳曹盖面具主要流行在四川北部的平武、南坪等地的白马人中，是白马人"跳曹盖"驱鬼祭祀活动中使用的面具。白马人崇拜万物，笃信"万物有灵"，崇拜日月、山川，各村各寨都有尊封的山神、树神。"跳曹盖"是各村寨都要在"年祭"或重大节日活动中举行的，通过模仿性舞蹈祭祀山神，驱逐恶鬼。整个祭祀活动主要祭祀山神、树神，由数名成年男子戴曹盖面具，反穿羊皮袄，衣襟前后摆扎束成棒状，手持木刀，围着篝火，模仿黑熊形态翩翩起舞。白马人崇拜黑熊神，在他们看来，黑熊神的威慑力最大，可以威震邪魔鬼怪。曹盖面具就是熊头形象，模仿的也是熊的动作。表演时，舞者必须为单数，巫师三至五人，饰曹盖者四至八人，另扮演"黑熊"与"野猪"各一人穿插于其中，群众可随队而舞。[②]

曹盖面具及装扮有男女之分，男相为"曹跑"，女相为"曹冒"（见图

---

① 彼岸. 神秘的承德欢喜佛——藏密佛像考［M］. 北京：人民中国出版社，1998：122.
② 《中华舞蹈志》编辑委员会. 中华舞蹈志·四川卷［M］. 上海：学林出版社，2014：195.

6-1-3、图6-1-4）。所戴面具由当地所产的桦木雕刻而成，在长约40厘米、宽约30厘米的厚木板上，依照自己的想象创造出他们各自心中的"黑熊神"形象。面具厚重结实，雕刻的形象凶猛异常、龇牙咧嘴，令人毛骨悚然、不寒而栗，有的面具还在额头上刻有双蛇盘绕，或者配上一堆羊角，或者插上一条牛尾巴，十分奇异。白马人认为面具做得越是凶猛恐怖，才越能驱鬼逐疫，吓退幽灵鬼怪。跳曹盖面具平时不用时挂于家里的大门上方，用于驱邪纳吉保平安。

图 6-1-3　曹盖面具　曹跑　　　　图 6-1-4　曹盖面具　曹冒

资料来源：作者拍摄（贵州省民族文化宫）

3. 师公面具

师公戏是在民间巫师跳神的基础上发展的，与端公戏以及流行在贵州、四川等地的师道戏、师公脸壳戏、庆坛戏等均属同一类型，都是将傩仪与跳神相结合，融入各民族的文化习俗、信仰追求和审美观念，具有鲜明的民族性和地域性。以禳祓、酬神、求子、纳吉为祭祀目的，奉祀的神祇甚多，有"三十六神、七十二相"，师公在祭祀中佩戴面具跳神起舞，每请一神，师公都要戴上该神面具扮神起舞，歌颂功德。面具是师公戏的一大特色，唱神必跳，跳神必戴相，有"无面不成师"之说。面具多用木质雕刻彩绘而成，称为"木相"或"神面""假面""鬼脸壳""面壳"等。面具按照神灵人物的出身、经历和功德不同，分为文神面具、武神面具、丑面具三大类。文神面具大都造型庄重严肃，形象清秀俊朗，和蔼慈祥、笑容可掬。多用肉色、粉红、土黄着色（见图6-1-5—6-1-7）。武神面具造型奇异，暴眼鼓腮，赤面獠牙，令人生畏。着色多用土红、黑、白等颜色。丑面具多为功曹、差役等各种鬼怪精灵，这类面具古怪丑陋，歪鼻独眼，秃头凸额，神态滑稽，形象生动。

图6-1-5　师公面具 仙公　　图6-1-6　师公面具 仙公　图6-1-7　师公面具 土地公

资料来源：作者拍摄（贵州民族文化宫）

师公戏与端公戏、师道戏、庆坛戏等相似，都是以酬神祭祖、驱鬼逐疫为祭祀内容，并有戴上面具跳神的表演形式，但各有特色，具有鲜明的民族、地区特点。师公面具包含仫佬族师公面具、壮族师公面具、汉族师公面具、毛南族师公面具，以及瑶族、苗族师公面具等。其中，毛南族师公面具又称"条套面具"（毛南语"条"即跳，"套"即还愿），贵州毛南族师公面具主要分布在贵州黔南布依族苗族自治州的平塘、惠水和独山等地。

总之，尽管各地区、各民族的跳神面具在形、质上各有特色，跳神程序也各不相同，但使用面具的功利目的是一致的，就是都以祛灾纳吉为宗旨，以祈求人寿年丰、健康吉祥为跳神活动的核心。

（二）生命礼仪面具

生命礼仪面具主要用于人进入新的生命历程所举行的仪式活动，包括诞生礼、婚礼、丧礼等仪式过程。中国南方少数民族信仰巫术相信灵魂不灭，借助面具沟通人神，以驱逐鬼邪，祈求平安。因此，鬼神信仰是使用生命礼仪面具的民族信仰基础，驱鬼逐疫、祭祀神灵是生命礼仪面具的功能内涵，从这个角度来看，可以划归从事傩仪活动的面具。

各少数民族使用生命礼仪面具也各有侧重，具有代表性的有瑶族的度戒仪式面具，哈尼族、彝族、土家族的婚礼仪式面具，景颇族、基诺族、佤族、布依族、纳西族、苗族的丧礼仪式面具，等等。

1.度戒面具

度戒仪式是瑶族的民间信仰的成年礼仪，度戒面具主要用于度戒仪式活动的祭祀神灵环节。瑶族男子一般成年后都要举行度戒仪式，只有举行过度戒仪式的男孩才表示成人了，才有身份参与族内的事务，认为这样死后才能升入天堂并有资格列入仙籍，并有神兵护佑，免受魔鬼的侵扰，还能接受子孙的祭典和奉祀。没有参与度戒的男子，会受人看不起，低人一等，在瑶族生活中没有地位，甚至不能结婚生子。瑶族男子通过度戒仪式后，表示受戒者获得了新的生命，由师公赐予"法名"和"阴阳牒"，成为真正的瑶族子民。度戒仪式是瑶族人人生中最为隆重的成人礼仪，这和瑶族的万物有灵和鬼神崇拜有关。[①] 参加度戒仪式的师公和度男都要戴上面具，他们认为只有戴上面具，才能改变凡俗身份，得到祖先、神灵的认同，和神灵交往、沟通，得到神灵赐予的神力，受到神灵的保护。佩戴面具，是瑶族男子成年的标志，这样才可以结婚、生育、参与宗教活动。

度戒仪式中使用的面具多以纸、布为材料，裱糊为长方形平板状，长约22厘米，宽约18厘米。度戒面具类似于戏剧脸谱，在面具上绘制各种神灵形象，比如三清、三元、盘王、瑶王、灶神、雷神、九娘、先锋、太尉、和尚等。眼睛、鼻子和口均不留孔，佩戴时将两边缝上的带子系于脑后即可（见图6-1-8）。度戒面具多为纸质、布匹的平面面具，据载也有木质面具，将面具涂成黑色，在鼻、口部位留孔，面部用红纸贴上，扮成瑶族祖先盘王，与师公一起载歌载舞，表演先民的狩猎场面。[②]

---

① 聂森."瑶传道教"的仪式功能及其象征意义——基于贵州东南部过山瑶村寨的田野调查［J］.宗教学研究，2016（4）：165-169.

② 起国庆.民族调查与研究［M］.昆明：云南人民出版社，2014：121.

图 6-1-8 度戒面具

资料来源：作者拍摄（贵州黔东南从江县翠里瑶族乡高华村）

2. 婚礼面具

云南的哈尼族、彝族及土家族在婚礼上有使用面具的习俗，意在驱邪逐疫，祝愿夫妻白头偕老、新诞生的家庭幸福美满。

云南红河地区的哈尼族、彝族在婚礼上佩戴笋壳面具舞蹈，驱鬼邪、祈吉祥。笋壳面具一般是在长约30厘米、宽约30厘米的笋壳上，依据眼鼻口的大致形状挖空留孔，用细绳系于脑后。笋壳面具就地取材，古朴稚拙，富有浓郁的乡土气息。在南方的部分土家族地区仍保留在婚礼上佩戴木质面具娱神娱人、驱邪避灾的遗俗。①

3. 丧礼面具

主要用于人的生命终结后的殡葬仪式。早在春秋时期就有执掌驱鬼、出殡开道的方相氏，《周礼》有"大丧，先枢，及墓，入圹，以戈及四隅，殴方良"的相关记载。如今的丧礼面具主要遗存在南方地区的基诺族、佤族、景颇族、布依族、彝族、纳西族、苗族的部分村寨中。仪式主持者佩戴面具，边跳边舞，旨在驱鬼送魂，为死者开路，使亡灵到达安息之所，同时庇护儿孙后辈吉祥安康。纳西族、基诺族、佤族、景颇族的丧礼面具多为纸质，在纸板上挖出眼睛、嘴的形状，再涂上红、黑等颜色。佤族的丧礼面具直接用笋壳作为材料，在笋壳的中部剪出锯齿形状。景颇族的丧礼面具也是用笋壳挖出眼睛、鼻子、嘴巴的缝孔。这类面具造型极其简单，制作也非常粗拙，具有质朴天成的特色（见图6-1-9、图6-1-10）。

---

① 王俊.中国古代面具［M］.北京：中国商业出版社，2015：57.

图 6-1-9　丧礼面具 笋壳　　　　图 6-1-10　丧礼面具 纸扎

资料来源：作者拍摄（民族文化宫博物馆）

（三）镇宅面具

镇宅面具不是戴在人的脸上，也不在各种傩仪及傩戏中使用，而是放置或悬挂在村寨、院落，以驱邪避灾、镇宅护院。"镇宅面具是巫傩面具的延伸"[①]，属于傩俗面具。

中国少数民族的镇宅习俗由来已久，尤其是中国南方的少数民族地区，特别是云南、贵州。镇宅的形式较多，有挂兽头、骨角的，有安辅首、放天兽的，也有贴画符、门神的，还有挂吞口、面具的，通过这些具有特殊含义的物件，组成一个时间和空间上的"防卫体系"，阻断邪魔鬼魅的侵扰，保护家宅安康。青藏高原的藏族通常将兽头、面具悬挂在宅门上，以驱祟避灾，在藏族寺庙的庙门上安装辅首，寺内悬挂护法神面具，以镇守寺庙，震慑邪恶。四川白马人还把平时不用的"曹盖"面具悬挂在大门上以震慑鬼魅。

1. 吞口面具

吞口在少数民族镇宅中较为常见。这是因为吞口有吞没灾难、瘟疫、邪恶之意。吞口造型多为威猛狰狞的神兽形象，主要用于震慑邪魔鬼怪，护卫家人安宁。目前少数民族吞口主要流行于西南地区的白族、彝族、瑶族、布依族、水族等少数民族中。

云南彝族的吞口用葫芦瓢绘制"五虎吞口"的图案，为一个大老虎含四个小虎头的形象，即在虎头的额、眼睛和口含的剑柄上刻虎头形状，在造型

---

① 民族文化宫. 中国少数民族面具［M］. 北京：朝华出版社，1999：119.

上夸大了虎的形象，将吞口悬挂在大门檐口位置，寓意能吞噬鬼怪邪恶，镇守家宅。将吞口绘制成狰狞的虎头形象，蕴含了彝族虎崇拜的信仰观念。水族的吞口按照形貌和功能分为猩猩必煞、凶神恶煞、双剑雾煞、凶神八煞、送子吞口五种类型。悬挂吞口要针对房屋的朝向和家庭情况选用不同功能的吞口。猩猩必煞具有吞岩石、洞穴、隐路的功能；凶神恶煞能保家运大成，做事通顺，六畜兴旺，消灾免难；凡屋临阴风，坐向朝山的则挂双剑雾煞；家境不顺，是非不断，牲畜濒死的挂凶神八煞；久盼不育的挂送子吞口。[①] 云南、贵州的一些少数民族村寨悬挂的吞口面具，除了用葫芦瓢、木瓢以外，也有在木板、布、纸上绘制或在土陶上造型作色的。吞口所选用材质多样，有木、陶、纸、布、葫芦、稻草、笋壳、棕皮等，工艺上有雕刻、彩绘、纸糊和编结等。不管挂什么类型的吞口面具，均表达了驱鬼逐邪、祈求家庭安康幸福的愿望。

图 6-1-11　吞口面具　　　　　　　图 6-1-12　吞口面具

资料来源：作者拍摄（贵州省美术馆）

2. 悬挂面具

主要用于藏传佛教的寺庙中，悬挂在神殿经堂，是供百姓们供养膜拜的偶像面具，起到震慑邪魔、护卫寺庙的作用。悬挂面具除了表现佛、菩萨、高僧及圣人形象外，还有各路护法的神仙鬼怪。

悬挂面具都是神仙鬼怪的造型，多为威严、凶猛、狰狞的形象，体现出足够的威力和震慑，以显示神灵的神威。

悬挂面具一般采用皮革、纸浆、泥土、木石以及金属材料雕塑绘制而成，

---

① 民族文化宫．中国少数民族面具［M］．北京：朝华出版社，1999：128.

常年悬挂在寺庙内，除了镇守寺庙外，还供百姓供奉膜拜。

（a）　　　　　　　　　　　　（b）

图 6-1-13　悬挂面具

资料来源：作者拍摄（贵州省黔东南州岑巩县平庄乡）

（四）祭祀面具

在中国民间的岁时节庆都有假面假形载歌载舞，举行傩祭傩舞的祭祀习俗，其中中国南方少数民族地区最为丰富，特别是少数民族的节日祭祀丰富多彩，内容也十分庞杂，正如郭净在《中国面具文化》中将各民族假面假形的节日赛会分为两类，一类是带有浓厚宗教色彩的迎神祈福的各种庙会、祭神赛会，另一类是宗教性不强或完全与宗教无关的喜庆娱人的年节庆典。[①]我们关注的主要是具有宗教色彩的祭祀类，这类祭祀活动中佩戴的面具被当成神灵或祖灵的凭依物，具有迎神祈福和沟通神灵的功利目的，成为神人欢聚一堂的形象符号和沟通方式。

1. 年祭面具

撮泰吉面具又称"变人戏"面具，撮泰吉面具既属于祭祀面具，又具有戏剧特征，属于傩戏面具的较低艺术形态。分为祭祀、正戏、喜庆和扫寨四部分，表现了彝族先民长途迁徙跋涉和开荒垦地、驯牛耕作的劳动场景，还穿插了富有情趣的生活表演。撮泰吉面具只有五面：彝族老爷爷、彝族老奶奶、苗族老人、汉族老人和小娃娃。面具造型粗犷，色彩单调，没有雕饰装饰，只用粉笔或石灰画出白色线条，来表现人物年龄的皱纹特征。

贵州威宁的彝族在每年的正月都要举行"扫火星"的民俗活动，祛除祸

---

① 郭净. 中国面具文化［M］. 上海：上海人民出版社，1992：297.

秽，祈求年丰人寿。活动中都要表演"撮泰吉"，又称"变人戏"。出场有六人，其中五人需要戴面具，即山林老人惹戛阿布不戴面具，阿布摩、阿达姆、麻洪摩、嘿布和阿安均戴面具。阿布摩是彝族老爷爷（1700岁），戴白须面具，阿达姆是老奶奶（1500岁），戴无须面具，麻洪摩是苗族老人（1200岁），戴黑须面具，嘿布是汉族老人（1000岁），戴兔唇面具，阿安是小娃娃，带无须面具。

撮泰吉面具一般采用威宁深山的杜鹃、漆树等硬杂木制作，不分男女老少面相，仅仅以有须无须来区分性别和年龄。造型简单稚拙，色彩也单一，只在面具挖出孔，用锅烟墨或墨汁染成黑色，演出前用粉笔或石灰在额上随意地画出几道白线，再用麻绳做成胡须即成（见图6-1-14）。利用面具装扮成猿猴的模样，借变人戏来讲述先人的故事。

（a）　　　　　（b）　　　　　（c）　　　　　（d）

图 6-1-14　撮泰吉—贵州彝族

资料来源：作者拍摄（贵州省美术馆）

"跳虎节"面具。云南楚雄彝族每逢过年都要举行祭祀活动，在农历的正月初八到十五日，都要举行跳虎节祭祖。人们带上老虎面具扮成老虎模样跳舞（见图6-1-15）。舞蹈的内容有虎娶亲、虎亲嘴、虎交配、虎孵蛋、虎护儿、虎搭桥、虎开路、虎盖房、虎烧荒、虎教牛种田等，都是围绕人口繁殖、农事生产等主题，十五日出虎后，虎人要跳到各家各户，进行驱邪纳吉，然后由毕摩带领众虎到老虎梁子念经、卸妆，表示已将祖先神虎送到日出的地方。①

---

① 民族文化宫.中国少数民族面具［M］.北京：朝华出版社，1999：136.

图 6-1-15 虎—云南

资料来源：作者拍摄（贵州民族文化宫）

2.秋祭面具

"跳六月"面具。在楚雄的双柏县山区，彝族每年都要举行"跳六月"的祭祀活动。由两人扮作天公和地母形象，天公扮演者头戴犄角木面具，面具用黑、红、黄画出一道道纹样，刻有三目，一目在额头正中，下巴上飘着黑胡须，身披黑色羊皮，一手持棍棒，一手拿铁链。地母扮演者头戴木面具，红底，以黄、黑色绘制条纹，也是三目，两目赤，额头一目白色，两腮各绘制一白一黑的花朵。身穿破衣白褂，手持棍棒，在山上到处乱窜，将人群驱赶到祭祀的场地。直到祭过神灵，随着巫师到圣山上，天公、地母的扮演者才能摘掉面具。

楚雄双柏县的彝族在"火把节"还使用公虎面具和母虎面具，都由木料制作而成。有四只耳朵，其中两只是虎耳，两只是人耳，嘴角装有獠牙。当扮演者舞蹈时，其余的人都蒙面装扮成牛、马和野兽，跟着虎神跳，虎神所到之处，人们争相贡献酒食，虎神则用麦秆吸引美酒，给人们带来吉祥。[①]

"耍大刀"面具。在云南楚雄彝族自治州的高峰乡一带，每隔三年的农历六月还要举办玩火把、耍大刀的活动。表现的内容各地有所区别，但大都是民间战斗题材故事。在火把节这一天，彝族成年男子穿上节日的盛装，戴上插有野雉毛的头饰，扛上大刀，聚集在高峰火把山下，由三个戴面具的神即"庚英颇""伦司颇""萨昔颇"分别代表人神、天神、地神。三神带领手持大刀的群众在山头上冲杀，反复表演打斗、格杀、拼搏的动作，喊杀声震

---

① 郭净.中国面具文化［M］.上海：上海人民出版社，1992：308.

天动地。最后，大刀队在毕摩的带领下，在唢呐和鼓乐声中到村寨里，为各家各户表演大刀舞，驱鬼除祟。[①] 又据郭净在《中国面具文化》，要大刀表现的内容是三国时期诸葛亮降服南蛮首领孟获后，将关公的七十二路刀法传授给当地群众，并教大家如何耕种劳作等。要大刀的面具主要有：白面诸葛亮、红面关云长、黑面孟获。乡民们在三个大面具的指引下汇聚火把山，列成战队，面涂花脸，手持大刀，围着三个巨型的面具进行操练，最后将三个面具烧毁。[②] 虽然所讲述的故事题材不同，但在火把节上扮面具要大刀是当地流传的民俗，头戴三神面具或围绕三面巨型面具，挥舞大刀，驱鬼逐疫，保佑村寨家宅平安，都是民间祭祀文化的遗俗。

中国各民族在岁时节庆都有戴面具、着假形载歌载舞的传统习俗，其中少数民族的节日娱乐假面活动最为丰富多彩，至今仍广泛流传。比如，哈尼族"举办苦扎扎"庆丰收所佩戴的面具，侗族"抬官人"戴面具的习俗活动，云南大理地区白族的"鹿鹤同春舞"面具，通过佩戴白鹤、马鹿、弥勒佛、猴等面具，载歌载舞，寓意对幸福生活的向往和追求。但这些节日面具均属于娱乐面具，不用于驱鬼逐邪保平安的祭祀活动，不属于傩系列，因此就不再罗列。

（五）傩戏面具

在南方少数民族中，傩戏面具的种类丰富，式样也繁多，广泛分布在西南的土家族、苗族、仡佬族、彝族、壮族、仫佬族、瑶族、布依族、侗族、毛南族、藏族等少数民族聚居区。

傩戏，也称傩舞，是在民间祭祀仪式的基础上吸取民间戏剧元素而形成的祭祀歌舞表演形式，主要用于驱鬼逐疫。按照西南傩戏文化属性特征，可以将面具分为三类。第一类面具是在自身文化基础上发展起来的戏剧假面，比如藏戏面具和撮泰吉面具。彝族撮泰吉面具是彝文化发展起来的变人戏，更多地用于年末时祭祀，属于祭祀舞蹈面具，由此将其划归到祭祀面具类型。藏戏面具源于藏文化，具有浓厚宗教祭祀仪式，但融合了唱、诵、舞、表演

---

① 范建华.中华节庆辞典［M］.昆明：云南美术出版社，2012：173.
② 郭净.中国面具文化［M］.上海：上海人民出版社，1992：309.

和技艺等表演形式,既有完整的演出剧目,又融合了民间歌舞,因此,将藏戏划归到傩戏类别,将藏戏面具作为一种戏曲面具进行分析。但这类面具均属于傩戏中较低艺术形态的面具,造型粗狂,带有原始文化的古朴风格。第二类面具是吸收了中原汉文化,尤其是巴蜀、荆楚文化发展起来的面具,比如,壮族、瑶族、毛南族师公戏面具,土家族、苗族、侗族、仡佬族傩堂戏面具和土家族阳戏面具。这类面具依附于宗教祭祀仪式,但又有世俗表演,属于傩面具发展的较高艺术形态。第三类面具主要是布依族、苗族的地戏面具,是在江南巫傩祭祀风俗上发展起来的戏剧面具,这类面具基本脱离了宗教祭祀色彩,具有较为完备的戏剧因素,属于成熟阶段的傩戏面具,这类面具造型精美、色彩鲜明,具有很好的演出视觉效果。

1. 傩堂戏面具

傩堂戏又称傩坛戏、傩愿戏、端公戏等,广泛流传于四川、重庆、贵州、云南等少数民族山区。其中贵州是傩堂戏保存最完整、覆盖面最广的地区,尤其以黔东北的土家族地区最为集中。由于演出的场地多在供奉祖先神灵的堂屋举行,由此命名为"傩堂戏"。

傩堂戏面具,又称为脸壳、脸子。傩堂戏有全堂和半堂之分,全堂戏面具用24面,半堂戏面具用12面。面具主要分为正神面具、凶神面具、世俗神面具三类。正神面具代表正直善良的神祇,面具都为宽脸长耳、弯眉大眼、慈祥温和、敦厚亲切的形象,如和尚、土地、唐氏太婆、先锋小姐等面具。凶神面具代表凶猛强悍、威震四方的神祇。面具多立眉突眼、镶嵌獠牙、狰狞诡异、凶煞可怕,如钟馗、二郎神、王灵官、开山莽将、开路先锋、勾薄判官等面具。世俗神面具分为正面人物面具和丑角面具,正面人物面具形象端庄清秀、神态敦厚淳朴,如甘生八郎、幺儿媳妇、安安、梅香、龙女、买酒娘子等。丑角面具在写实的基础上突出滑稽形象,或歪鼻咧嘴,或细眉细眼,专事插科打诨、逗笑取乐,比如秦童、秦童娘子、算命先生、唐二、秋姑娘等面具(见图6-1-16)。傩堂戏面具中除了以上三类面具以外,个别地方还会用到牛头、马面、孽龙、白猴等动物面具。

（a）　　　　　（b）　　　　　（c）　　　　　（d）

（e）　　　　　（f）　　　　　（g）　　　　　（h）

图 6-1-16　傩堂戏面具

资料来源：作者拍摄（贵州省美术馆）

　　傩堂戏面具多选用柳木、白杨木。雕刻时，大多根据神灵的民间传说故事进行绘制雕刻，每一面都依据传说故事来塑造，具有独特的造型形象。傩堂戏面具的雕刻工艺较为精细，善于运用五官变形夸张手法来表现人物性格，雕刻线条雄健，立体感强，色彩搭配和谐，一般分为淡彩和重彩，淡彩以赭石和土黄为底色，描绘出眉毛、头发和冠帽，再罩上桐油。重彩常由红、黄、蓝、黑、绿、赭多种颜色涂绘而成。整个面具用色浑厚凝重，尤其注重人物的刻画和面具的整体效果。

　　2. 阳戏面具

　　阳戏又称"鬼脸壳戏"或"傩愿戏"，主要流布在重庆的秀山、酉阳、黔江、彭水、石柱等土家族聚居地。酉阳史籍记载，早在清同治年间，用于民众驱邪逐疫、酬神还愿的阳戏就已具备了生、旦、净、丑的戏剧角色转换，体现了傩愿戏由驱鬼送神到纳吉娱人的演变历程。阳戏除了旦角不戴面具而采用涂面，其他角色都须佩戴面具。阳戏面具主要有老郎太子、关圣帝、黄生、包丞相、元帅、老生、小生、旦子、反王、大大王、二大王、员外等角色，一般分为祭祀仪式面具和跳正戏面具两类。用于祭祀仪式的面具有老郎太子、关圣帝、黄生、包丞相、元帅等；用于正戏的面具多数都是按照生、净、丑行当来使用的（见图6-1-17）。

阳戏面具一般都用白杨木雕刻，一是白杨木质地细密疏软，不易开裂变形，二是白杨木质地较轻，适合长时间佩戴，以便轻松自如地表演。制作面具时根据面部尺寸用斧子劈出大致形状，一般高约20厘米、宽约18厘米，雕刻出五官及盔帽，经反复打磨，再按人物角色需要上色，最后画眉勾眼，涂上光油或清漆，干透即可使用。表演时戴在前额，头顶至颈部用布围扎包垫，扮演者的眼睛从面具的嘴部向外探望。

阳戏多演文戏、家庭戏，生活气息浓厚，因此阳戏的人物面具较多，而神鬼妖魔面具很少，这就是阳戏面具的戏曲化程度高于傩堂戏面具的缘故。

（a）　　　　　　（b）　　　　　　（c）　　　　　　（d）

图6-1-17　阳戏面具

资料来源：作者拍摄（贵州省美术馆）

3. 地戏面具

地戏又称为"跳神""跳地戏"，因演出场所都在寨中露天空坝或山前坡地，故称为"地戏"。地戏主要流行于贵州的安顺、平坝、普定、长顺、镇宁等地，其中安顺最为集中，称为"安顺地戏"或"屯堡地戏"。屯堡地戏主要受屯堡移民在明代调北征南中带来中原文化的影响，将军傩带来黔中融入地戏的一种民间戏剧，由"开财门""扫开场""跳神""扫牧场"四个部分组成，其中"跳神"属于正戏部分，是地戏的主体部分，演出的内容取材于历史演义和民间传说中的征战故事，其余部分都是傩仪的祭祀活动。

地戏在布依族和仡佬族聚居村寨也广为流行。布依族地戏主要在安顺、平坝、镇宁、花溪、紫云、长顺等布依族地区流行，是以逐疫鬼、酬神灵、保平安为祭祀功能，以面具装扮、跳神起舞为表演形式的民间傩舞仪式，演出时间一般都在正月间，内容大都取材于历朝征战故事，以尚武精神自娱自乐。[①] 仡佬族地戏亦称"跳冲"，主要流行于安顺的黑寨、湾子寨和平坝区的仡佬族聚居地区。仡佬族地戏是从傩戏演变而来的一种祭祀性地方戏，一般在春节时表演，或在仡佬族的"吃新节"为了庆贺丰收表演。

地戏面具一般用丁香木或白杨木雕刻上色而成，造型略小于人的面部，表演时罩住脸部，用麻绳顺着双耳系于脑后，头部再用黑色头巾包裹，跳神表演时眼睛可通过脸壳的眼部缝隙向外观望。地戏面具人物众多，分为文、武、老、少、女五种类型，有"五色相"之说。另外还有和尚、土地、道人、小童和牛、马、猪、猴等动物面具。男将面具的头盔以龙为装饰，女将面具的头盔以凤为装饰，部分头盔以鹰、白虎、鬼头、莲花等图案装饰。地戏面具的色彩鲜艳、层次分明、大红大绿、对比强烈，根据人物的性格将色彩注入面具中，忠奸分明，使人一目了然。

地戏面具作为傩戏面具类别而没有划归到跳神面具类，也主要是因为地戏面具的戏剧因素成分最多，根据剧目既有将、帅、道、僧类型，面相上还有武老、文、女、少等多种戏剧样式。

---

① 安顺市西秀区地方志编纂委员会.安顺市西秀区志下［M］.贵阳：贵州人民出版社，2007：242.

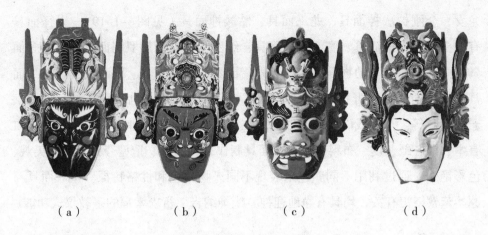

（a）　　　　　　（b）　　　　　　（c）　　　　　　（d）

图 6-1-18　地戏面具

资料来源：作者拍摄（贵州民族文化宫）

4. 藏戏面具

藏戏是藏族源于藏文化的特殊表演艺术形式。刘志群先生认为藏戏和傩戏不能等同，藏是独立于傩戏的特殊戏剧形式。[1]但曲六乙先生认为藏戏属于中国傩戏系统的一个戏剧品种，就是一种傩戏。[2]从藏戏是从佛教祭祀礼仪的基础上融合民间歌舞、说唱、杂技发展形成的艺术表演形式来看，划归到傩戏系统有一定的道理，因此，本书将藏戏面具划为傩戏进行分析。

藏戏面具种类较多，刘志群根据形态分为平板式软塑面具、半立体软塑面具、立体硬塑面具和立体写实动物精灵面具，李云等则分为开场戏面具、正戏面具和动物面具。李宜、辛雷乾依据藏戏面具的造型特点分为温巴面具、人物面具、神祇面具、鬼怪面具和动物面具。"温巴"是指"猎人""渔夫"。温巴面具属于平板型造型面具，有白（黄）面具和蓝面具两种，戴白面具的温巴为白面具戏，戴蓝面具的温巴为蓝面具戏。人物面具在白面具藏戏中不多，但蓝面具藏戏因剧目较多，所以人物面具的种类较为繁多。从人物角色、造型特点和材质分为：深红面具、浅红面具、白面具、黑面具、黄面具、绿面具、半白半黑面具、土黄面具、罗白面具等。神祇面具常见的有仙翁面具、

---

① 刘志群. 藏戏和傩戏、傩艺术［J］. 中央民族学院学报，1991（3）：85-90.

② 曲六乙. 中国各民族傩戏——神秘与奇特的戏剧世界——为美国《亚洲戏剧》而作［J］. 民族艺术，1987（3）：1-20.

龙女、金刚护法神面具、龙王面具、骷髅神面具（见图6-1-19）。鬼怪面具有九头罗刹女王面具、魔妃哈姜面具、红罗刹面具、黑罗刹面具、黄罗刹面具、白罗刹面具。动物面具主要有野猪面具、猴子面具、鹦鹉面具、牦牛面具、蝎子精面具、野狗面具、大象面具、獐子面具、母鹿面具、豹子面具、老虎面具等。[①]藏戏面具有白、蓝、红、黄、绿、黑六种色彩，选用的材质有木、铜、纸、皮、布料等。藏戏面具制作自然随意、造型夸张、装饰美观、色彩艳丽，通过利用不同颜色来表现不同人物角色和性格特征。藏戏面具与原始苯教祭祀有关，均具有净地迎神、酬神纳吉、祈求幸福的宗教仪式功能。

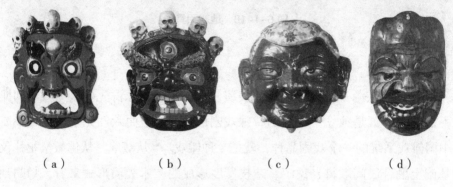

（a）　　　　（b）　　　　（c）　　　　（d）

图 6-1-19　藏戏面具

资料来源：作者拍摄（贵州民族文化宫）

第二节　傩面具工艺及审美特征

随着人类社会的发展和不断进步，源于远古祭祀活动的傩面具为了适应人们生活需要和审美要求也在不断创新和进步。傩面具作为民俗文化和民间艺术的一个组成部分，其演变和发展与当地的信仰习俗和自然环境密切相关，还同人们的物质生活和精神生活密切相关，是物质和精神的统一，反映了一个时代的社会物质生产水平，映射出人们的思想文化、宗教信仰和审美观念。面具包含"造"和"用"两个方面，"造"就是面具制作工艺的运用，"用"就是面具的在具体场域中的应用。就傩面具的制作而言，选用的材质是面具

[①] 李宜，辛雷乾.西藏藏戏形态研究［M］.广州：中山大学出版社，2015：192-200.

的物质载体，制作工艺是面具的非物质文化形态，材质受自然环境的影响，而工艺技艺则与人的因素极为密切。从某种意义上说，面具的制作工艺是精良考究，还是质朴随意，人是决定性因素。"民众需要什么东西，适应什么风俗习惯，强调什么审美特征，艺人都能顺应而变，就材加工，量材为用。"[①]因此，面具的制作工艺和审美特征可以反映出一个地区的物质文化生活水平和经济生活状况，还与这一地区人们的文化观念、信仰习俗、审美意识有关，反过来也影响着面具的工艺造型和审美意蕴。

一、西南地区傩面具的制作工艺

一般来说，材料决定了制作的工艺，选用的材料不同其制作工艺也是不同的。比如，木质面具有木质面具的制作工艺，纸质面具也有纸质面具的制作工艺，而且不同质地的面具其工艺程式和制作法度也不尽相同。就西南少数民族地区的傩面具来看，面具种类繁多，质地类型多样，制作工艺也丰富多样。

（一）面具材质

西南少数民族地区傩面具选用的材料非常丰富，一般都以就地取材、适宜合用为原则，有木材、笋壳、毛皮、布料、纸张等，根据每种材料的属性制作出不同类型的面具。

1. 木材

在西南少数民族地区木质面具较为普遍，尤为流行。一般选用杨木、柳木、枧木等，每种材料属性也不同。杨木质地坚韧、纹理细腻、硬度适中，盛产于南方，常见于四川、贵州、云南等地。由于取材方便、韧性好、重量轻、弹性好、强度高，易于雕刻和加工，常常成为制作傩面具的较好选料。柳木在南方、北方都有，易于种植，生命力极强。柳木质地柔韧细腻、树干粗直、较少有疙瘩、纹理均匀精细，且易于干燥、耐老化、材质轻、不易开裂，将其打磨抛光后可以获得很好的表面效果。民间还认为柳木具有辟邪的作用，所以贵州、云南等地的工匠都喜欢用柳木制作傩面具。枧木又叫铁木，

---

① 潘鲁生. 论中国民间美术［M］. 北京：北京工艺美术出版社，1990：211.

生长于云南、广西等地，椵木质地坚硬、结构紧密、细致均匀、韧性好、不易变形、无虫蛀、耐腐蚀，属于珍贵木材。一般用椵木制作的面具保存时间长，不会被虫蛀和腐蚀。

由于杨木、柳木、椵木等木材具有质地轻、纹理细密光滑、不易开裂、易于雕刻制作等优点，常用于黔东北土家族傩堂戏面具、酉阳土家族阳戏面具、道真仡佬族傩愿戏面具、云南昭通端公戏面具、云南傣族傩面具的制作。

2. 竹笋壳

笋壳又名竹衣，就是包在竹笋外面的壳。竹在南方地区是极为常见的植物，刚从地里长出来的竹子，都有一层层笋壳包裹，笋壳随着竹笋生长，然后一层层地自然剥落。人们都喜欢在房前屋后栽种竹林，既可挡风乘凉，还可为农村生活提供便利，常被用于制作箩筐、竹篓等生活用具，又可制作竹椅、竹床、竹席等家具，以及竹笛、竹笙、葫芦丝等乐器或竹编工艺品等，南方一些少数民族地区还将竹子作为建造房子的材料。

笋壳具有一定的弹性和韧性，可以根据面部塑造成弧形，材质轻便，强度高，易于裁剪，是制作面具的较好材料。一般在每年的四五月去竹林中捡宽约30厘米已经自然脱落的笋壳，用清水洗净泥土，再擦去笋壳外面的笋毛，阴干备用。云南地区的哈尼族、彝族以及贵州黔西南的布依族和黔南瑶族多用竹笋壳制作傩面具。

3. 毛皮

毛皮面具又叫兽皮面具。毛皮面具是最早出现的面具，早在远古时期，古人类就开始利用动物的头皮制作狩猎面具，因为利用皮毛是最直接、最真实的动物形象表达。毛皮面具在藏区面具中较为常见，早期的羌姆面具和藏戏面具就是使用熊、野猪等动物的头皮来制作的，现在多用白山羊和牦牛皮来制作，尤其是白山羊皮面具较为普遍，就是拿白羊皮缝成一只口袋，上面开出四个孔洞，充当口鼻及双目。[①] 藏戏除了采用羊皮面具，也有用小牛犊制作的牛皮面具。云南的白族、傣族、哈尼族常用牛皮面具，一般选用长约26厘米、宽约30厘米的椭圆形牛皮，剪出眼睛、鼻子、嘴巴大致形状即可。由

---

① 郭净.中国面具文化［M］.昆明：云南人民出版社，2012：398.

于毛皮柔韧性强、有弹性、坚实耐用，易于加工成各种形状，还可以利用皮上毛发自然蓬松的效果来体现装扮角色的面部真实性，模拟各种动物，因此在一些少数民族地区常常用其来制作面具。

4. 布料

在藏戏面具中有不少是用布料制作的面具，这是因为布料易于多层裱糊、任意裁剪，常常利用几层布料裱糊成布壳，使面具更坚挺、美观，然后在布壳上绘制出五官形状，使用时就将布壳围在脸上。用布料制作面具简单，易于制作成各种形状，便于拼接，还可利用多种颜色拼接表示面部色彩特征。布料质软，不易塑型，因此多利用于平面面具的制作中。布料面具多用于藏族面具、彝族火把节祭祀面具等少数民族的傩面具。

5. 纸张

纸面具又叫花脸壳。纸面具分为纸糊面具和脱膜面具，纸糊面具就是用多层纸张进行裱糊，形成纸壳，再在上面绘制脸谱，这种面具常见于瑶族的度戒面具。脱膜面具就是在胎膜上贴上多层纸张或纸浆晾干，脱膜为面具形厚坯，再绘制出角色的五官。据记载，清代多用纸糊面具，"古代面具有铜、铁、木，清代多用纸糊，以纸糊面具轻便好作"[①]。纸张具有质轻、硬度小、易于折叠、可多层裱糊、便于绘制等优点，常被用来制作面具。

（二）制作工艺

西南民族地区傩面具质地类型都十分丰富，除了常见的木质面具外，还有纸质面具、毛皮面具等。不同质地的面具采用的制作工艺也是不一样的，有的面具制作工艺极其繁复和考究，有的就显得拙朴和随意。各地的工匠对面具的制作工艺精巧程度也是有区别的。总的来看，在西南地区木质面具最为精致，工艺也较为繁复。纸质面具、布料面具的制作工艺虽然没有木质面具复杂，但要求的工艺程度也较高，相比较而言，毛皮面具和笋壳面具就稍显得随意和拙朴，没有复杂的工艺，制作较为简单。这里着重介绍木质面具、纸质面具的制作工艺。

1. 木质面具

---

① 王菊花.中国古代造纸工程技术史［M］.太原：山西教育出版社，2005：352.

木质面具自唐宋一直流传至今，是目前遗存最多、流传最广、种类最丰富的面具。各民族在制作木质面具的工艺上大同小异，一般都要经过选材、制料、雕刻、着色上光等工序，各地的工序也不尽相同，有的地区的工匠在制作上精雕细刻，工序多达20多道，也有的较为简单，10余道工序就可完成，因此，展现出来的面具常常有精致与粗陋之分。比如安顺的地戏面具，经过民间艺人们的不断总结和改进，精益求精，形成了一套严格的工艺程序。而我们在铜仁土家族地区调查时发现部分木质傩面具，当地的艺人仅仅为了角色的需要，制作上稍显粗糙和简朴，有些着色后连上光的工序都省掉了。但就木质面具制作工艺来说，一般都要经过选材、晾干、雕刻、打磨、着色、上油等程序。

选材。一般都选用木质细腻的白杨木、丁香木等木料作为制作面具的原料。但由于各地的植被不同，选用的木材也会稍有区别。在贵州地区常用的是白杨木和柳木，威宁彝族地区也用杜鹃木和漆木，云南地区有的选用楸木或白果树，在四川藏区则多选用桦木或杜鹃木等。用于面具的木材，砍伐季节一般都选在开春后的三四月，这个时间砍伐的木材含水量低，容易晾干。需要的木材可由工匠亲自去山上选材，也可去购买现成的木材，但多数都是民间工匠去山里亲自挑选大小合适的木材，然后砍伐去除树皮后运回。

晾干。将砍伐回来的木材放在阴凉处晾10天左右，锯成所需要的尺寸，剥去树皮阴干3—5天，将圆木剖成两个半圆，作为两个面具的毛坯。若是在夏秋时节砍伐的木材，还需要将毛坯用盐水锅进行蒸煮到6小时以上再阴干使用，这是为了避免雕刻后虫蛀和开裂变形。

雕刻。是制作面具最重要的工序，一般都有下料、放线、绘形（开脸）、雕刻定型、内面挖槽、细雕调整等流程。首先是下料，将晾干的木材根据面具的长度用锯子截成短圆柱，再用斧头将圆木对半劈开，成为两个半圆弧的面具坯料。用斧子将圆弧形木料进行修整，平面朝下放平，弧形面朝上固定，用墨斗线沿着弧形面纵向弹出中线，然后根据中线标出眼睛、鼻子、耳朵、口及顶部的位置线条。放线完成后，工匠就要根据大致放线的位置绘制出角色的雕刻雏形线条，这一步是雕刻的关键工序，需要工匠按照造像法则进行角色定位，就是民间所说的"开脸"，开脸技术体现了工匠的雕刻技艺水平。

工匠根据描绘的图像雕刻出大致的形状，为粗雕定型，粗调完成后，将面具坯翻面固定，用圆凿挖出凹形面，将最薄处控制在1~1.5厘米，修整光滑无毛刺，以便面具与表演者的面部贴合舒适，然后晾干3~5天。第二遍精细地雕刻出面部及五官，重点在五官的刻画及面部纹理刻画上，利用线刻、浅浮雕和深浮雕，甚至镂雕的雕刻手法，对面具角色形象进行雕琢，比如部分面具的眼珠及下颚均需要采用镂雕，这样雕刻出来的面具眼珠和下颚是活动的，使面具在表演时活灵活现地呈现出角色的形象。还可以进行第三遍精细雕刻，这时主要是为了塑造出不同角色的表情和神态，重点在面具的神情刻画上。一副面具的精细程度完全取决于工匠造型水平高低和制作的精细程度。

打磨。雕刻完成后就要进行打磨，旧时各地打磨用到的工具也不尽相同，有的地方用瓷片进行刮磨，有的地方是用河沙进行搓磨，还有的地方是用干草绳绞磨后再用草灰细磨。现在，因为有现成的各种粗细型号的砂纸，工匠们一般都选用各种不同型号粗细的砂布进行反复打磨，直至光滑为止。道真仡佬族傩堂戏面具要先进行"碳化"处理才打磨，就是将雕刻好的面具表面放在火上烤成黑糊状，一方面是将面具表面烧烟碳化，便于打磨，另一方面将烤烟的黑色保留，作为面具的底色。

着色。各地的做法不一样，有的地方面具不需要着色，保留木纹本色，罩上桐油就可完成。这种本色面具数量不多，多数面具都需要绘制彩色。面具的着色也分为油质色和胶质色，油质作色的颜料多为各种矿物质颜料，加入一定比例的清漆进行调和后再上色，常用的矿物质颜料有石膏、石绿、赭石、土黄等，用矿物质颜料着色的面具，色彩浓郁古朴，质感厚重，颜色鲜亮饱和，不怕雨水侵蚀，不易褪色，能长时间保存，但成本高，绘制工艺复杂，难度大，工匠们都不愿意采用。胶质着色就是利用工业颜料，比如各种广告颜料或粉质丙烯颜料，加入牛胶调配上色。这种上色方法，面具的色彩不鲜艳，还不能沾水，不耐久，但是成本低，工艺简单，易于上色，目前大多数工匠采用这种方法。

上油。就是用桐油或清漆罩染，形成油膜或漆膜保护面具。传统上油多采用大漆和桐油，按一定比例进行熬制，通过罩1~3次，形成一定厚度的漆膜，用大漆罩出来的面具色彩浓郁厚重，质感较好。但随着现代工业漆的出现，多采用聚氨酯，这种油漆不需要熬制，直接就可以使用，方便快捷，且成本也大大降低，但缺点就是面具的颜色容易发乌发黑，不光亮，时间长了还容易脱色。

2.纸质面具

纸面具在西南民族地区具有悠久的历史，常见于藏区面具和云南的部分少数民族山区。纸面具的优点是轻便，易于塑型，便于彩绘，色彩艳丽，但不耐用，容易破损，不便保存，但作为一种民间工艺，仍具有独特的艺术价值。布料面具的贴布工艺也是在纸质面具贴纸工艺上发展起来的，所以布料面具的制作工艺都类似于贴纸脱膜制作工艺。在云南等地也有直接用竹篾扎成面具骨架，再贴纸裱糊，然后上色即可，制作工艺较为简单，形成另一种纸扎面具的风格。纸面具的制作一般都要经过制模、裱糊、脱膜、上色等工艺程序。

制模。制泥模是制作面具的基础，一般需要用黏土根据面具角色制作泥膜。黏土可就地取材，取用当地的细腻泥巴，如果黏性不够可加入适量的棉花、树皮等纤维物质和泥土反复捶打糅合。泥料备好后就制作泥膜，可用稻草作为衬垫以便泥土塑型，再用黏土塑出泥膜的雏形，然后根据面部用黏土捏出面具的大致轮廓，再根据造型进行多次修正和反复抹光，完成泥膜后放置阴干。

裱糊。就是在泥模上贴纸进行多层裱糊，有的为了增强牢固性，往往在第一层贴纱布作为内衬，然后一层一层地往泥膜上贴纸，面部五官贴纸时尽量用小块的纸张，沿着面部的凹凸部分贴实，不能出现气泡和褶皱，贴好纸模后放置于阴凉处，让其自然阴干。纸质面具主要用的纸张为绵纸、宣纸或桑皮纸等皮纸，其以树皮纤维为原料制成，纸质柔韧，不易破损。粘黏剂一般都是用大米、面粉或淀粉加水熬制的糨糊，这种方法熬制的糨糊优点是无毒、无害、无添加剂，制作简单，但有的地方会加入胶水，增加黏合度。

脱膜。就是将阴干后的纸模在泥膜上切割剥离下来，然后用剪刀仔细修整边缘，直至贴合面部。脱膜是细致活，操作时必须小心，以免弄坏纸模。

彩绘。就是在面具素坯上着色。以前的上色方式都是先涂一层胶粉，以便保护纸面具和固色，现在大都是直接给面具罩一遍底色，然后根据面具形象进行涂色彩绘，涂绘完成后，还需在面具上涂上蛋清或清漆上光，起到固色保护、使色彩光亮的作用。藏区面具的上色工艺较为复杂，需要多次涂色，有的还需要镶嵌金银细线进行装饰，这种面具的工艺价值较高。

二、西南地区傩面具的审美特征

傩面具源于原始社会的狩猎活动、部落战争、图腾崇拜和巫术仪式，这时期傩面具的使用功能占据着主要地位，主要用于祭祀活动。但随着商周时期青铜制造工艺的高度发达，青铜面具出现大量各种各样的装饰纹样，面具从单一的使用功能逐渐走向装饰之风。尤其是隋唐时期，木、竹、纸、布等材料取代青铜、兽皮以后，面具的审美功能越来越被受到重视，专门出现了制作面具的工匠艺人，面具也开始从审美原则的角度，从结构造型、色彩运用、纹样装饰、寓意表现等方面为观众带来美的体验和精神享受。

从面具的工艺审美来看，包含了造型美和装饰美两部分，造型更多地体现了面具的实用功能，而装饰则体现着面具的审美性，无论是怪诞神秘、稚拙野性、原始粗犷，还是庄重大气、威武雄壮、端庄秀丽，都体现了面具所具有的独特工艺价值和审美特性，也彰显了傩面具营造人神世界的神秘美感和震慑人心的艺术力量。

（一）造型特征

西南民族地区受楚巫文化影响至深，面具的造型反映出了文化的特性。傩面具的艺术造型高度统一了人、神的表现形式，高度提炼了原型人物的象征寓意，高度概括了写实与抽象的符号表现特征，高度融合了美与丑的审美体验，具有鲜明的山地文化特征和巫俗审美特点。

关于傩面具的造型类型已有相关论述。胡健国在《巫滩与巫术》一书中将面具的造型大致分为人兽型、象征型、写实型、民俗型四类，从傩面具的文化背景梳理面具不同的造型特征，人兽型面具是在人形基础上强调各个动物的明显特征，这类面具多体现巫文化的古老文化背景，散发出上古先民人兽相处的原始气息。象征型面具是在某一方面对某一特征予以强调或夸张，突出象征意义。写实型面具尽量接近真实，表现真实的生活体验。民俗型面具是一种无人格和无神性的动物形象面具，注重观赏性，具有浓郁的民俗气息。[①] 赵心愚等在《西南民族地区面具文化与保护利用研究》中将面具的造型分为动物面具、鬼神面具、英雄面具、世俗人物面具四大类。[②] 这四类面具的造型特征鲜明，普遍涵盖了西南地区傩面具的造型类型。也有从面具人物角色造型的角度，将面具分为正神面具、凶神面具、丑角面具、英雄面具、世俗人物面具的五种造型类型。[③] 曲六乙先生也根据傩面具角色的造型，分为正神面具、凶神面具、世俗人物面具、丑角面具、牛头马面面具五种类型。[④] 不管是从面具的造型艺术手段还是从面具角色表现方式来分类，都显示出独具特色的造型特点和鲜明的审美特征，但就面具的艺术造型特征来说，笔者比较认同胡建国的面具造型分类方式，结合西南民族地区傩面具分布现状，从艺术审美的角度可将傩面具按艺术造型分为人兽结合型、神灵象征型、夸张表现型、世俗写实型四种艺术造型。

　　1. 人兽结合型

　　人兽面具源于古人类对兽类的崇拜。在上古典籍《山海经》中就有大量人兽合体的幻想形式记载，如"蚕马神话"将女子和马结合起来，构思出马首女身的形象。[⑤]《后汉书·南蛮西南夷列传》中也有关于盘瓠神话的记载，关于人兽结合、人兽合体的情形体现了古人类对兽类的崇拜意识。三星堆出土的青铜人兽面具，就是杂糅了"人兽"的脸庞形象和夸张凸起的眼睛，这与渝黔地区流传的傩戏中"孽龙"面具形象极为类似。关于孽龙的民间故事有《二郎锁孽龙》的记载，据传二郎杨戬少时与孽龙是邻居好友，常在一起玩耍。后来孽龙吞下一颗宝珠，口干舌燥，供水不上，其母无奈将他推进河里，变成一条孽龙，吞波吐浪，导致河水泛滥，屡成灾祸，百姓虽有怨声，

① 胡建国.巫傩与巫术［M］.海口：海南出版社，1993：292-298.

② 赵心愚，罗布江村，杨嘉铭，等.西南民族地区面具文化与保护利用研究［M］.北京：民族出版社，2013：105.

③ 池瑾璟.非物质文化遗产研究与保护丛书：非遗保护与辰州傩戏研究［M］.苏州：苏州大学出版社，2016：90.

④ 曲六乙.中国少数民族戏剧通史（上卷：古代篇）［M］.北京：中国民族摄影艺术出版社，2014：413.

⑤ 皋于厚.汉魏六朝文学论稿［M］.南京：东南大学出版社，2007：300.

但畏惧孽龙，每年都要用金童玉女去祭祀河神孽龙。二郎在天界遇到百姓去状告孽龙，二郎领旨降孽龙，派七圣将军把守七条路口，二郎与孽龙搏杀，最后锁住孽龙，百姓从此不再受洪水之灾。^①在西南的阳戏中《二郎降孽龙》的故事成为必演的核心剧目，体现了傩戏驱崇逐邪宗旨和祈福禳灾要义。

（a）　　　　　　　　　（b）　　　　　　　　　（c）

图 6-2-1　孽龙

资料来源：作者拍摄（贵州民族文化宫）

在西南民族地区傩面具中，人兽结合的面具有开山、孽龙、雷神、曹盖、魁星、小鬼、牛头、马面、梅香等。这类面具多为人形与动物特征混合，比如人和龙、人和牛、人和马、人和鸟等，这种半人半兽面具常见于四川、重庆、贵州、云南等地的各种傩戏面具中，开山莽将面具是头顶兽角、口含獠牙，孽龙面具为头顶两角、有龙口、龙须的人面形象，梅香为头顶鸟的人面形象等。这类面具具有人兽合一的特征，其中兽角、獠牙是人兽型面具造型的典型特征。《后汉书·礼仪志》有关于汉代宫廷傩仪中方相氏与十二神兽共舞、沿门逐疫的记载，在相关文献中也有头戴面具假扮十二神兽载歌载舞驱逐鬼魅的生动描述，十二神兽为猿面甲作、狒面狒胃、虎面雄伯、松猴面

---

①　庹修明，陈玉平，吴电雷．贵州阳戏文献文物叙录［M］．贵阳：贵州民族出版社，2017：109.

腾简、蟾蜍面揽诸、伯劳面伯奇、羊虎面强梁、风面祖明、蛇面尾随、猪面错断、犬面穷奇、龙面腾根。① 此类面具在人形的基础上，突出兽类的特征。人兽面具中兽角是最为典型的造型特征，如龙王、牛神、马神、羊神等面具都头顶兽角，兽角还分为双角和独角，如开山莽将面具就是双角、獠牙的半人半兽形象。獠牙是人兽面具中最为常见的特征。傩堂戏的武将面具常常头顶生角，口吐獠牙，怒目圆睁，显得诡秘怪谲、森严恐怖、摄人心魄，营造一种特殊的艺术魅力和独特的审美效果。

人兽面具除了对兽类图腾的崇拜外，还能通过人兽结合表现出狰狞恐怖、震慑人心的人兽结合的神怪形象，创造出驱疫祛邪、镇妖逐鬼的诡谲神秘世界。

2. 神灵象征型

"象征"一词源于古希腊文，原义为"拼凑""比较"，随着词义的不断衍生，象征作为一种抽象的符号，引申为一种形式代表一种抽象的事物。② 傩面具作为沟通神灵的信物，戴上面具便是神灵，"戴上面具就是神，去掉面具就是人"，面具是神灵的象征和载体，戴上面具就是神灵附体，象征神灵降临，戴上面具可以沟通神、人，成为神的"代言人"。因此，无论是在傩祭仪式还是傩戏表演活动中，傩面具都被赋予了神秘的宗教含义和特定的民俗意义，每一面面具都可以代表某一位神灵，每一面面具都具有明显的外貌特征，并将这些特征在面具造型上进一步夸张强调。

早在原始社会时期，人们用面具将自己扮成各类鬼神或奇禽异兽，以显示征服自然的能力，于是，面具就充当了重要的角色，通常用来代表各神灵妖魔、奇禽异兽或神话传说中的历史人物，成为神灵的象征，按照神灵鬼怪的形象特征，通过面具的造型代表各类神灵鬼怪，是傩面具造型艺术中的最重要的特点。在傩风盛行的商周时代就有方相氏扮成"黄金四目"，能视四方疫疠，能辨识妖魔鬼怪。在三星堆祭祀坑出土的青铜面具中，青铜戴冠纵目面具最具特色，双目成柱状向外凸起约10厘米，额头装饰夔龙造型。关于蜀

---

① 刘卫红，彭小希，况成泉 . 寻根传舞：重庆舞蹈文化遗产的保护与传承［M］. 北京：北京理工大学出版社，2015：42.

② 孟昭毅 . 印象：东方戏剧叙事［M］. 北京：昆仑出版社，2006：249.

人始祖蚕丛有关纵目的文献《蜀王本纪》载："蜀之先称王者，有蚕丛、柏灌、鱼凫、（蒲泽）、开明。是时人萌椎髻左衽，不晓文字，未有礼乐。从开明已上至蚕丛，积三万四千岁。"[1]认为蜀王神化不死，拥有超自然力，眼睛像螃蟹一样向前凸起，"纵目"应是"竖眼"[2]，夔龙是传说中的神兽，学界多认为是烛龙，其原型为日神。晚上黑暗，人们害怕鬼疫躲藏，所以需要借助光亮（太阳、火把）驱鬼逐疫。[3]面具通过"纵目""夔龙"的原型特征，象征古国蜀王"蚕丛"和传说中的"烛龙"神兽，成为人类神灵信仰的物化载体。又如，二郎神面具有"三只眼"，其中中间的"天眼"能看穿世间所有的邪恶，雷震子面具是"鹰嘴"，代表上天玄鸟等。在傩面具的演变过程中，此类神灵形象逐渐被固定下来，作为神、人的媒介，在保留人格的基础上突出神灵的外貌特征，以一种人化的神灵，通过象征原始意象来塑造各类神灵形象。

　　傩面具通过造型手段塑造出恐怖威严的神灵形象，从物质性的宗教工具过渡到精神信仰的符号，采用"天眼""鹰嘴""獠牙"等神灵奇兽的造型特征（见图6-2-2、图6-2-3），代表人们凭借神灵的控制力和对大自然力量的崇拜，充分发挥想象力，将自我的意志倾注在神化的面具上。面具作为一种象征符号，寄托了人们对祖先的信仰和对神灵的敬畏。

图 6-2-2　雷公—江西　　　　图 6-2-3　龙须虎—贵州安顺

① 叶大兵，乌丙安.中国风俗辞典［M］.上海：上海辞书出版社，1990：767.

② 河北博物院，四川广汉三星堆博物馆，成都金沙遗址博物馆.神奇古蜀——三星堆和金沙遗址出土文物［M］.北京：北京联合出版公司，2017：9.

③ 李厚冶.三星堆纵目面具与古蜀神灵崇拜——基于卡希尔符号学理论的视角［J］.文教资料，2019（30）：80-82.

资料来源：作者拍摄（贵州民族文化宫）

3. 夸张表现型

"夸张"一词源于《朱子语类》卷三十四："奢非止谓僭礼犯上之事，只是有夸张侈大之意。"[①]夸张是为了达到某种效果，充分运用丰富的想象力，在客观现实的基础上，对要表达的实物对象的形象特征等进行有目的的放大或缩小，以增强艺术效果。运用丰富的想象力和夸张的造型艺术手段是中国传统艺术的基本表现形式之一，在艺术作品中通过夸张的表现形式，可以突出某一事物的特征，引起观者丰富的想象和强烈的共鸣，缺少夸张的作品就会毫无生气，显得单调和乏味。[②]在西南地区的傩面具中，夸张的艺术造型手段较为普遍，往往通过夸张的表现形式突出角色的性格特征。

利用夸张造型艺术手段的面具主要有凶神面具和丑角面具。凶神面具往往利用五官的局部变形，眉骨隆起、眉头上扬倒竖、双眼圆睁暴凸、眼窝深陷、头上长角、张开大口、嘴上装上獠牙等夸张的造型手段，展现角色的威武凶悍、狰狞诡异，塑造出令人生畏、一副狰狞恐怖的凶悍形象，比如开山莽将、孽龙、二郎神、王灵官及魁星等傩面具。在塑造鬼神面具时，往往运用夸张变形的造型手段，利用丰富的想象力，突出并强调角色的典型特征，营造出彪悍、凶猛、诡异狰狞和咄咄逼人的鬼神形象。丑角面具常常利用五官的夸张变形来突出角色滑稽的形象特征，通常采用不合正常比例的五官，如细眉细眼、歪嘴皱鼻、龇牙咧嘴，表情极为夸张，甚至没有下巴，通过夸张的造型表现丑角的滑稽、插科打诨，比如翻坛老爷、歪嘴秦童、歪嘴老娘、秋姑婆等。

———————————

①　黎靖德朱子语类（卷三十四）[M].北京：中华书局，1986：904.

②　于杨.视觉图形设计[M].武汉：武汉大学出版社，2015：118.

图 6-2-4　秦童娘子—贵州松桃　　图 6-2-5　歪嘴和尚—广西

资料来源：作者拍摄（贵州民族文化宫）

在傩面具造型中，利用夸张的表现方式，运用"状恶"和"扬丑"的夸张表现手法，突出神灵的凶猛和狰狞。这是由于面具源于古时祭祀中的原始神兽，通过凶恶和奇异的神灵异兽来体现征服和控制大自然的神秘力量，反映了人们在无助时希望借助神灵异兽的力量渡过难关，表现出了人们对神灵异兽的崇拜和敬畏之情。

4. 世俗写实型

所谓世俗性就是与普通平民阶层密切相关，更加接近人的真实，是对人们生活的真实展现和揭示，消除了神性，回归于人的真实的生命存在。陶舒亚在《中国法制史》一书中，对世俗性有相关的论述，"对祖先的崇拜就是世俗性的充分体现，虽然祭奠祖先的目的在于寻求祖先神灵的保佑，在形式上具有一定的宗教色彩，但是鬼神总归是祖先的化身，它只是死去的'人'而非一种神秘的超越于人及世俗社会的万物主宰。"[1]这段话充分说明了虽然祖先崇拜有一定宗教色彩，但最终是对人的曾经真实存在予以祭拜，祖先并非神祇，而是来自世俗的"人"。

在西南地区的傩面具中，大多数正神面具都表现出慈眉善目、和蔼可亲，一些丑角面具则表现了平民生活中的风趣幽默和荒诞不经的世俗百态。不管

---

[1]　陶舒亚.中国法制史［M］.杭州：浙江大学出版社，2006：11.

是慈眉善目的正神面具，还是威猛恐怖的凶神面具，或是诙谐滑稽的丑角面具，甚至部分动物面具，都以"人"为原型，是神化的人形，都具有很强的世俗性。这些世俗面具更多来源于平民生活中的常见形象，往往需要更加接近平民百态，面具的角色形象越写实人们就越能接受。往往为了更好地辨识，演出时扮演者一出场就戴上面具，人们一看到面具就知道是什么角色，是正义之神还是邪魔鬼怪，是浩然正气的英雄人物还是奸佞的小人。这种写实的表现手法常常用在表现世俗人物的面具上，为了激起人们对角色的爱憎之情，往往通过写实的造型艺术手段，对面具的角色人物进行刻画，使其更加真实，比如"土地公公"是主管一方水土平安的正神，他为官清廉，关心民众疾苦，活到100多岁。在面具造型上，用阴刻法雕刻出饱经风霜的皱纹，笑口大开，露出三颗残缺的牙齿，用白色的麻丝或毛发作为长长的胡须，塑造了慈祥温和、和蔼可亲的真实老翁形象。又如傩堂戏面具中的"甘生"，为年轻的书生扮相，造型手法上与正神和凶神都不同，尽量用细腻的刀法修饰面具，使其轮廓鲜明柔和，面具略施淡彩，以赭石、土黄为基调，通过写实的造型手段塑造年轻的书生形象。世俗写实型面具还有诸如"傩公傩母""和尚""唐氏太婆""先锋小姐""神算匠""蛮八郎""秦童"等。这类面具形象与普通人没有多大区别，因为大都来源于现实生活中普通平民的形象。

图6-2-6　老生—重庆酉阳　　　图6-2-7　幺儿媳妇—湖南

资料来源：作者拍摄（贵州民族文化宫）

（二）造型法则

面具的造型法则是当地人们千百年来的审美经验和工匠制作实践相结合总结出来的经验范式，是傩面具审美形态的集中体现。西南地区傩面具种类繁多、风格多样、造型丰富，这和西南地区文化多样、民俗风情丰富而神秘有关，与西南傩面具丰富的材质和独特的造型手段有关，还与匠人们长期的实践积累下来的造型经验和塑造手法有关。在长期从事面具的雕刻实践中，艺人们都有一套比较规范的工艺法则和程式化的雕刻技法，通过对自然生活角色的模拟，或对神话及英雄人物的再现，或结合生活体验对人物角色加以表现，甚至通过造型重组达到形象的超越，融入西南地区各民族的心理追求和艺术审美，表现出了典雅、质朴、狰狞、怪诞、浑厚、粗犷的造型美。

1. 模拟

艺术源于生活，是对生活的悉心观察、真实体验和感悟。模拟是对生活事象最初的还原表达，是建立在模仿的基础上，对生活中事象的深切感悟而产生模仿的行为，这种模拟行为是人类与生俱来的一种本能，是一种天性的自然流露。模拟的造型手段在傩面具中应用非常广泛，为了真实反映生活中的人物形象和神态，在面具造型中采用模拟手法，依照人物原型进行形象刻画。比如，在傩堂戏面具中，每个面具背后都有故事和来历，这些故事既是生活的真实反映，又是对现实生活中千姿百态的人物形象写照。为了突出故事情节的真实性，往往采用模拟现实生活人物角色的造型，通过宽眉大眼、眉弯眼笑、鼻直口方来表现慈祥温厚、亲切可爱的人物形象，这类面具有傩公傩母、唐氏太婆、梁山土地、消灾和尚等。凶神形象则以眉毛倒竖、眼球暴凸，口吐獠牙来表现凶神恶煞、勇猛威严的人物形象，这类面具角色有开山莽将、二郎神、王灵官等。丑角面具则模拟鼻歪口斜、歪眉扯眼、龇牙咧嘴来表现滑稽人物形象，这类面具角色有秦童、歪嘴老娘、秋姑婆等。还有对动物的模拟，比如牛头马面的表现手法采用的就是对动物形象的自然模仿，以此来表现生活的真实情趣和自然情景。因此，模拟现实生活中的人物形象是傩面具造型常采用的方法。

2. 再现

再现是在原型的基础上进行还原，是对客观事象的呈现。所谓再现，"是指用艺术的形式真实地呈现现实世界，是对外部世界的客观描绘和忠实模仿"①。这在傩面具的造型手法中运用得较为普遍，傩戏中节目大多取材于民间神话传说、历史人物故事和战争题材，其中大量的人物角色来源于这些题材，比如，二郎神、龙王、土地、功曹、王灵官、开山莽将等角色，这些角色形象出现在各种各样的神话题材中，不管是文学、艺术还是戏剧等都有类似的角色形象，给人们留下深刻的印象。在面具造型上更多的是将人们都已经识别的形象进行再现，呈现给观众曾经熟悉的艺术形象。工匠在面具的造型处理上重点用再现的造型手法，对这些人物形象在理性的基础上进行人物角色再现。比如，关于二郎神的传说，王秋桂先生有专门的论述，许多传说都有关于二郎神显灵和武功的记载，因他除病、禳灾、逐祟、驱邪的本事被老百姓奉为戏神加以崇拜。② 二郎神的形象已经深入人心，其面具造型大都为头戴七瓣官帽，正面三瓣，如三把尖刀，额有竖眼，称"天眼"，两眼眶挖空，眼珠凸起，下颚和双眼皮可活动，脸呈青蓝色，塑造为武神形象。不管是傩堂戏还是阳戏，二郎神的面具造型都大同小异。通过对传说故事中人物艺术形象的再现，使观众产生一种亲切感。这类面具注重艺术形象的还原和再现，以唤起观众对神话传说或历史人物中角色的认同。

3. 表现

表现是在对大自然模拟的基础上加上人们的体验和感悟的一种综合表达，表现既有客观因素的存在，也有主观因素的表达，是人们对生活事象的悉心观察，结合自身的感悟和体验，对要表达的事象进行精心提炼、取舍和概括，以新的形象示人。傩面具在造型上，为了突出面具人物的性格特征，往往采取一些大胆的表现手法来刻画角色，给人留下了深刻和强烈的印象。比如凶神面具造型中，为了表现出凶猛霸气、强悍威武的正神形象，往往通过人物的额头、眉毛、鼻子、嘴巴、胡须等进行表现刻画，比如张飞面具，为了表

---

① 高珊.影视剧配音艺术［M］.北京：中国传媒大学出版社，2017：12.
② 马昌仪.中国神话学百年文论选［M］.西安：陕西师范大学出版总社有限公司，2018：613.

现威猛雄壮的形象，将面具的双眉倒竖、额头高耸紧蹙、双目怒瞪、鼻翼微张、嘴为"地包天"、黑脸、黑胡须，将一个勇猛、粗莽、易怒的人物形象刻画得入木三分。如开山莽将采用夸张、变形的手法，五官刻画上，眼球凸出、烈焰横眉、嘴吐獠牙、头顶一对角、两耳高耸、面色赤红，表现了威武凶悍的神灵形象。而善神面具就尽量将人物五官刻画柔和，通过五官造型表现出仁慈、和善、忠厚的友善形象。比如南极仙翁最具特色的是额头上隆起大包，这和民间传说的老寿星形象吻合，再通过白眉毛、白胡须，表现出一个面容健康、精神矍铄的老者形象。土地公公则通过额头、眼角、嘴角的皱纹，白胡须、粉红脸或浅棕色脸来表现仁慈、安详、忠厚、和蔼可亲的老人形象。不管是写实表现刻画手段，还是夸张变形的表现手法，都是为了更好地表现和突出面具人物的性格特征。

4. 超越

超越表现是一种艺术形象的升华，是对现有的客观物象进行提炼和升华的表现。艺术来源于生活，但并非只是生活的一种客观反映，而是在一定程度上高于生活。艺术需要超越，超越的表现手法是基于现实生活的艺术创新表现。傩面具作为傩事活动工具、沟通神灵的载体，被赋予了复杂的宗教和民俗含义。作为一种民间造型艺术，傩面具在遵循自身的艺术规律和造型法则时，往往需要进行艺术处理和刻画，而不是一味地照搬和模拟原型人物或角色。金成岑关于傩面具艺术的具象性和抽象性的论述中说道："在对自然界的长期接触与观察，融入人的主观想象后，出现了大量从精神上保佑人们的图腾，既有对自然界的观察和模仿的形象，又有模仿后以极为夸张抽象形式进行重组的形象。"[①]这种经过夸张抽象后重组的面具形象往往超越自然，形成从人到神的升华。人们认为巫师一旦戴上面具就是"神"，就获得了超自然力，能帮助和庇护人类。比如雷神面具，从神话传说故事中雷公形象而来，造型为青面獠牙、鹰鼻尖嘴、红眼红眉红发、狰狞恐怖的半人半兽形象。这是为了体现出一种震慑之感和狰狞之美。工匠们在面具的制作造型上，往往会借助兽形特征体现面具角色的强悍、凶猛和恐怖。比如开山莽将造型大多

---

① 金成岑.具象性与抽象性的碰撞——从傩面具艺术出发 [J].美术大观，2015（1）：72.

是虎嘴、獠牙、剑鬓、头顶双角的半人半兽凶猛形象。孽龙面具为龙头造型，额上长两角，嘴吐獠牙，眼睛和下巴可活动，利用人们主观想象而并不存在的虚构生物形象进行重构，将孽龙这一邪神代表表现得淋漓尽致。这种超越生活、超越现实的艺术造型手段，可以使丑者更丑、美者更美、凶悍者更加凶悍、慈善者更加慈善，可超越表象给观众一种最强烈的感受，强调了面具角色的感官体验。

（三）装饰特征

装饰与人类生活息息相关。远古时期人类就对自然、生命等进行孜孜不倦的探索，围绕人类的生殖、繁衍，自然万物的兴旺、繁荣，根据人们的幻想创造出各式各样的装饰纹样。如我国出土的彩陶中的鱼纹、蛙纹等动物图案，或几何形组合的植物图案，或人物装饰纹样，都显示出装饰艺术取决于自然和人类生产生活，是大自然和人类活动的艺术体现。装饰是人类最古老的艺术形式之一，是人类特有的一种实践活动，同时也是人类用审美方式把握世界的一种方式。[1]面具的装饰就是为了突出人物角色的性格特征，是将自然物象进行夸张、变形等修饰手法运用到面具的一种艺术表现手段。面具的装饰包括图案纹样的装饰和色彩的运用。

1. 图案装饰

图案装饰是面具造型中常见的艺术手段。早在《礼记·王制》就有记载："南方曰蛮，雕题交趾，有不火食者矣。"[2]"题"指人的额头，"雕题"则是在脸上进行刺青雕饰，说明早期南方民族就有"雕题"文身习俗，对于过着靠天吃饭、采集渔猎的农耕生活的先民，面临诸多的自然风险，将各种图腾图案文饰面部，既可用作装饰，还可借以躲避野兽的祸害。四川广汉三星堆出土的青铜面具上的饕餮纹应该算是早期的傩面具图案，包括三星堆青铜面具上的夔纹、云纹、鸟纹、鱼纹，这些纹样极具装饰意味、庄重凝练、寓意深刻，源于对自然、动物的模拟和神兽纹样的表现，表现了古蜀先民独特的精神世界。

---

① 唐星明，甘小华. 装饰艺术设计［M］. 重庆：重庆大学出版社，2005：1.

② 黄殿祺. 中国戏曲脸谱［M］. 北京：北京工艺美术出版社，2014：10.

在西南傩面具的装饰中，常常利用各种弧线、曲线和锯齿线等装饰线条来表现人物的性格特征，如开山莽将是傩堂戏中镇妖除邪的凶悍神祇。传说开封有叫开山的男子，头生两角、耳朵竖立、眼球暴鼓、门牙外露，样子十分凶悍，他身高一丈二尺，力大无穷，手持金瓜月斧，走起路来地动山摇，龙虎猛兽、妖魔鬼怪都十分怕他，远远躲开。因此，在开山莽将面具装饰上，在双角上绘制出旋涡形装饰，给人一种螺旋上升的动感，以鹰钩鼻为轴心线，两边眉毛呈锯齿线图案，脸颊用弧线组成块面装饰，整个面部用弧线、曲线和锯齿纹进行装饰，线条流畅，线和面组合协调，使傩面具的装饰造型富有韵律感和对称美。贵州威宁的撮泰吉面具也是采用线形图案进行装饰，撮泰吉表现的是彝族先民劳动生活的场景，撮泰吉面具选用当地高山硬杂木，砍成人面形状的毛坯，粗略地刻出眼睛、鼻子和嘴巴，用锅烟墨或墨汁涂黑后，就用石灰或白粉笔在面具上画出粗细、长短任意的白线条，或呈放射状，或呈波浪状，没有固定的程式，自由发挥，随意而画，但具有强烈的视觉冲击力，呈现出原始、古朴、稚拙、怪诞的自然美。云南彝族火把节祭祀中的师公师母面具，用黑、白、黄三色，模拟老虎画出一道道纹样图案，线条结合面部五官进行勾画（见图6-2-8）。线条顺向组合排列，韵律感强，不做过多的粉饰，显得自然生动。

图 6-2-8 师公—云南

资料来源：作者拍摄（贵州民族文化宫博物馆）

除了线条装饰以外，傩面具还大量运用动物纹样、植物纹样进行装饰，动物纹样有龙纹、凤纹、蝴蝶纹等，植物纹样有牡丹、菊花等。这些装饰图案既是一种符号，还带有特定的含义，成为刻画身份、性格等特征的素材。

比如龙为男，凤为女，白虎寓意猛将，蝙蝠寓意福将，傩堂戏面具中黄生、关公头饰龙纹，先锋小姐头戴凤冠。动物纹样多用于表现威严、勇猛的面具角色，如饕餮纹、瑞兽纹、夔龙纹等。植物纹样则多用在女性角色上，线条流畅，造型生动，如花卉纹多表现女性角色的柔美，展示女性的贤淑貌美。

　　傩面具的装饰图案主要用在面具的冠帽、头饰以及面部的额头、面颊等部位。

图 6-2-9　蒙官—广西　图 6-2-10　报府三郎—贵州德江　图 6-2-11　山君—重庆酉阳

资料来源：作者拍摄（贵州民族文化宫博物馆）

2. 色彩运用

美国当代视觉艺术心理学家卡洛琳·M. 布鲁墨（Carolyn M. Bloomer）说："色彩能唤起各种情绪，表达感情，甚至影响我们正常的生理感受。"[1] 鲁道夫·阿恩海姆也认为，色彩能够表现情感，这是不可辩驳的事实。[2] 说明色彩具有丰富的情感语言，能引起人们的情感联想，唤起人们对事物的感觉效应和心理状态。傩面具作为人们精神力量的象征，其面具色彩必然反映人们的主观愿望和心理情感。因此，傩面具的色彩并非是对现实色彩的真实表现，而是在自然色彩的基础上，融入各民族的民俗习惯和地域传统文化，以及民

---

① 张凯，周莹. 设计心理学 ［M］. 长沙：湖南大学出版社，2010：248.

② 阿恩海姆. 艺术与视知觉 视觉艺术心理学 ［M］. 滕守尧，朱疆源，译. 北京：中国社会科学出版社，1984：460.

众们的主观愿望，采用具有表征意义的色彩，既突出了面具的人物性格特征，又蕴含丰富的地域特色和浓郁的民族色彩。

陶思炎先生说："傩面具有'素面具'和'彩面具'之分，素面具一般由木头雕刻，不施油漆，在傩戏面具和萨满面具均可见到，彩面具则是在制作中涂刷油漆，并用油彩勾画脸谱，前者显得古朴、原始，后者则从视觉上增强面具的艺术效果。"[①]西南民族地区傩面具在色彩上也可分为淡彩面具和重彩面具。一般淡彩面具多保持木质色泽，多用当地土漆进行罩色，或用桐油打磨光滑后用黑色线条描上面具的五官特征即可。重彩面具则用各种颜色在面具上进行勾勒涂画，以表现面具角色的形象特征。

四川苍溪庆坛傩面具就属于淡彩面具，在保持面具木质色泽上，一般选用桐木雕刻，打磨后罩上桐油即可，或用土漆在面具上整体染色，再用桐油磨光，极具民间工艺色彩。四川藏区面具就属于重彩面具，常常用大红大绿的色彩来涂抹，表现出粗狂刚毅、狰狞恐怖的形象，以震撼妖魔鬼怪，具有浓厚的宗教色彩。

傩堂戏面具分为淡彩和重彩两种。淡彩就是在面具上涂一层类似于肤色的浅色（比如赭石色、土黄色）作为底色，罩上桐油后晾干，再用黑色进行勾勒渲染面具的五官，在面具的头冠上用晕染的手法绘制如云纹、龙凤纹、福寿图案或牡丹、兰草等花草的装饰图案，淡彩面具多用于表现俊美、儒雅的人物角色。重彩则用红、黄、蓝、绿、黑等色彩直接在面具上勾画出表现人物性格特征的色块，常用土漆或油漆来涂画绘制，给人浑厚凝重、古朴沉着的色彩感，常用来表现勇猛凶悍、狰狞恐怖的面具角色。

西南地区还有部分面具在用色上极具浓郁的民族风情，富有典型的地域特色。比如，贵州撮泰吉面具色彩单一，只有黑、白两色，只在黑色底上画出道道的白色线条，用白色线条的多少来区分人物角色年龄及类型，色彩简约，黑白分明，原始拙朴。与此形成鲜明对比的贵州地戏面具，色彩丰富艳丽，用色大胆，对比强烈，个性鲜明。地戏面具色彩多为红、蓝、黑等颜色，多选用冷色系，进行大色块彩绘。安顺地戏面具分"五色相"，即文官、主

---

① 陶思炎.苏南傩面具略论［J］.地方文化研究，2014（2）：2.

帅、老将、少将、女将五种基本面相类型，还有红脸、黑脸、花脸、白脸之分。色彩常用红、橙、黄、青、蓝、紫、白、黑等，所用色彩的纯度很高，直接在面具上进行块面涂画。地戏面具的色彩一般都有基本固定的色彩寓意特征，比如红色寓意忠烈，黑色代表刚强，白色表示奸诈，绿色象征邪恶等。安顺地戏面具色彩丰富，对比强烈。而云南傩面具的用色显得浓艳富丽，富有民族风情。比如傣族孔雀舞面具将形与色巧妙结合，面具全部涂成白色，再用鲜艳的红、黄、绿等色勾勒线条图案。

　　色彩具有明显的象征意义，淡彩面具因色彩单一，往往给人淡雅明快的感觉。重彩面具因色彩对比强烈，浓重艳丽，给人深沉浓郁的感觉。总体来说，西南地区傩面具在多民族文化因子的相互渗透下，既受楚巫文化的影响，还存留巴蜀文化的因子，具有丰富多彩的文化风格，形成多样性的面具色彩特征，既有浪漫、夸张、绚丽的色彩表现，也有拙朴、原始的色彩呈现，还有浑厚、沉稳的重彩涂绘，形成了浪漫绚丽、原始稚拙、浑厚凝重的色彩审美情趣。

　　西南地区傩面具种类繁多，质地类型多样，制作工艺也丰富多样。面具的审美功能越来越被重视，从结构造型、色彩运用、纹样装饰、寓意表现等方面为观众带来美的体验和精神享受。从西南少数民族傩面具的制作工艺及审美特征进行分析，进一步揭示出傩面具不仅可以反映出一个地区的物质生活水平和经济生活状况，还与这一地区人们的文化观念、信仰习俗、审美意识有关。

本章总结

　　根据傩面具在不同地区、不同民族中发挥功用的不同，分为跳神面具（羌姆面具、跳曹盖面具、师公面具）、生命礼仪面具（度戒面具、婚礼面具、丧礼面具）、镇宅面具（吞口面具、悬挂面具）、祭祀面具（年祭面具、秋祭面具）、傩戏面具（傩堂戏面具、阳戏面具、地戏面具、藏戏面具）五种类型。

　　根据面具的制作工艺，重点介绍了西南地区较为常见的木质面具和纸质面具。又结合造型特征将面具分为人兽结合型、神灵象征型、夸张表现型、世俗写实型四种造型面具进行分析。总结出西南地区傩面具受楚巫文化影响，面具的艺术造型高度统一了人、神的表现形式，高度提炼了原型人物的象征寓意，高度概括了写实与抽象的符号表现特征，高度融合了美与丑的审美体验，具有鲜明的山地文化和巫俗审美特点。

再依据面具制作工艺及程式化的造型法则，通过对自然生活角色的模拟，或对神话及英雄人物的再现，或结合生活体验对人物角色加以表现，甚至通过造型重组达到形象的超越，融入西南地区各民族的心理追求和艺术审美，表现出了西南地区傩面具典雅、质朴、狰狞、怪诞、浑厚、粗犷的造型美。

从面具的造型装饰方面，为了突出人物角色的性格特征，往往将自然物象进行夸张、变形，并将这种修饰手法运用到面具。常用的艺术装饰主要包括图案装饰、色彩装饰。

第七章　功能与演变

　　傩面具作为一种精神符号和实用艺术，在傩事活动中起到沟通人神、传递信息、教授知识、文化传习、娱神娱人、取悦民众的功能和作用。傩面具不仅具有交际、教育、娱乐等社会功能，也具有认同、代言、传播的文化功能。但随着社会的发展和时代的进步，以及人们思维方式、价值取向的转变，傩面具也从原本单纯的祭祀器物，渐渐转变为戏曲艺术表演的重要工具，逐渐走向娱乐化、工艺化、数字化。

第一节　西南地区傩面具的功能演进

　　傩面具根植于民间，源于远古先民的狩猎活动、部落战争、图腾崇拜和巫术仪式。随着社会的变革、自然环境的变化，文化的交融和变迁，在历史的长河中，傩面具的功能也在不断发生动态演变，从渴求获得超自然力与大自然抗衡，到祈求得到神灵的庇护，并逐渐摒弃神性色彩演变为民众娱乐的面具，从反映民众对生存意识的渴求和对美好生活的向往，到成为人们心理的慰藉和满足精神生活的娱乐方式，逐渐演变为民间歌舞和戏剧装扮的道具。傩面具在不断演进的历程中，其功能内涵也在不断发生衍化。傩面具既是宗教道具，还是造型艺术，既有神性的，还有人性的，"它是一种符号，一种象征，一种造型手段，一种连接着现实世界与精神幻想的媒介"[1]，并被赋予了鲜明的时代特征。

---

　　① 程金城，韩伟. 穿越时空的生命韵律——人类学视阈中的中国西部艺术［M］. 太原：山西教育出版社，2010：346.

在西南地区，傩面具分布广泛，风格多样，蕴含着丰富的民俗文化内涵，每件面具背后都有一种古老的传说故事，都浸染着西南人民与大自然抗衡相处的发展变迁轨迹，也承载了西南民众的审美情趣和道德理想。

一、西南地区傩面具的社会功能

傩面具作为傩事活动中沟通神灵、以乐通神、以乐送神的重要道具，寄托了民众对生活的追求，也是审美的需要，将民众的信仰习俗和日常生活紧密结合，通过各种傩事活动，维持着人与人、人与神、人与自然之间的关系，加强了地缘群体和血缘群体内部的团结，促进了社会和谐发展。在西南地区，民族众多，甚为复杂。受历史、政治军事的影响，在残酷的斗争生活中，为了族群生存的需要，由单一的"血缘民族"发展成以血缘、地缘和族缘关系为纽带的宗法社会群体。为了加强社会群体的凝聚力，在每一次傩事活动中，不管祭祀祖先、供奉傩神还是歌舞表演、娱乐民众，都具有明确的功利性和目的性，强调社会属性的存在。傩面具作为一种精神符号和实用艺术，在傩事活动中起到了沟通人神、传递信息、教授知识、文化传习、娱神娱人、取悦民众的社会作用，具有交际、教育、娱乐的社会功能。

（一）交际功能

交际是人类生存的重要组成部分，人类生活离不开沟通和交流。交际就是人类将要表达的信息通过传送并被接收的过程，正如黄华新等所说："人类的交际不可能凭空产生，它必须借助一定的载体才得以进行，而这个载体就是符号。"[①] 换言之，人类就是通过符号进行交际的，以此达到传情达意、信息共享的目的。在傩事活动中，傩面具既是一种精神符号，又是一种图形符号，人们希望通过傩面具与神界进行交流，与自然进行呼应，与民众进行互动，传递着世俗生活中的文化密码和社会信息。比如毛南族在傩的还愿仪式中，借助傩面具这种符号转化为神灵的化身，认为戴上傩面具就具备了神灵的力量，毛南族人将他们的愿望转移到神灵身上，通过神灵来支配和控制，以达到子孙繁衍、家族兴旺、和谐共处的精神愿望。毛南族人由日常向神界的转

---

① 黄华新，陈宗明．符号学导论［M］．上海：东方出版中心，2016：45．

化，是借助傩面具来实现的，傩面具就是一种符号的载体，起传递信息、沟通人神的交际作用。

在西南地区既保持着充满神性的傩面具，也有出神入俗、娱神娱人的地戏面具。比如彝族的撮泰吉面具至今还保持着原汁原味的原生态艺术造型。彝族人借助撮泰吉面具完成人神共处、人鬼共处和人兽共处的人类早期鸿蒙初开的世界，以农耕祭祀为目的，祈求五谷丰登、六畜兴旺。撮泰吉面具就成为沟通人神的媒介来完成原始驱邪纳吉的农耕祭祀。随着社会的发展和时代的进步，人们的精神文化生活日益丰富，傩戏中充满神性的祭祀仪式逐渐退到次要位置，娱人成分逐渐加强。傩面具的交际功能从沟通神灵转向娱乐民众，从精神依托逐渐演变为世俗娱乐。比如贵州地戏面具造型生动、色彩丰富、富丽堂皇、极富感染力，地戏是将演兵习武和祭祀活动结合起来在空旷平地进行的表演艺术，其面具充满英雄色彩，向人们传递屯堡文化和英雄人物故事。

（二）教育功能

在西南许多少数民族地区，中华人民共和国成立以前既没有学校教习文化，也没有任何形式的教育组织普及知识，所有的生产知识、文化习俗、道德伦理都靠言传身教，戴上傩面具举行节祭歌舞仪式就是一种最有效的方式。在西南民族地区，无论是人生礼仪、岁时节庆，还是重大民俗活动，各民族都要举行歌舞祭祀，戴上面具，装扮成鬼神及各种奇禽怪兽，载歌载舞，取悦神灵，祭祀祖先，叙述祖先迁徙、创业的事迹，其核心要义就是讲述民族迁徙奋斗历史、族规民俗以及道德规范。比如，在贵州晴隆的苗族举行的"庆坛"傩祭活动，是以祭祖还愿、驱邪纳吉、繁衍生息为核心的傩祭仪式，演出人员都需要戴上傩面具，讲述苗族祖先迁徙、生息、繁衍的历史故事。族人们参与傩祭活动，聆听祖先奋斗的历史，接受民族文化教育。

西南边区少数民族在傩祭仪式中不但要讲述民族历史，讲授道德规范，还要通过傩祭来传授文化知识和生活技能。如贵州彝族的撮泰吉（变人戏），表演者戴上面具，装扮成白胡须面具的阿布摩、黑须面具的麻洪摩、无须兔唇面具的嘿布、无须面具的阿达姆和阿布五位老人，围绕祭祀、耕作、喜庆和扫寨四个部分，反映彝族迁徙、农耕、繁衍的历史。其中耕作是整个撮泰吉的核心部分，表现彝族祖先在荒山野岭种植荞麦、驯牛耕作的劳作情景，从买牛、驯牛、犁土、耙土、烧灰、撒种荞麦到收获、脱粒、翻晒、搬运、收藏，完整地展现整个农事活动，是纪念祖先、教授后代、模拟农耕的表演，还起到了传授生产技能的作用。

　　傩面具的制作具有强烈的主观色彩，它象征一种民族情感。西南各民族崇拜的神灵不一样，角色众多，造成了傩面具造型各异、千容百面。各地的面具艺人在长期的经验积累中都有一套自己的"移形取像"的绝技，总结出制作面具的口诀和方法，比如屯堡人在长期的地戏面具雕刻中对各道工序总结出一套口诀：选用白杨或是楸，下料长短尺二五，剥皮晾干剖两半，粗坯雕好沸水煮。各一半，四三五，鼻大口细眼睛鼓，未雕嘴唇先留牙。二坯纹饰刻清楚，三坯精雕再细擦。男雕兽，女雕禽，刮灰打底上油彩。上油彩也有一套口诀，如：老将刺刺眉，少将竹叶眉，女将柳叶眉，奸雄扫帚眉。老将皱纹现，猛将如烈焰，少将一支箭，女将一条线。[①] 民间艺人将他们的聪明才智和精巧技艺一代一代传承下来，结合各民族的生活习俗和艺术情趣，根据自己的理解，倾注在傩面具的雕刻技艺上，以其虔诚的情感和鲜明的善恶观念，潜移默化地影响着边远山村乡民的思想观念，维持着传承技艺，起到了文化教育的功能。

（三）娱乐功能

　　傩面具源于远古社会的图腾崇拜，从戴上面具起舞的驱鬼逐疫的祭祀仪式到娱神又娱人的巫歌傩舞，从祈神到娱神，再从娱神走向娱人。汪毅夫先生在《傩：游戏与舞蹈》中有相关论述：按照"鬼无归则为厉"的想法和说法，人们相信散瘟的厉鬼（疫鬼）是可以用武力驱赶、焚化和瘗埋的，于是有蛮性十足、凶相毕露的驱鬼仪式及其用器（傩面具、刀杖等）；人们相信人之阳气可以驱除鬼之阴气，于是有营造和渲染热闹气氛、显示人之阳气的傩之游戏、傩之舞蹈等；人们又相信对于散瘟的疫鬼可以用恩惠拉拢、安抚和赎

---

① 吴之俊.得天文丛：我说屯堡文化［M］.北京：中国言实出版社，2015：429.

买，使不散瘟为厉，于是有奉若神明、在驱鬼仪式里穿插娱神节目的做法。[①]
傩面具既要震慑疫鬼，还要渲染气氛，以人之"阳气"驱除鬼之"阴气"，还
要祈神赎买疫鬼。傩面具在傩仪活动中不仅仅起到代言的功能，还要能渲染
热闹气氛，娱乐诸神疫鬼，通过在仪式中戴上面具扮演各种角色以诙谐打闹、
边跳边舞，既祈神，又娱神，还娱人的傩仪活动，具有人神共娱的功能，成
为旧时传统社会的重要文化娱乐活动。

　　西南民间巫傩文化源远流长，异彩纷呈，各民族在长期的生产生活中创
造了各具特色的傩祭形式，还最早发明了巫傩面具。何先龙在《西南巫傩文
化源流述略》中曾论："蜀人不仅是鸟图腾民族，而且是最早的傩面具创造
者。"[②]从现存的西南巫傩面具来看，不仅具有狰狞凶狠的形象，还有充满稚
趣、使人发笑的滑稽形象，巫傩面具除了具有威慑妖魔阻退鬼怪的作用，还
需要具有酬神和娱神的功能，"信鬼而好祀，其祀必使巫觋作乐，歌舞以娱
神"[③]。如仡佬族的"跳神戏""撵鬼戏""魈愿戏"等，土家族的"傩堂戏""跳
坛戏""鬼戏"等，苗族的"魈戏""傩戏""跳神戏""跳宝抢神"等，侗族
的"魈愿戏""竹""喜傩神"等，都是以驱邪逐疫、祈福消灾为核心的祭祀
活动。在祭祀表演中以祈神娱神为目的，面具有神有鬼，有男有女，有头上
长角怒发冲冠的神灵形象，也有嬉皮笑脸、龇牙咧嘴的世俗人物形象，这类
面具有笑和尚、歪嘴秦童、甘生八郎，傩面具角色都具有鲜明的性格特征和
强烈的喜剧色彩，体现了傩祭面具的娱神功能。

　　王志峰认为："祭祀戏剧的娱人精神大于娱神精神。"[④]以娱神为前提，在
民众参与祭祀中得到愉悦的参与快感，使民众在庄严神圣的祭祀仪式中获得
谐谑滑稽的放松快感，这种愉悦是民间的、世俗的。从这一角度来看，傩面
具是神灵鬼怪的象征，表演者戴上面具在祈神酬神和威慑疫鬼的一系列祭祀
仪式中，需要让民众在狰狞神秘的氛围中得到放松，情绪得到抒发，滑稽的

---

①　汪毅夫.闽台历史社会与民俗文化［M］.厦门：鹭江出版社，2000：102-103.

②　罗新民.贵州艺术研究文集［M］.贵阳：贵州人民出版社，2011：369.

③　朱熹.楚辞集注［M］.上海：上海古籍出版社，1979：29.

④　王志峰.祭祀·仪礼·戏剧中国民间祭祀戏剧研究［M］.北京：文化艺术出版社，
2016：314.

面具、插科打诨的谐谑逗笑，使民众在傩祭仪式中得到愉悦，获得快感。因此，在西南各地的傩仪活动中，都是傩祭、傩歌、傩舞融合，娱神娱人结合，既有驱疫纳吉的祭祀功能，又有傩歌傩舞戏剧表演的娱神娱人的功能。

二、西南地区傩面具的文化功能

西南地区少数民族众多，但各民族的文化并非孤立和封闭的，而是多元并存、相互交融的。其中傩文化作为远古的原始文化，源远流长，在各少数民族的生产生活和日常交往中占据着重要的位置，尤其是在西南少数民族地区，傩的仪式更具神圣性，承载着诸多的文化功能。傩面具作为一种载体和精神符号，一方面具备物质形态，具有显著的物质形态特征，包括材质造型、雕刻工艺、各类角色等。另一方面又是沟通人神的精神符号，通过面具的使用非常便捷地改变身份，进入预定的角色。

在西南地区的各类傩仪活动中，祭祀参与者头戴面具，立马就成为各类神灵、动物精怪的化身，就拥有了与神灵对话的神力，可以向神灵祈福纳吉保平安，就是常说的"戴上面具即为神，摘下面具就是人"。在云南、贵州、四川的一些少数民族地区，则习惯将傩面具挂在堂屋墙壁或大门门楣上，用以辟邪，称为"吞口"。而彝族崇拜虎，在"围猎戏"中则将虎面具挂在手上，扮演成虎状举行祭虎祈福仪式。这说明，傩面具在各少数民族的各种傩祭活动以及各类仪式中，是为了满足人类的各种需求因而具备独立存在文化功能。正如美国人类学家克莱德·克拉克洪（Clyde Klukhohn）认为：文化是"一个民族生活方式的总和""一种思维、情感和信仰的方式""一种对行为进行规范性调控的机制""它包括各种外显的或内隐的行为模式，并借助符号的使用而习得或传承，从而构成了人类各群体成就的标志"。[①] 傩面具所具有的文化功能正是西南少数民族生产生活方式的集中体现，借助面具这一符号得以认同、代言和传习。

---

① 高永晨．文化全球化态势下的跨文化交际研究［M］．南京：东南大学出版社，2006：20.

（一）文化认同

面具源于"万物有灵"的观念、祖先和神灵的信仰以及种类繁多的图腾崇拜，在漫长的农耕社会里，各民族以土地为依托形成族群聚居生活圈，长此以往，形成稳定的信仰习俗文化空间。在族群内部，有着共同的神灵信仰与祖先崇拜，将这些神灵、祖先及共同的图腾视为本族的生命象征和保护神，为了唤起神灵保佑种族的生存和繁衍，只有通过巫术、祭祀等方式实现。由此，诞生出种类繁多的民间崇拜和祭祀方式，其中巫觋傩仪祭祀较为普遍。而傩面具作为图腾崇拜的精神符号，通过祭祀仪式来强化族群认同和文化归属。

傩面具随巫祭仪式而产生就具有超功利性。在我们今天看来这是一种艺术，然而，傩面具的产生却在审美感觉之前。远古时期，生产力低下，人们面对大自然的威胁没有抵御能力，只能通过傩祭的巫术活动来祷告神灵，驱邪纳祥，逐魔避灾。在傩祭仪式中，人们就需要按照自己的意愿来塑造英雄或祖先神灵的形象，以威严狰狞、凶神恶煞的神祇形象来驱邪避灾，达到震慑的效果。人们把来自现实的不同形象特征综合起来创造出新的形象，甚至超越了各形象的自然属性，比如用龙的形象来代替神灵，各地的开山莽将、开路先锋、山神等面具，都是口吐獠牙、眼球外凸、头上长角的狰狞凶猛形象，将人与动物结合塑造成大家都认可的神的形象。这种认同基于傩面具的功能，由于人们对大型动物的畏惧与崇拜，将自己装扮成奇禽怪兽或各类精灵神兽，其目的就是祛除疫鬼、威慑邪魔。

在西南傩面具中，贵州傩面具最具特色，具有多民族、多品种、多层次、分布广的特点。贵州傩面具都有共同的神灵形象，都取材于类似的神话传说，用龙的形象或其他动物图案来塑造面具形象，大都以嘴吐獠牙、眼球暴凸塑造狰狞威严的神灵形象。换句话说，傩面具作为宗教的符号、神灵的象征、图腾的凭依，是人们在长期的生活习俗中形成的观念意识、信仰追求和文化符号，都是建立在祖先崇拜和神灵信仰的基础上的，折射出了人们共同的民俗信仰以及对美好生活的期盼。

（二）文化代言

　　傩面具作为沟通人、鬼、神的工具和媒介，是"人"转变为"神"的象征。表演者戴上面具就是鬼、神的化身，进入了另一个世界，傩面具就具备了代言功能。在西南少数民族地区，傩面具都具有祭祀和艺术的双重功能，一方面在祭祀活动充斥着浓郁的原始宗教观念和信仰诉求，另一方面以象征的艺术手法寄托了民众纳吉祈福的心理。世世代代生活在贵州土地上的仡佬族，认为傩面具不仅仅是巫祭仪式中重要的法器，还是神的象征和载体，"戴上面具才是神，摘下面具就是人"，巫师戴上面具后，就成为一个具有沟通神灵的角色，获得了超自然的威力，成为沟通鬼灵神界的代言人，帮助人们实现自己的愿望。还通过艺术处理的方式，将面具脸谱化和情绪化，采用观念性的象征色彩，来表达民众对吉祥、繁衍、镇宅、驱邪的种种美好愿望。比如仡佬族先民利用粗犷奔放的造型和强烈鲜明的色彩来塑造神灵狰狞威严的形象，希望获得超自然的能力，以震慑邪祟、驱邪逐疫，进而满足他们祈福禳灾、趋吉避祸的精神需要。面具就表现出了强烈的代言功能，无论在生活日常，还是在人生礼仪中，人们凭依傩面具表现出了与大自然抗争，做出试图改变自己命运的一次次尝试，每次的尝试中，都寄托了人们无限的情感期望，传递着丰富的文化信息。

　　傩面具具备的这种代言功能，与傩面具被赋予的复杂而神秘的种种宗教和民俗含义有关。譬如，傩坛上供奉的傩公傩母是人类始祖神，能为人类带来平安幸福、子孙繁衍、人畜兴旺。傩面具既是神灵的代言、神灵的载体和象征，还是民众精神需求的代言，承载着民众祈求平安和对美好生活的向往，寄托着民众对美好生活的期盼。

（三）文化传播

　　文化的交流和传播无时无刻不在进行着，因为人们需要交往和交流，但凡人们之间有交往，就存在有意识或无意识的文化交流和传播。在西南地区各民族的交往中，傩面具文化也在不断发生着传播、交融和发展，形成了你中有我、我中有你的五彩缤纷的发展态势。从西南地区傩面具文化遗存来看，以点状分布为主形成傩面具文化分布圈，但每个傩面具文化分布圈之间相互激荡交融吸纳，形成了傩面具文化的分布带。譬如，四川藏区的傩面具和西藏东部形成藏区的傩面具文化带，贵州的黔北、黔东北等地与重庆毗连地区形成了傩戏面具文化带，其中贵州东南部与湘、鄂、渝接壤的铜仁地区傩面具文化带最具特色。

傩面具是被赋予了复杂而神秘的宗教含义和民俗内涵的器物，同一个文化地带的傩面具都有其文化的差异性。在贵州就有安顺的地戏傩面具、土家族傩堂戏面具、威宁撮泰吉面具、侗族傩面具、布依族傩面具以及瑶族傩面具等，有的来自宫廷傩，有的来自民间傩。甚至其制作工艺也有较大差别，有木雕彩绘面具，还有泥胎纸胚彩绘面具和笋壳彩绘面具等。不仅面具文化内涵千差万别，制作工艺及材质造型也风格各异。即便同一傩坛的面具，每一面面具都代表一个角色，每一面面具背后都有一个故事，每一面面具都有其来由，形成了西南民族地区五彩缤纷的傩面具文化。

在西南民族地区，由于傩面具文化具有多元性、多样性、差异性的特点，呈现出纷繁复杂、多姿多彩的态势。但这种丰富多彩的面具文化并不排斥，而是相互包容、共融共存。其中最重要的一个因素就是文化的交流和传播带来了文化认同。譬如，开山神面具起源于中原傩文化的方相氏逐疫，于是"方相"就成了傩祭中的"开山神"，在西南各民族地区傩戏面具都有"开山神"面具，有的称为"开路先锋"面具。

由此可见，傩面具具有极明显的文化传播功能。傩面具作为文化载体，在西南各民族间搭建了一个文化交流和传播的桥梁，对各民族各地区的文化交流和传播起到了沟通和联系的作用。

第二节　西南地区傩面具的发展趋势

傩面具既具有宗教祭祀功能，还具有艺术审美功能。傩面具作为傩仪活动的工具和器物，蕴含了丰富的文化内涵和民俗功能，还是傩文化的一种视觉艺术表现形式，是集绘画、雕塑、工艺美术于一体的民间艺术工艺品，一方面是连通人与神之间的桥梁，是灵魂的载体、神祇的象征，另一方面通过艺术造型的方式被赋予了民众丰富的情感内容，通过塑造面具威猛之美、狰狞之美、庄严之美，借助神威或超自然力，在极端恶劣的自然环境中震慑邪恶、战胜鬼祟，达到逐疫驱鬼、消灾降福的目的，反映了民众趋吉纳福、渴求美好生活的愿望。

但随着社会的发展和时代的进步，人们的生产生活方式发生了深刻的变化，进而带来了人们思维方式、价值取向的巨大转变。傩事活动已逐渐成为民众祭祀祈福和娱乐聚会的一种民俗活动，傩的祭祀成分越来越少，表演成分越来越浓，傩充满了世俗化的人情味，逐渐趋向民间习俗表演活动。傩面具也从原本单纯的祭祀器物，渐渐转变为戏曲艺术表演的重要工具，逐渐走向娱乐化、工艺化、数字化。

一、娱乐化

傩面具逐渐向戏剧化方向发展，逐渐世俗化、娱乐化、戏剧化，成为戴着面具表演的戏剧形式。王国维先生就发出过"傩近于戏"的感言，由此进一步说明，傩面具已经从威严庄重的祭祀活动的器物渐渐转向了世俗表演的娱乐活动工具。

在西南少数民族地区的祭祀仪式中，傩面具的神性逐渐减弱，人性渐渐增加，演变成了族群聚集的民间娱乐活动。譬如，毛南族傩面具采用木雕彩绘，角色造型神态各异。工匠们将木头镂空后，依据角色需要雕刻成文官武将、阎罗小鬼，有男有女、丰富多彩。武将面具采用夸张表现，眼球暴凸，涂上暗红颜色；文官面具所绘色彩略显淡雅，表现手法含而不露；女性面具则采用传统的粉脸，略施粉黛。傩面具雕刻的都是毛南族传说中的神，造型按照诸神性格雕刻表现出不同的表情，或金刚怒目，或慈眉善目，或温文儒雅，十分生动传神。在毛南族木面舞中，傩面具也少有形象诡谲、森严的诡异气氛，取而代之的是面具展现出来的欢快轻松的喜庆色彩，娱乐成分逐渐增强，由戴面具的驱邪酬神的祭祀活动渐渐转化为戴上假面进行舞蹈、戏剧的民间娱乐活动。[①]

---

① 戴平.中国民族服饰文化研究［M］.上海：上海人民出版社，1994：139.

傩面具逐渐趋向娱乐化，是历史发展的必然。随着社会的发展，人们生活质量明显提高，生活条件明显改善，使得乡民们将神圣威严的傩坛搬到了乡间舞台或乡场院坝，傩的仪式表演也日趋娱乐化。从傩祭到傩戏的演变来看，就是从酬神还愿、驱邪纳吉到娱神娱人的演变，这种祭祀仪式的娱乐化必然带来祭祀器物——面具的娱乐化，傩面具已不再仅仅是祭祀还愿、沟通神灵的器物，而是逐渐趋向世俗化、娱乐化、人情化。

二、工艺化

随着巫傩面具逐渐走向民间艺术，其艺术造型及审美表现越来越工艺化。主要表现在造型、色彩、装饰等方面。

从造型来看，傩面具用于酬神祭祀、娱神娱人的特定需要，其造型往往表现出神性、兽性和人性的结合，以神兽型、人兽型、俗神型的造型方式，分为凶相面具、善相面具和俗相面具，并形成固定工艺程式。以贵州地戏为例，文相：面相庄严肃穆，英武慈祥。带须髯，或刻或绘或结马尾为须。白面朱唇或赤面朱唇，以示忠勇。多雕以冠、帽、盔、巾。凶相：面相凶猛。鼓眼瞪睛，龇牙咧嘴或青面獠牙。面肌凸出，棱角分明。黑面、青面、紫面、金面。戴盔冠者多有神职；无冠者带角或耳毛，多为草莽神怪。丑相：面相滑稽。挤眉弄眼，或歪嘴、露口、眇目、麻脸、龅牙。丑而不恶，多属机智、调皮、诙谐的下层性格。[①]这种面具程式化和类型化的造型特征，直接导致面具造型的工艺化。如贵州仡佬族的"山王"面具，龙头花冠、兽面獠牙、双抱耳神、剑眉倒竖，双眼和下颚可以自如活动。与贵州铜仁土家族的"山王"面具类似，为龙头造型，双耳刻有一对抱耳神，眼睛可以活动，下颚开合自如。在重庆的酉阳阳戏、云南文山冲傩戏中也必备"山王"面具，造型都是獠牙毕露、双抱耳神，其造型特征、制作工艺都十分类似，逐渐趋于工艺化。从色彩上来说，基本形成了固定的面具用色，比如，红色表现忠勇、血气方刚。黄色作为肤色，主要表现中老年的沉稳。蓝色多用于表现阴沉恐怖和桀骜不驯。白色表现文静、善良，有时也以苍白表现反面角色的奸诈。

---

① 刘晔原，刘方成．中国文化杂说：民俗文化卷［M］．北京：北京燕山出版社，1997：416.

黑色多表现鬼神或率直、刚正的正神。金色多表现富贵尊神。银色多用于财神或次神。"红、黄、蓝、白、黑、金、银"属于傩面具通用的七种主色，并在长期的实践中形成了程式化的固定用色。从装饰上来看，傩面具都有相对固定装饰纹样符号，比如"龙"象征男子，以示尊贵；"凤"象征女子，以示高贵；"虎"象征勇猛；"蝙蝠"寓意"福"；"牡丹"以示富贵；等等，其表意功能已经约定俗成，形成规律。

庹修明先生曾经说道："面具已日趋程式化、脸谱化、工艺化，并向商品化倾斜，渐渐缺少了傩戏面具那种个性与灵气。"[①] 傩面具的逐渐工艺化，与当下巫傩面具趋向娱乐化有关，人们不再去关心面具背后所指的神灵角色，也不去关心面具所具有的神秘精神力量，而是对傩面具所呈现的审美意象感兴趣，更多地关注傩面具制作工艺和体验，由此导致傩面具在形象塑造和技法表现上越来越程式化，这就使傩面具越来越趋于工艺化。

三、数字化

西南地区的傩面具品种繁多、风格多样、造型各异、品种最全，融合了原始宗教信仰和多民族的民风民俗，傩面具不仅是民族、宗教、文化、艺术的缩影，还是西南地区民间工艺的精湛展示。但傩面具作为一种实物道具而存在，有保质期，属于不可再生资源，一旦被毁坏就无法再恢复，特别是在民间长久保存下来的傩面具一旦遭到破坏就没法再还原。数字技术的发展和虚拟技术的应用，为傩面具的复原或重现提供了技术上的可能。通过数字化获取信息数据，建立数据模型，实现物体的三维呈现和虚拟真实展示，以实现网络共享，进而长久保存和实时分享。还可以通过数码摄像机获取傩面具或脸谱的三维影像，配上文字说明、音频解说，可以全方位完整地展示面具或脸谱存在的空间知识，这将极大地丰富傩面具的展示语言，提高傩面具的艺术感染力。[②]

利用数字化技术可以有效地提高傩面具的造型设计、制作工艺、虚拟效果的展示。一方面，通过数字技术能模拟传统工艺流程，可以利用修图软件

---

① 庹修明.庹修明学术论文选[M].北京：中央民族大学出版社，2018：179.
② 聂森.土家族傩文化数字化传承研究[M].北京：中国社会科学出版社，2019：177.

多次进行修改和调整，减少因工匠艺人把握不准，雕刻走样，造成的时间和
材料上的浪费。另一方面，通过数字化技术将传统傩面具的制作工艺从取材、
画形、雕刻、上色、打磨、涂油等流程进行全程演示，直到符合预先设定的
效果。同时，数字化技术还可以为傩面具的衍生开拓新的艺术空间表现形式，
将传统的傩面具艺术与现代的设计结合，为傩面具的传承和发展提供更为广
阔的天地。

总之，数字化时代为西南少数民族地区傩面具的发展提供了种种可能。
数字化技术被运用到傩面具的造型设计、制作工艺、展示交流、传承保护、
传播共享等方面，是社会进步和科学发展的必然。但我们也需要正视数字化
技术带来的各种利弊关系，正确处理好文化传承、艺术审美的科学技术之间
的关系。

本章总结

傩面具具有明显的功利性和目的性，除了在祭祀中作为通灵的工具、祭
祀的法器和表演的道具以外，还具有交际、教育、娱乐的社会功能，具有一
定的社会属性。傩面具在仪式活动中，具有传递信息、沟通人神的交际作用，
还可以通过演绎传授生产生活经验，维系记忆传承，又能让民众情绪抒发、
愉悦，获得精神快感。在西南少数民族地区，傩面具还承担着文化认同、文
化代言和文化传习的作用。傩面具作为图腾崇拜的精神符号，通过祭祀仪式
可以强化族群认同和文化归属。傩面具作为沟通人、鬼、神的工具和媒介，
在每次的仪式活动中，都寄托了人们无限的情感期望，传递着丰富的文化信
息，承载着民众祈求平安和对美好生活的向往。傩面具是被赋予了复杂而神
秘的宗教含义和民俗内涵的器物，每一面面具都代表一个角色，每一面面具
背后都有一个故事，每一面面具都有其来由。傩面具作为文化的载体，在西
南各民族间搭建了一个文化交流和传播的桥梁，对各民族各地区的文化交流
和传播起到沟通和联系的作用。

随着社会的发展和时代进步，傩面具也从原本单纯的祭祀器物，渐渐转

参考文献

［1］姬旦．周礼［M］．钱玄，等注译．长沙：岳麓书社，2001.

［2］司马迁．史记（卷116）［M］．北京：中华书局，2006.

［3］孔丘．论语［M］．杨伯峻，杨逢彬，注译．长沙：岳麓书社，2000.

［4］常璩．华阳国志［M］．济南：齐鲁书社，2010.

［5］魏收．魏书［M］．北京：大众文艺出版社，1999.

［6］周去非．岭外代答［M］．屠友祥，校注．上海：上海远东出版社，1996.

［7］范成大．桂海虞衡志校注［M］．南宁：广西人民出版社，1986.

［8］朱熹．楚辞集注［M］．上海：上海古籍出版社，1979.

［9］范晔．二十五史（全本）［M］．乌鲁木齐：新疆青少年出版社，1999.

［10］杨天宇．周礼译注［M］．上海：上海古籍出版社，2016.

［11］金泽．宗教人类学学说史纲要［M］．北京：中国社会科学出版社，2010.

［12］叶大兵，乌丙安．中国风俗辞典［M］．上海：上海辞书出版社，1990.

［13］曲六乙，钱茀．东方傩文化概论［M］．太原：山西教育出版社，2006.

［14］陈跃红，徐新建，钱荫榆．中国傩文化［M］．北京：新华出版社，1991.

［15］朱恒夫．中国傩戏剧本集成［M］．上海：上海大学出版社，2016.

［16］庹修明．傩文化与艺术［M］．贵阳：贵州人民出版社，1993.

［17］顾朴光.中国面具史［M］.贵阳：贵州民族出版社，1996.

［18］岑家梧.图腾艺术史［M］.上海：学林出版社，1986.

［19］邓光华.傩与艺术宗教［M］.北京：中国文联出版社，1993.

［20］钱茀.傩俗史［M］.南宁：广西民族出版社，2000.

［21］胡健国.巫滩与巫术［M］.海口：海南出版社，1993.

［22］张仲谋.非物质文化遗产传承研究［M］.北京：文化艺术出版社，2010.

［23］刘锡诚.象征：对一种民间文化模式的考察［M］.北京：学苑出版社，2002.

［24］费孝通.美好社会与美美与共——费孝通对现时代的思考［M］.北京：生活·读书·新知三联书店，2019.

［25］王胜华.戏剧形态研究［M］.北京：中国文联出版社，2001.

［26］李泽厚.历史本体论·己卯五说（修订本）［M］.北京：生活·读书·新知三联书店，2006.

［27］郭净.中国面具文化［M］.上海：上海人民出版社，1992.

［28］李锦山，李光雨.中国古代面具研究［M］.济南：山东大学出版社，1994.

［29］叶明生.中国傀儡戏史［M］.中国戏剧出版社，2017.

［30］宋坤.诗话孤竹［M］.北京：线装书局，2018.

［31］章军华.傩礼乐歌研究［M］.上海：上海大学出版社，2016.

［32］章军华.中国傩戏史［M］.上海：上海大学出版社，2014.

［33］严福昌.四川傩戏志［M］.成都：四川文艺出版社，2004.

［34］张岳，熊花，常棣.文化学概论［M］.北京：知识产权出版社，2018.

［35］贾大泉，陈世松.四川通史·卷一·先秦［M］成都：四川人民出版社，2010.

［36］赵敦华，李晓南.人学理论与历史——西方人学观念史卷［M］.北京：北京出版社，2004.

［37］尤中.中国西南民族地区沿革史——先秦至汉晋时期［M］.北京：民族出版社，2005.

［38］丁世良，赵放.中国地方志民俗资料汇编西南·卷上［M］.北京：北京图书馆出版社，1991.

［39］王晓鹏.文化学概要［M］.福州：福建人民出版社，2017.

［40］李穆文.百家争鸣的思想文化［M］.西安：西北大学出版社，2006.

［41］李路阳，吴浩.广西傩文化探幽［M］.南宁：广西人民出版社，1993.

［42］吴明海.可持续发展与民族地区环境教育［M］.北京：中央民族大学出版社，2018.

［43］陈季君.清代中国西南戏曲时空流变研究［M］.北京：中央民族大学出版社，2017.

［44］李昆声.云南艺术史［M］.昆明：云南教育出版社，1995.

［45］王俊.中国古代面具［M］.北京：中国商业出版社，2015.

［46］顾朴光.中国傩戏调查报告［M］.贵阳：贵州人民出版社，1992.

［47］罗桑开珠.藏族文化通论［M］.北京：中国藏学出版社，2016.

［48］叶星生.西藏面具艺术［M］.重庆：重庆出版社，1990.

［49］得荣·泽仁邓珠.藏族通史·吉祥宝瓶［M］.拉萨：西藏人民出版社，2001.

［50］秋地，徐翠.传统戏剧［M］贵阳：贵州人民出版社，2017.

［51］刘志群.藏戏与藏俗［M］.拉萨：西藏人民出版社，2000.

［52］李宜，辛雷乾.西藏藏戏形态研究［M］.广州：中山大学出版社，2015.

［53］罗布江村，赵心愚，杨嘉铭.世界屋脊的面具文化——我国藏区寺庙神舞及藏戏面具研究［M］.成都：四川民族出版社，2008.

［54］王进.中国西南少数民族图腾研究［M］.上海：上海三联书店，2016.

［55］盖山林.中国面具［M］.北京：北京图书馆出版社，1999.

［56］吴仕忠，胡廷夺.傩戏面具［M］.哈尔滨：黑龙江美术出版社，1999.

［57］朱狄.原始文化研究 对审美发生问题的思考［M］.北京：生活·读书·新知三联书店，1988.

[58]郭净.中国面具文化[M].上海:上海人民出版社,1992.

[59]潘鲁生.论中国民间美术[M].北京:北京工艺美术出版社,1990.

[60]胡健国.巫滩与巫术[M].海口:海南出版社,1993.

[61]李宜,辛雷乾.西藏藏戏形态研究[M].广州:中山大学出版社,2015.

[62]池瑾璟.非物质文化遗产研究与保护丛书:非遗保护与辰州傩戏研究[M].苏州:苏州大学出版社,2016.

[63]黄殿祺.中国戏曲脸谱[M].北京:北京工艺美术出版社,2014.

[64]黄华新,陈宗明.符号学导论[M].上海:东方出版中心,2016.

[65]聂森.土家族傩文化数字化传承研究[M].北京:中国社会科学出版社,2019.

[66]张方元.新编德宏风物志[M].昆明:云南人民出版社,2000.

[67]庹修明,陈玉平,吴电雷.贵州阳戏文献文物叙录[M].贵阳:贵州民族出版社,2017.

[68]赵心愚,罗布江村,杨嘉铭,等.西南民族地区面具文化与保护利用研究[M].北京:民族出版社,2013.

[69]皋于厚.汉魏六朝文学论稿[M].南京:东南大学出版社,2007.

[70]赵作慈,陈阵.中国面具艺术[M].北京:北京美术摄影出版社,1997.

[71]王俊.中国古代面具[M].北京:中国商业出版社,2015.

[72]高永晨.文化全球化态势下的跨文化交际研究[M].南京:东南大学出版社,2006.

[73]福柯.尼采·谱系学·历史学.苏力,译[M]//汪民安,陈永国.尼采的幽灵:西方后现代语境中的尼采.北京:社会科学文献出版社,2001.

[74]利玛窦,金尼阁.利玛窦中国札记 传教士利玛窦神父的远征中国史[M].何高济,等译.桂林:广西师范大学出版社,2001.

[75]阿恩海姆.艺术与视知觉 视觉艺术心理学[M].滕守尧,朱疆源,译.北京:中国社会科学出版社,1984.

[76]田仲一成.中国巫系演剧研究[M].东京:日本东京大学东洋文化研究所,1993.

[77]田仲一成.中国祭祀戏剧研究［M］.北京：北京大学出版社，2008.

[78]广田律子.中国江西省与日本大分县的追傩仪式［J］.中华戏曲，1997（1）.

[79]斑文干.中国的傩戏与欧洲的狂欢节［M］//中华戏曲学会，陕西师范大学时曲文物研究所.中华戏曲（第十二辑）.太原：山西人民出版社，1992.

[80]布朗德尔.傩——人类早期文化的共生现象吗？［M］//中华戏曲学会，陕西师范大学时曲文物研究所.中华戏曲（第十二辑）.太原：山西人民出版社，1992.

[81]陶思炎.苏南傩面具略论［J］.地方文化研究，2014（2）.

[82]庹修明.中国西南傩戏述论［J］.贵州民族学院学报（哲学社会科学版），2001（4）.

[83]庹修明.贵州傩戏文化［J］.教育文化论坛，2010，2（3）.

[84]张紫晨.中国傩文化的流布与变异［J］.北京师范大学学报（社会科学版），1991（2）.

[85]王兆乾.谈傩戏［J］.文艺月报，1953（7）.

[86]张泽洪.中国西南少数民族傩文化与道教关系论略［J］.贵州民族研究，2010，31（2）.

[87]宫哲兵.现代宗教人类学的方法［J］.武汉大学学报（人文社会科学版），2000（5）.

[88]周永健.论贵州傩文化的生态空间［J］.四川戏剧，2016（2）.

[89]刘振华，赵翼凤.从狩猎巫术和图腾崇拜看面具起源中的戏剧质素［J］.戏剧文学，2019（1）.

[90]宋继东.傩面具的渊源、发展及进化［J］.开封教育学院学报，2003（1）.

[91]张兴莲.浅谈昭通傩戏文化——昭通端公戏及面具［J］.黑龙江史志，2009（2）.

[92]周华斌.中国古傩面具的沿革［J］.戏剧（中央戏剧学院学报），1994（1）.

[93]金学主.傩礼和杂戏——以中韩之比较为中心［J］.中华戏曲，

1996（1）.

　　［94］赵世林，田婧.云南双柏彝族虎傩文化及其面具［J］.西南民族大学学报（人文社会科学版），2008（1）.

　　［95］钱茀.什么是傩［J］.民族艺术，1992（2）.

　　［96］刘志群.藏戏和傩戏、傩艺术［J］.中央民族学院学报，1991（3）.

　　［97］李厚冶.三星堆纵目面具与古蜀神灵崇拜——基于卡希尔符号学理论的视角［J］.文教资料，2019（30）.

　　［98］金成岑.具象性与抽象性的碰撞——从傩面具艺术出发［J］.美术大观，2015（1）.

　　［99］曲六乙.中国各民族傩戏——神秘与奇特的戏剧世界——为美国《亚洲戏剧》而作［J］.民族艺术，1987（3）.

　　［100］聂森，秦艮娟.西南山地民族傩面具谱系论纲［J］.贵州师范学院学报，2018（10）.

　　［101］郭思九.傩戏与面具文化［J］.民族艺术，1991（3）.

　　［102］有泽晶子.作为面具文化的傩与能的异同论［J］.戏剧杂志，1990（2）.

后 记

我的故乡在黔北，那是一片承载着传奇文化的土地。如今，在黔北大地上依旧演绎着古老的傩文化，至今还流传着充溢浓郁生活气息和乡土气息的傩戏。作为傩文化的载体，傩戏最具表演特色的还是面具和脸谱艺术。由于长期耳濡目染，被这种具有强烈地域特征的原生态民间艺术所深深吸引，以至于在我的学术生涯中对傩艺术一直有着极大的兴趣，尤其是傩面艺术。

我在完成了国家社科基金课题"土家族地区傩文化的数字化保护传承研究"后，一直在思索一个问题，也可以说是在研究过程中遭遇到的一些困难或困惑：面对庞杂烦冗的傩文化艺术形态，是否应尝试去梳理这种文化事象的起源、发生、发展、演变的清晰逻辑分类体系，建构一个以时空为坐标、以本体结构特征和关系格局为内核、更加符合历史和现状的傩的艺术谱系关系。

所幸的是，在教育部人文社会科学研究项目的资助下，我对西南地区傩面具的谱系开展整理研究，经过三年多的努力，对流传在西南大部分地区的傩面具及仪式进行田野调查、搜集整理，记录了数十场傩戏仪式，搜集到了上千幅傩面具图片，采集了近千分钟的口述音频资料，以及大量的影像视频资料和图像资料。这些资料为本书的撰写提供了丰厚的养料。

其间，我申请了山东大学艺术学院文艺学博士学位，在攻读博士学位期间，得到了山东大学艺术学院高迎刚教授的悉心指导。山东大学是一所人文底蕴丰厚的百年学府，有着严谨的治学氛围和宽松的学术环境，我的博士生导师高迎刚教授对我的前期研究基础加以肯定和保留，对我取得的研究成果予以鼓励和引导。尤其是在本书的撰写中，就理论嵌入和框架结构提出了诸多宝贵意见。

　　在这里，还要对我在田野调查及资料搜集过程中提供帮助的学界和友人表示感谢，尤其是贵州省民族博物馆的大力支持和帮助，还有参与调研、访谈的民间艺人，在此一并感谢！本书在写作中参考了大量国内外文献著作及图片资料，谨向原著作者表示诚挚的谢意。在此成书之际，得到了光明日报出版社编辑们的积极关心、支持和帮助，以及认真负责的审稿，也表示真诚的谢意。

　　本书在写作过程中涉及社会学、民族学、艺术学等相关众多知识，由于本人水平有限，难免挂一漏万，因此，书中疏漏和不足之处，衷心希望专家、学者和广大同人不吝赐教，批评指正。

聂森
2022年2月于十里江南儒家